外研社·HSK课堂系列
HSK Class Series

HSK Vocabulary Master

HSK 词汇宝典

5级

王昕　樊莹／主　编
旷娟　曾波／副主编

外语教学与研究出版社
北京

图书在版编目（CIP）数据

HSK 词汇宝典．5 级 ／ 王昕，樊莹主编 ；旷娟，曾波副主编．-- 北京 ：外语教学与研究出版社，2023.10
（外研社 · HSK 课堂系列）
ISBN 978-7-5213-4195-9

Ⅰ．①H… Ⅱ．①王… ②樊… ③旷… ④曾… Ⅲ．①汉语－词汇－对外汉语教学－水平考试－自学参考资料 Ⅳ．①H195.4

中国版本图书馆 CIP 数据核字（2022）第 254581 号

出 版 人　王　芳
项目策划　李彩霞
责任编辑　杨　益
责任校对　崔　超
封面设计　姚　军　梧桐影
版式设计　李双双
出版发行　外语教学与研究出版社
社　　址　北京市西三环北路 19 号（100089）
网　　址　https://www.fltrp.com
印　　刷　北京捷迅佳彩印刷有限公司
开　　本　787×1092　1/16
印　　张　29.5
版　　次　2023 年 11 月第 1 版　2023 年 11 月第 1 次印刷
书　　号　ISBN 978-7-5213-4195-9
定　　价　89.00 元

如有图书采购需求，图书内容或印刷装订等问题，侵权、盗版书籍等线索，请拨打以下电话或关注官方服务号：
客服电话：400 898 7008
官方服务号：微信搜索并关注公众号“外研社官方服务号”
外研社购书网址：https://fltrp.tmall.com

物料号：341950001

出版说明

“外研社 · HSK 课堂系列”是根据原孔子学院总部 / 国家汉办 2015 版《HSK 考试大纲》编写的一套训练学生听、说、读、写各方面技能的综合性考试教材。

2009 年，原国家汉办推出新汉语水平考试（简称新 HSK），在吸收原有 HSK 优点的基础上，借鉴国际语言测试研究的最新成果，提出“考教结合”的原则，为汉语学习者提供了新的汉语水平测试和学习平台。为帮助考生熟悉新 HSK 考试，有效掌握应试策略和备考方法，并真正提高汉语能力，外语教学与研究出版社推出了“外研社 · 新 HSK 课堂系列”，含综合教程、专项突破、词汇突破、全真模拟试题集等多个子系列产品。该系列自推出后受到读者的广泛好评，销量居同类图书前列，不少品种多次重印。

2015 年，原孔子学院总部 / 国家汉办对 2009 版大纲进行修订，根据主题式教学和任务型教学的理论及方法，增加了话题大纲、任务大纲，改进了语言点大纲，并细化了词汇大纲。针对 2015 版大纲的变化，并结合广大教师及考生对“外研社 · 新 HSK 课堂系列”提出的宝贵意见和建议，外研社组织具有丰富 HSK 教学及研究经验的专家、教师编写了这套“外研社 · HSK 课堂系列”。

“外研社 · HSK 课堂系列”旨在帮助考生掌握 HSK 的考试特点、应试策略和应试技巧，培养考生在真实考试情境下的应对能力，进而真正提高考生的汉语语言能力。全套丛书既适用于课堂教学，又适用于自学备考，尤其适用于考前冲刺。

本系列包含如下产品：

- 21 天征服 HSK 教程
- HSK 专项突破
- HSK 词汇突破
- HSK 词汇宝典
- HSK 通关：攻略 · 模拟 · 解析
- HSK 全真模拟试题集

本系列具有如下主要特点：

丰富的 HSK 训练材料

- 详细介绍 HSK 考试，全面收录考试题型，提供科学系统的应试方案和解题技巧。
- 根据 2015 版大纲，提供大量典型例题、专项强化训练和模拟试题。
- 对 HSK 全部考点进行详细讲解和答题技巧分析，帮助考生轻松获得高分。
- 所有练习均为模拟训练模式，让考生身临其境，提前备战。

全面、翔实的备考指导

- 再现真实课堂情境，帮助考生计划时间，针对考试中出现的重点和难点提供详细指导，逐步消除考生的紧张心理。
- 将汉语技能融入考点中讲授，全面锻炼考生的汉语思维，有效提高考生在 HSK 考试中的应试能力。
- 提供多套完整的模拟试题和答案解析，供考生在学习完之后，根据自身情况进行定时或非定时测验。
- 试题训练和实境测试紧密结合，图书与录音光盘或线上录音资源形成互动（扫描书后二维码，登录“外研社汉语教学资源网”，获取线上录音资源）。所有听力试题在光盘或线上录音资源中均有相应内容，测试时间与真实考试完全一致，考生能及时了解自身水平。

我们衷心希望“外研社 · HSK 课堂系列”能够为考生铺就一条 HSK 考试与学习的成功之路，同时为教师的教学提供帮助。

编写说明

HSK作为汉语学习者自测以及来华留学生入学分级的一个重要手段，近年来受到越来越多汉语学习者的重视。本书编写的主要目的是帮助准备参加5级汉语水平考试的留学生学习HSK5级词汇，同时也帮助汉语自学者更好地了解与掌握中高级汉语词汇，使其汉语词汇水平达到HSK5级的要求，并能用这些词汇就比较抽象或专业的话题进行讨论、评价和发表看法，能轻松地应对各种交际任务。

本书在编写过程中参考了2015年出版的《HSK考试大纲·五级》，对HSK5级中新增的1300个词语从释义、搭配、辨析、用法等方面进行了讲解，并在对HSK5级真题研究的基础上，适当地设计了不同层次、不同形式的真题练习。考虑到HSK5级考试超纲词繁多的特点，本书在编写时适当增加了常用的超纲词，并括注英文释义，以帮助学习者切实达到HSK5级的能力要求。

一 编写体例

1. 总体设计

本书为21天突破HSK5级1300词的词汇解析用书。以天为单元，前20天每天学习65个词语，最后一天为总测试。每单元分为三个部分：学习重点、词语解析、单元自测。“学习重点”部分主要是提醒学习者注意一些难度较大、使用时容易出错的词语；词语解析包括例句、搭配、联想、辨析、反义、练习题；单元自测包括选词填空、完成句子、结合词语进行短文写作等自测题。第21天总测试题的题型参考HSK5级真题。本书最后还提供了每单元自测题答案及第21天总测试题答案。此外，还附上《国际中文教育中文水平等级标准》五级词语与HSK5级词语对照表，方便学习者对照学习。

2. 词语解析

每个词语给出拼音、词性、英文释义和例句。如果一个词语有多个词性，则给出多个例句，并在例句前标出词性。例句尽量选择口语常用句和与HSK5级考试难度相当的句子，以满足学习者对汉语日常用语的学习需求以及对HSK5级考试的应试需求。

词语解析侧重辨析与搭配讲解。在教学试用与调查研究的基础上，按照“详略得当、突出重点”的原则，对部分词语进行同义词、近义词的辨析。搭配部分则尽量提供词语的多种搭配用法。

词语联想部分参考《国际中文教育中文水平等级标准》、2015版《HSK考试大纲·五级》中的重组默认词、5级真题中的超纲词、相关常用口语词、个别常见网络词、文化类词等，力求对 5 级 1300 词进行适度拓展，并且尽量多地包含《国际中文教育中文水平等级标准》中的五级词汇，从而满足不同语言层次学习者的学习需求。

3. 真题解析

在 HSK5 级公开真题（2010 年版与 2012 年版）和 HSK5 级样卷中出现过的重点词语，本书都附上真题以及解题思路解析，一方面帮助学习者熟悉 HSK5 级考试题型，另一方面通过详细的解析使学习者真正掌握词语的用法。

二 使用建议

本书适用于教师课堂辅导教学，也可供学习者自学使用。

如果是课堂辅导教学，建议每单元用 4 课时完成（每课时 45 分钟）。由于 HSK5 级词汇数量与难度都相对较大，建议教师上课前先安排学生自学，然后用 2 课时集中进行重点词语讲解，再用 1 课时让学生限时完成单元自测，最后用 1 课时进行单元自测题的深度解析。第 21 天总测试可以模拟 HSK5 级考试，在 125 分钟内限时完成。

如果是学习者自学使用，可以根据自身情况延长或缩短每天词汇学习的时间，但单元自测题与总测试题仍建议在规定时间内完成（分别是 45 分钟和 125 分钟），这样学习者才能评估自己的汉语水平是否达到 HSK5 级考试的能力要求。

三 参考用书

本书在编写过程中主要参考了《现代汉语词典》（第 7 版，商务印书馆，2016 年）、《现代汉语规范词典》（第 4 版，外语教学与研究出版社，2022 年）、《新世纪汉英大词典》（第 2 版，外语教学与研究出版社，2016 年）、《HSK 考试大纲 · 五级》（人民教育出版社，2015 年）、《高等学校外国留学生汉语教学大纲 · 长期进修》（北京语言文化大学出版社，2002 年）、《HSK 词语用法详解》（黄南松、孙德金主编，北京语言文化大学出版社，2000 年）。

四 分工与致谢

本书编者都是西南交通大学长期从事国际中文教学及 HSK 考前辅导的一线教师，教学经验丰富。王昕老师长期负责 HSK 课程教学和来华留学预科生的 HSK 辅导，对汉语水平测试标准有深入研究。樊莹老师曾在德国法兰克福大学担任中文教师。旷娟老师曾在法国巴黎东方语言文化学院和加拿大魁北克大学担任中文教师。曾波老师曾在瓦努阿图、波兰担任中文教师，现在挪威任教。王昕、樊莹两位老师担任本书主编，编写了第 1—10 天的内容，并负责汇总、审校书稿。旷娟、曾波两位老师编写了第 11—20 天的内容。另外，由于本书中的词语辨析比较多，四位老师分工承担了词语辨析的编写工作。同样，第 21 天总测试题也由四位老师分工编写。西南交通大学英语语言文学专业硕士毕业生乌靓同学承担了本书英文释义的编写工作，在此特别感谢乌靓对本书的付出。编写组在编著过程中投入了极大的热情，同时也将多年的教学心得与经验倾注其中，希望本书能够为学习者学习中文提供有益的帮助。

《HSK 词汇宝典 5 级》在编写过程中得到了许多人的关心和支持，在此表示最诚挚的感谢。感谢西南交通大学史迹教授，本书从编写到审稿都得到了史教授的大力支持。感谢美国哥伦比亚大学刘乐宁教授和加州大学戴维斯分校储诚志教授对本书提出的宝贵意见。感谢外语教学与研究出版社的鞠慧老师、李彩霞老师和向凤菲老师对本书给予的大力支持。感谢本书责任编辑杨益老师耐心细致的审校和修改。由于编者水平有限，本书难免存在疏漏与不足，恳请各位同行与使用者批评指正。

编　者

2023 年 7 月

目录

第 1 天

1—65

学习重点

1. 65 个词语

2. 重点词语：把握　包括　保持　抱怨　彼此　必然
避免　表现　不见得　不耐烦

A

1. 哎 āi 叹. ① ah; oh [used to express surprise] ② hey; oh [used to attract attention]

例 哎！这个鸡蛋里有两个蛋黄（yolk）！

例 哎！你拿错了，那个包是我的，你的包在这儿呢！

例 哎，今天不是星期一吗？你怎么还不去上班呢？

2. 唉 āi / ài 叹. (āi) [sound of sighing] (ài) alas [used to express sadness or regret]

例 唉（āi），他已经发了三天烧了，真让人着急呀！医生，您有什么好办法吗？

例 唉（ài），多好的一本书让我给弄丢了！

3. 爱护 àihù 动. take good care of

例 我们要爱护自己的眼睛，不要长时间使用手机或电脑。

搭配 爱护 + 环境 / 公共财产（73）/ 花草树木 / 儿童 / 学生

辨析（1）爱护 vs. 保护

“爱护”和“保护”都表示使对象（240）不受伤害（812）或损害。“爱护”比“保护”程度（122）更深，有关心并保护的意思。“保护”多表示使对象在有危险时不受到伤害，处于安全状态（1262），如：发生交通事故（accident）的时候，一定要注意保护头部。“爱护”多表示使对象在任何时候都不受到损害，处于安全而良好（601）的状态，如：你们要好好爱护从图书馆借来的这些书，不要弄坏了。

（2）爱护 vs. 爱惜（4），见“爱惜”。

反义 破坏（723）、伤害

4. 爱惜 àixī 动. treasure; value highly and use prudently

例 你应该爱惜身体，每天不要工作得太累、睡得太晚。

搭配 爱惜 + 粮食（602）/ 身体 / 时间 / 物品 / 资源（1271）/ 生命

辨析（1）爱惜 vs. 爱护

“爱惜”指因为觉得对象宝贵（20）而不随便乱用，避免（42）因过度（excessive）

使用或使用不当（improper）而造成（1175）对象的损坏（damage）或过度消耗（consume），对象一般是无生命的，如：妈妈很爱惜那件衣服，平时都舍不得（818）穿。“爱护”有关心并保护的意思，表示使对象在任何时候都不受到损害，处于安全而良好的状态，对象可以是无生命的，也可以是有生命的，如：我们要爱护身边的花草树木；同学之间要互相关心、爱护。

（2）爱惜 vs. 珍惜（1196），见“珍惜”。

题 **请选出正确答案：** 有一天他闲着无聊，在书房随手翻开一本书，看到一则古人______时间、刻苦用功的故事。（H51115-54）

A 爱惜　B 敬爱　C 爱护　D 疼爱

B 的宾语只能是人，D 的宾语可以是人或动物，C 的宾语是可能会受到损害或伤害的人和物。“时间”不会受到损害或伤害，但会被消耗，因此只能与 A 搭配，所以答案是 A。

5. 爱心 àixīn 名. loving heart

例 他是一个对家庭有责任心、对孩子有爱心的男人。

联想 x 心：好奇心、决心（536）、同情心、信心

6. 安慰 ānwèi 动. comfort; console 形. (be) comforted

动 例 他这次考试没有考好，很难过，你去安慰他一下吧。

形 例 住院这些天，有女儿在身边，她感到很安慰。

搭配 安慰 + 某（664）人 / 病人 / 朋友

7. 安装 ānzhuāng 动. install

例 这里的每个房间都安装了空调。

例 他的电脑安装了杀毒软件，所以没有染上病毒。

联想 电脑、软件（797）、电子邮件、网络（969）、游戏、上网、复制（296）、粘贴（1180）、键盘（481）、鼠标（884）、浏览（613）、删除（807）、搜索（901）、下载（1017）

8. 岸 àn 名. bank; shore; coast

例 我们的船正在靠岸，他们的船已经停在了岸边。有的人正在上岸，有的人已经到岸上了。

搭配 河 / 湖 / 海 / 两 + 岸

岸 + 上 / 边

B

9. 暗 àn 形. dark

例 这个房间有点儿暗，我们把灯打开吧。

反义 亮（603）

10. 熬夜 áoyè 动（离合）. stay up late

例 想要身体健康就要保证足够的睡眠，经常熬夜对身体很不好。

例 最近为了准备考试，他熬了几次夜。

联想 熬 x：熬中药、熬汤、熬粥（porridge）

开夜车（work late into the night）

B

11. 把握 bǎwò 动. hold; grasp; seize
名. certainty; assurance

动 例 这是一次难得的机会，你一定要把握好，别错过了。

名 例 他对这次比赛很有把握，相信自己一定能成功。

搭配 把握 + 住 / 好

把握 + 很大 / 不大 / 很小

很有 / 没有 + 把握

题 请选出正确答案：

女：这个项目很重要，你们到底有没有把握？

男：您放心吧，我们保证按时完成。

问：男的是什么意思？（H51113-1）

A 缺乏资金　B 很有把握　C 方案还没批准　D 应该听听专家的意见

男的说的"您放心吧，我们保证按时完成"表明（51）说话人有成功的信心，也就是很有把握，所以答案是B。

12. 摆 bǎi 动. ① lay; place; arrange ② put on; show ③ wave; sway

例 她在桌子上为客人们摆好了咖啡、糖和杯子。

例 照相的时候，女孩子们都喜欢摆出一些自己喜欢的姿势。

例 我向周围的亲戚朋友借钱，可他们有的摇摇头，有的摆摆手，都拒绝了我。

联想 摆放

辨析 摆 vs. 放

"摆"多指有目的地把东西放在特定（specific）的位置（985）；"放"可以是有目的的，也可以是没有目的的。

13. 办理 bànlǐ 动. handle; deal with

例 我们公司还没有办理好相关手续，所以现在还没有开始办理这项业务。

搭配 办理 + 手续 / 业务 / 证件

辨析 办理 vs. 处理（148），见"处理"。

14. 傍晚 bàngwǎn 名. dusk; nightfall

例 他习惯每天傍晚出去散步。

联想 早上、上午、中午、下午、晚上、夜里、半夜

15. 包裹 bāoguǒ 名. package 动. wrap

名 例 生日那天，她收到了妈妈寄来的一个包裹，里面是妈妈送给她的一本书和两件衣服。

动 例 他担心酒杯在路上被碰坏了，就用报纸把它小心地包裹了起来。

16. 包含 bāohán 动. embody; contain

例 朋友们送我的这个礼物包含着他们对我的爱和祝福。

搭配 包含 + 意思 / 思想（898）/ 感情

联想 含量、含有

辨析 包含 vs. 包括（17），见“包括”。

17. 包括 bāokuò 动. include

例 这次旅行他一共花了一万多块钱，包括路费、餐费和住宿费。

搭配 包括 + 内容 / 项目（1040）

辨析 包括 vs. 包含

“包含”的宾语通常（940）是抽象（137）的，如：他说的这段话包含着很深的感情。“包括”的宾语一般比较具体（531），它们有时是主语的全部组成（1291）部分，如：这套（922）房子包括客厅、厨房、卫生间和两个卧室（999）；有时不是全部组成部分，如：这个名单还包括了昨天刚来的那两个人。

B

18. 薄 báo 形. thin; flimsy

例 今天有点儿冷，你穿的这件衣服太薄了，不暖和，应该换一件厚的。

搭配 衣服 / 纸 / 玻璃（56）+ 很薄

反义 厚

19. 宝贝 bǎobèi 名. ① rare object; treasure ② darling

例 这个老相机是爷爷的宝贝，你可别把它弄坏了，不然爷爷会生气的。

例 小宝贝，别哭了，看妈妈给你带什么好吃的来了？

20. 宝贵 bǎoguì 形. valuable

例 时间非常宝贵，浪费时间就是浪费生命。

搭配 宝贵的 + 财产 / 机会 / 经验 / 精力（521）/ 生命 / 时间 / 资源

21. 保持 bǎochí 动. keep; maintain

例 这两家公司多年来一直保持着良好的合作关系。

搭配 保持 + 安静 / 健康 / 联系 / 水平 / 速度 / 平衡（716）/ 状态 / 姿势（1267）

题 完成句子：安静　要　博物馆内　保持　(H51115-95)

“保持”与“安静”可组成动词性词组“保持安静”。“要”与动词或动词性词组组合（1292），即“要保持安静”。“博物馆（59）内”这个地点状语要放在句首。所以答案是：博物馆内要保持安静。

题 请选出正确答案：现代人要想 ______ 身心健康，要学会“慢”这个养生之道。(H51114-60)

A 保持　B 传播　C 存在　D 避免

B 的宾语一般是“疾病（disease）”“思想”“文化”等，C 的宾语一般是“问题”“现象（1027）”等，D 的宾语一般是人们不愿意发生的事情，如“事故”“危险”“误会”等。只有 A 能够和“身心健康”搭配，组成“保持身心健康”，所以答案是 A。

22. 保存 bǎocún 动. keep; preserve

例 这么多年来，妈妈一直保存着她结婚时穿的那套衣服。

搭配 保存 + 食物（857）/ 物品 / 实力（actual strength）

保存 + 方式 / 价值（464）

辨析 保存 vs. 保留（23），见“保留”。

23. 保留 bǎoliú 动. ① retain ② reserve ③ lay aside

例 研究者们发现，这个地方还保留着一些古代的风俗习惯。

例 老师傅把自己的宝贵经验毫无保留地传给了新来的工人。

例 如果不同意我们的做法，你可以保留反对意见。

搭配 保留 + 传统（152）/ 习俗（custom）

辨析 保留 vs. 保存

“保存”表示使对象能长时间存在（172），不受损坏或不变质（go bad; deteriorate），如：保存食物 / 物品 / 实力。“保留”指留着对象，使其长期存在、不丢失，或不全部拿出来 / 说出来，或暂时留着不处理，如：保留传统 / 习俗 / 意见。

题 **请选出正确答案：** 有些求职者在接到自己没有被录用的通知书时，也会给公司写一封感谢信……很多公司会保留这些应聘者的简历，当他们再需要人才时，那些写过感谢信的人会首先进入他们的视野。

公司会怎样处理这些求职者的简历？ (H51115-43)

A 保留　　B 重新查阅　　C 退给求职者　　D 推荐给其他公司

B、C、D 在题目（930）中都没有提到，而且 C 与 A 意思相反，只有 A 在题目中提到了，所以答案是 A。

B

24. 保险 bǎoxiǎn

名. insurance
形. reliable; safe

名 例 她给自己和家人都买了医疗保险。

形 例 路上可能会堵车，你最好提前三个小时出发去机场，这样比较保险。

搭配 购买 / 买 / 交 + 保险
医疗 / 商业（815）/ 社会 + 保险
保险 + 公司 / 费

25. 报到 bàodào

动（离合）. register; report for duty

例 你知道几号开始新生报到吗？

例 今天是进公司工作的第一天，他们上午去办公室报了到，办理了相关手续。

26. 报道 bàodào

动. report (on)
名. news report

动 例 很多家电视台都报道了这个消息。

名 例 我在报纸上看到了一篇关于这家公司的报道。

27. 报告 bàogào

名. report
动. make known; report

名 例 王经理在公司大会上做了一个全年的总结报告。

动 例 他向领导们报告了最近的工作情况。

28. 报社 bàoshè 名. newspaper office

例 他以前在这家报社当过记者。

例 我爸爸在一家报社担任编辑部主任。

29. 抱怨 bàoyuàn 动. complain; grumble (about)

例 工作中应该少抱怨、多做事。

例 他常常抱怨自己的工作压力太大而工资又太低。

30. 背

bēi	动.	carry on the back
bèi	名.	back
bèi	动.	① recite; learn by heart ② do sth behind sb's back

动 例 他身上背（bēi）着一个旅行包，手里还拉着一个大箱子。

名 例 他正在路上走着，突然有人在他背（bèi）上拍了一下。

动 例 老师让学生下课以后记生词、背（bèi）课文。

动 例 爸爸妈妈不让他买手机，可是他背（bèi）着他们偷偷买了一个。

联想 背（bèi）后、后背（bèi）

31. 悲观 bēiguān 形. pessimistic

例 他在生活中看不到希望，对未来感到很悲观。

搭配 某人 / 思想 + 很悲观

联想 悲观主义（pessimism）、悲观主义者、消极（1045）

反义 乐观（581）

32. 背景 bèijǐng 名. background; setting

例 这张照片的背景是一个著名的风景区。

例 我们在分析一部小说的时候，首先要弄清楚作者写作的时代背景。

搭配 画面 / 家庭（456）/ 时代（846）/ 政治（1212）+ 背景

33. 被子 bèizi 名. quilt

例 今年冬天太冷了，我打算买一床厚一点儿的被子。

搭配 一床 / 一条 + 被子

34. 本科 běnkē 名. undergraduate course

例 他在这所大学读了四年本科，对这里感情很深。

联想 硕士（生）、博士（生）、专科（college for professional training）、职业中学

35. 本领 běnlǐng 名. ability; skill

例 这种鱼有一种独特的本领，在水中遇到危险的时候可以飞出水面一段距离。

搭配 一身 + 本领

有 / 没有 + 本领

本领 + 很大 / 很强

联想 本事（capability）

36. 本质 běnzhì 名. essence; nature

例 科学家们常常通过实验来发现事物的本质和规律。

例 这个孩子虽然有一些缺点，但本质还是好的。

辨析 本质 vs. 性质（1072），见“性质”。

37. 比例 bǐlì 名. ratio; proportion

例 这个地区的男女比例有些失衡。

例 这个班有 20 名男生、10 名女生，男女生的比例是 2 ∶ 1。

38. 彼此 bǐcǐ 代. ① each other ② [used in reduplication as a reply] you too

例 他们是多年的老朋友了，很清楚彼此的性格。

例 甲：“您辛苦啦！”

乙：“彼此彼此！”

辨析 彼此 vs. 互相

“彼此”是代词，可以做主语，如：他们两个人是多年的朋友，彼此都十分了解；可以做宾语，如：他们很关心彼此；可以做定语，如：他们很关心彼此的事情；可以做状语，如：他们彼此关心。“互相”是副词，不能做主语、宾语和定语，只能做状语，如：他们互相关心。“他们彼此关心”和“他们互相关心”意思基本（438）相同，但“彼此”的书面语色彩（801）更浓（687）。

39. 必然 bìrán 形. inevitable; certain

例 地球上的森林持续大面积减少必然会引起全球气候的改变。

反义 偶然（690）

40. 必要 bìyào 形. necessary; essential

例 这些钱你先存起来，到了必要的时候再用。

例 遇到问题时应该加强沟通，减少不必要的误会和麻烦。

例 旅游的时候带一个充电宝很有必要，这样就不用担心在路上手机没电了。

41. 毕竟 bìjìng 副. after all; all in all

例 他毕竟是个刚参加工作的年轻人，经验不足，遇到问题经常不知道如何处理。

辨析 毕竟 vs. 到底

“毕竟”和“到底”都是副词，都强调（738）一个根本（324）的、无法改变的原因和事实（863），如：你就别跟他生气了，他毕竟 / 到底还是个孩子。不同的是：①“毕竟”的书面语色彩比“到底”更浓一些。②“到底”还可以表示追问，如：你明天到底来不来？③“到底”除了做副词以外，还可以做动词，如：这件事情，我们一定会追查到底的；把改革（297）进行到底。

题 **请选出正确答案：**……生活中总有无法解决的问题，______不是所有的对错都能讲清楚，甚至可能根本就没有真正的对与错。……（H51113-47）

A 依然　　B 未必　　C 何必　　D 毕竟

句中“不是所有的对错都能讲清楚”是一个根本的、无法改变的事实，解释了“生活中总有无法解决的问题”的原因，所以答案应该是 D。A 表示“仍然”，指情况没有改变，B 表示“不一定”，C 表示“不必”“不用”，这些意思放在句中都不合适。

42. 避免 bìmiǎn 动. avoid

例 我们应该尽量做好安全工作，避免发生任何事故。

例 如果你能足够重视，这个问题其实是可以避免的。

43. 编辑 biānjí 名. editor 动. edit

名 例 他在一家出版社当编辑。

动 例 他们用了五年的时间才编辑出来这本词典。

搭配 一位 / 一名 + 编辑

文字（994）/ 美术（637）/ 报纸 + 编辑

编辑 + 资料（1270）/ 报刊

联想 编写

44. 鞭炮 biānpào 名. firecrackers

例 除夕那天，吃完年夜饭，我和家人出去放了几串鞭炮。

45. 便 biàn 副. then; in that case

例 昨天我路过那儿的时候看见景色很美，便停下来拍了几张照片。

辨析 便 vs. 就

“便”和“就”都是副词，表示后面的情况随前一情况而发生，如：医生来了，孩子的命便 / 就有救了。不同的是：①“便”的书面语色彩比“就”更浓一些。②“就”还可以表示“仅仅，只”，如：他有两个哥哥，我就有一个。“便”没有这个用法。

46. 辩论 biànlùn 动. debate; argue

例 他们俩针对这个问题展开了辩论，都想证明自己是对的而对方是错的。

搭配 一场 + 辩论

辩论 + 比赛

联想 辩解（explain away）、争辩

辨析 辩论 vs. 讨论

“辩论”和“讨论”都是两人或多人参加的语言活动。“辩论”的双方（890）观点（356）相反，“辩论”的目的是证明自己的观点正确而对方（238）的观点错误，说服（893）对方和听众接受自己的观点，如：辩论双方都坚持自己的观点，互不相让。“讨论”的双方或者多方意见可能不同也可能相同，“讨论”的目的是得到一个共同的或更好的观点、看法或方案（270）等，如：他们在讨论下周的工作计划。

47. 标点 biāodiǎn 名. punctuation

例 写作的时候，我们要注意正确使用标点符号（mark）。

搭配 一个 + 标点

48. 标志 biāozhì 动. indicate; mark 名. sign; mark

动 例 能通过 HSK5 级，标志着留学生的汉语水平已经达到了中高级。

名 例 人成熟的一个标志就是学会控制自己的情绪。

名 例 你知道各种交通标志都是什么意思吗？

联想 标签（label）

辨析 标志 vs. 象征（1042），见“象征”。

49. 表达 biǎodá 动. express; convey

例 这首诗表达了作者对大自然的热爱和对生活的希望。

辨析 表达 vs. 表示

“表示”指通过语言、行为（1063）和事物（864）来表明（51）某种思想、感情、态度和意义（1121）等，如：他说这些话是为了表示关心；人们一般用点头表示同意；红灯表示停止。“表达”指通过语言表现（53）出思想和感情，如：他在给女朋友的信中表达了对她的爱。

50. 表面 biǎomiàn 名. ① surface ② appearance; superficiality

例 这个箱子他用了很多年，箱子表面有些地方都已经破了。

例 在危险面前，这个男孩儿表面上很勇敢，实际上心里很害怕。

反义 本质

51. 表明 biǎomíng 动. indicate; make known

例 后来的情况表明，她当时没有跟那个人结婚是对的。

例 他没有接受那家公司的邀请，这表明他对那家公司没有兴趣。

搭配 表明 + 态度 / 观点 / 主张（1248）

52. 表情 biǎoqíng 名. expression

例 这张照片里你的表情也太夸张了吧！

例 这个演员脸上的表情很丰富，那个演员却没有任何表情。

53. 表现 biǎoxiàn 动. ① display; show; demonstrate ② show off

例 人们说话和做事的不同方式表现出了他们不同的性格。

例 他在公司里的表现很好，给同事们留下了深刻的印象。

例 我不喜欢他这种特别爱表现的人。

搭配 表现＋特点 / 风格（283）/ 能力 / 性格 / 内心世界

表现＋糟糕（1174）/ 一般 / 出色（142）/ 突出（948）

辨析 表现 vs. 体现（933），见“体现”。

54. 冰激凌 bīngjīlíng 名. ice cream

例 他觉得很热，就从冰箱里拿出来一个冰激凌，吃了以后感觉凉快多了。

55. 病毒 bìngdú 名. virus

例 流行感冒是由流感病毒传播的。

例 他的电脑没有安装杀毒软件，感染（infect）了病毒，现在开不了机了。

搭配 流感 / 电脑 / 传染性＋病毒

有 / 没有＋病毒

感染 / 传染＋病毒

56. 玻璃 bōli 名. glass

例 透明的玻璃很适合做窗户、眼镜片和杯子。

搭配 一块＋玻璃

玻璃＋杯 / 窗 / 门 / 球

57. 播放 bōfàng 动. broadcast

例 怎么才能关闭自动播放功能？

例 现在电视台正在播放新闻节目，电台正在播放流行音乐。

58. 脖子 bózi 名. neck

例 他这段时间在电脑前工作的时间太长了，脖子又酸又疼。

联想 背、胳膊、手、肩膀（469）、脑袋（672）、胸（1074）、腰（1097）、腿

59. 博物馆 bówùguǎn 名. museum

例 昨天他们来这家博物馆参观了一个电影展览。

60. 补充 bǔchōng 动. supplement

例 他对我提出的计划做了三点补充。

例 老师觉得这个学习材料不全面，又给我们补充了很多内容。

61. 不安 bù'ān 形. worried; uneasy; disturbed

例 女儿去参加朋友的生日聚会，晚上快十二点了还没回来，妈妈心里很不安。

搭配 某人 / 内心 / 情绪（757）+ 很不安

联想 担心、焦虑（anxious; worried）

62. 不得了 bùdéliǎo 形. ① terrible; desperately serious ② [used after 得] extremely

例 不要让小孩子在房间里玩火，要是火烧起来了，那可不得了！

例 不得了啦！有人掉进河里了！

例 他昨天连续工作了十多个小时，累得不得了。

搭配 累 / 疼 / 气 / 饿 / 高兴 / 漂亮 + 得 + 不得了

63. 不断 búduàn 副. continuously; constantly 动. be continuous; be constant

副 例 这是一个大机场，不断有飞机起飞和降落。

动 例 昨天的晚会掌声不断，气氛十分热烈。

搭配 不断 + 提高 / 发展 / 进步（515）/ 增长 / 增强

麻烦 / 好运 / 笑声 + 不断

64. 不见得 bújiàndé 副. not necessarily; not likely

例 人和人是不一样的，你喜欢的东西，别人不见得也喜欢。

辨析 不见得 vs. 不一定

“不见得”和“不一定”都可以放在动词或者形容词前面，表示后面的情况是不确定（771）的，同时带有否定（289）的意思，如：锻炼得太多对身体不见得 / 不一定有好处。如果只表示不确定而没有否定的意思，一般用“不一定”，不用“不见得”，如：我明天不一定来公司，可能来也可能不来，要看情况。

65. 不耐烦 bú nàifán impatient

例 妈妈买东西花了很长时间，爸爸在商店外面等得不耐烦了，就自己回家了。

例 他不耐烦地对我说：“你问的问题实在是太多了，自己去书里找答案吧。”

反义 耐心

自 测

一 选词填空。

A 必然　B 保存　C 不耐烦　D 保持　E 保留

1. 他们会把这些电话记录（　　）一个月，一个月以后再删除。
2. 如果不按照客观规律办事，（　　）会失败。
3. 他已经离开两年了，但是他的房间还（　　）着原来的样子。
4. 他等了二十分钟了，公共汽车还没来，他看上去有点儿（　　）了。
5. 人们把这些古书完好无损地（　　）在博物馆里。

A 爱护　B 爱惜　C 包括　D 包含　E 安慰

6. 那是条商业步行街，所有的车辆，（　　）自行车，都不能进去。
7. 那个地方很缺水，人们用水时都很（　　），一点儿也不敢浪费。
8. 对比赛中失败的人，我们应该多鼓励、多（　　）。
9. 我们的地球只有一个，每个人都应该好好（　　）它。
10. 这个故事看起来很简单，但是却（　　）着很深的道理。

A 避免　B 彼此　C 不见得　D 把握　E 抱怨

11. 他常常（　　）妻子不关心他，却从来没有想过要关心妻子。
12. 虽然努力了也（　　）会成功，但是不努力一定不会成功。
13. 这次的表演他还没有完全准备好，觉得不是很有（　　）。
14. 坐地铁上班不会堵车，这样就能（　　）上班迟到。
15. 夫妻在一起生活一定要了解（　　）的需要。

A 表现　B 表明　C 保险　D 必要　E 表达

16. 在这次的活动中，他（　　）得很活跃。
17. 这件事跟他关系不大，所以没有（　　）告诉他。
18. 她之前买了（　　），所以这次生病能报销一部分医药费。
19. 调查结果（　　），他在这次事故中没有责任。
20. 他在毕业晚会上的发言很感人，（　　）了对老师们的感激之情。

二 完成句子。

21. 做　去上海　报告　学术　要　一个　她　________________
22. 马路上　没有　这条　一个　也　标志　________________
23. 去那儿　曾经　他　这种　办理　手续　过　________________
24. 真本领　做什么　应该有　不管　都　工作　________________
25. 再熬夜　不觉得　也　年轻人　累　这些　________________

三 请结合下列词语（要全部使用），写一篇 80 字左右的短文。

保持　避免　必要　毕竟　爱惜

第 2 天

66—130

学习重点

1. 65 个词语

2. 重点词语：不然　不要紧　采取　曾经　产生　朝　趁　承认　迟早　持续

66. 不然 bùrán 连. otherwise; if not

例 如果你打算春节回家，就应该提前买好火车票，不然到时候很有可能买不到票。

辨析 不然 vs. 否则

“不然”和“否则”都用于后一分句的开头，表示如果不发生前面的情况，就发生或可能发生后面的情况，如：如果明天你来不了，一定要给我打电话，否则 / 不然我会担心的。不同的是，“不然”可以用来引进与上文交替（alternate）发生的情况，前面可加“再”，后面经常有“就”，如：他晚上不是读书，就是写点儿什么，再不然就是听听音乐。“否则”没有这个用法。

B

题 请选出正确答案：

女：幸好你昨晚给我发了个短信，不然我今天就要白跑一趟了。

男：我也是昨天下午才接到的通知，怕你不知道，就赶紧告诉你。

问：女的是什么语气？ （H51117-17）

A 感谢　B 担心　C 后悔　D 激动

女的说的句子中用了“不然”，意思是如果男的昨晚没给她发短信，她今天就会白跑一趟，而且她在句首用了“幸好”，说明“你昨晚给我发了个短信”是一件好事情，所以她是在向男的表示感谢，答案是A。

67. 不如 bùrú 动. ① not be equal to; be inferior to 连. ② had better; might as well

动 例 从北京到广州，坐火车不如坐飞机快。

动 例 哥哥的学习成绩不如弟弟。

连 例 我们与其坐公共汽车去，不如自己开车去。

搭配 某（664）人 / 某事 + 不如 + 某人 / 某事 + 形容词

某人 / 某事的…… + 不如 + 某人 / 某事

与其（1151）……，不如……

68. 不要紧 búyàojǐn 形. not serious

例 我只是得了个小感冒，不要紧，过几天就好了。

例 这点儿损失不要紧，不会影响我们后面的计划。

69. 不足 bùzú 名. deficiency
动. be less than
形. insufficient

名 例 他的工作还存在一些不足。

动 例 他每个月的工资不足 8000 块，要养活一家四口，确实很困难。

形 例 到正式比赛时他才发现，他对对手的实力（actual strength）估计不足，因此准备得也不够充分，很有可能输掉比赛。

搭配 经验 / 条件 / 营养（1129）/ 准备 / 估计 + 不足

70. 布 bù 名. cloth

例 这种布相当厚，也很结实，虽然不适合做衬衫，但却是做窗帘的好材料。

搭配 一块 / 一匹（705）+ 布

71. 步骤 bùzhòu 名. step; move

例 解这道题要分三个步骤。

例 大家一定要严格按照步骤来做实验，不然很有可能发生危险。

72. 部门 bùmén 名. department; section

例 他现在是公司销售部门的领导，每天都要操很多心。

搭配 政府（1211）/ 教育 / 医疗 / 交通 / 商业（815）/ 农业（686）/ 工业（329）/ 技术 / 文化 / 有关 + 部门

C

73. 财产 cáichǎn 名. property; belongings

例 法律不仅保护公民（citizen）的生命安全，也保护个人的存款、房屋、汽车等私有财产的安全。

搭配 个人（320）/ 私有 / 公有 / 国有 + 财产

74. 采访 cǎifǎng 动. interview

例 他是一位著名的记者，采访过很多大人物。

例 这支足球队获得了世界杯冠军，教练和队员们在赛后接受了电视台的采访。

联想 拜访（call on）、访问（visit）

C

75. 采取 cǎiqǔ 动. adopt; take

例 各国政府采取了很多措施来保护环境、减少污染。

搭配 采取 + 措施（173）/ 行动（1061）/ 手段（means）

联想 采用

76. 彩虹 cǎihóng 名. rainbow

例 昨天下午雨刚停就出太阳了，我们看见空中出现了一道美丽的彩虹。

77. 踩 cǎi 动. step on; tread

例 我今天坐公交车时被人用高跟鞋踩了一脚，真是太倒霉了！

例 她发现路上有块香蕉皮，怕别人踩上去摔倒，就把它捡起来扔进了垃圾桶。

78. 参考 cānkǎo 动. ① consult; refer to ② use as reference

例 他在写毕业论文时参考了很多资料。

例 这只是我对这件事情的个人看法，不一定正确，仅供你们参考。

联想 参考资料

79. 参与 cānyù 动. participate in; take part in

例 作为当时的公司领导之一，他肯定参与了这个方案的制定。

例 这个活动的目的就是让更多的人参与进来，共同保护我们的环境。

辨析 参与 vs. 参加

“参与”和“参加”都有“加入进去”的意思。不同的是，“参加”主要指加入组织（1293）或者活动，如：参加学习小组 / 运动会；“参与”主要指参加对事务（affairs）的计划、讨论和处理（148），如：参与方案（270）的策划（plan）/ 政策（policy）的讨论和制定。

80. 惭愧 cánkuì 形. ashamed

例 听了老师的话，她惭愧得羞红了脸。

例 孩子发现自己做错了事，感到很惭愧，马上向爸爸妈妈认错。

81. 操场 cāochǎng 名. playground

例 学校的操场上有很多人在锻炼身体。

82. 操心 cāoxīn 动（离合）. worry (about sb / sth); take trouble

例 妈妈，我们已经长大了，您和爸爸要照顾好自己，不要太操心了。

例 爸爸妈妈为孩子们的生活和学习操了很多心。

搭配 为 + 某人 / 某事 + 操心

操心 + 某人 / 某事

操什么心、操了不少心、操不完的心、操碎（906）了心

辨析 操心 vs. 担心

“操心”和“担心”的对象（240）都可以是人，也可以是事情。“担心”是因为害怕出现不希望发生的事情而不放心，如：担心 + 某人 + 生病 / 不安全 / 来不了 / 迟到，担心明天下雨 / 火车晚点。“操心”指为人和事花心思考虑和料理（handle; attend to），如：操心工作上的事 / 一家人的吃穿住行；为儿子的婚事操心。

83. 册 cè 量. volume; copy

例 这套教材分为三册，其中第一册和第二册又分为上、下两册，所以这套教材一共有五本。

联想 相册、画册

84. 测验 cèyàn 动. test; quiz

例 她汉语学得没有我好，但是这次测验成绩比我还高呢。

例 上星期老师给学生们做了一个汉字测验，学生们都做得很好。

辨析 测验 vs. 考试

“考试”不能带宾语，而且主要是为了检验（examine）学习者的学习效果，如：学校每学期一般有一次期中考试和一次期末考试；汉语水平考试。“测验”可以带宾语，它的检验对象不仅可以是学习效果，也可以是其他东西，如：测验智商（IQ）、汉字测验。用于检验学习效果时，“测验”没有“考试”那么正式，是不定期（regular）的、小型的、可以在学习过程中多次进行的，如：单元（194）测验、小测验。

85. 曾经 céngjīng 副. once; at one time

例 二十年前他是这个学校的老师，曾经教过我们数学和英语。

例 他年轻时曾经是一名游泳运动员，现在年龄大了，身体仍然很好。

86. 叉子 chāzi 名. fork

例 服务员在餐桌上给客人摆上了一副杯盘，还摆了一把刀子和一把叉子。

联想 餐具、刀子、盘子、勺子、碗、筷子

C

87. 差别 chābié 名. difference; dissimilarity

例 经理说这两个活动方案看不出有什么差别。

例 他们俩的性格差别很大，在一起时矛盾不断。

搭配 差别 + 很大 / 很小 / 不大

有 / 没有 + 差别

88. 差距 chājù 名. gap; disparity

例 中国西部的经济发展得没有东部那么快，在工业、农业等各方面都与东部存在着较大的差距。

搭配 差距 + 很大 / 很小 / 不大

有 / 没有 + 差距

产生（92）/ 缩小 / 拉开 / 消除（eliminate）+ 差距

89. 插 chā 动. ① stick into ② interpose; insert

例 她一进门，发现桌上的花瓶里插着一些鲜花，美丽极了。

例 不好意思，我能插一句话吗？

联想 插话、插队、插座（socket）、插头（plug）、插图（illustration）

90. 拆 chāi 动. ① tear open; take apart ② pull down; dismantle

例 他收到信以后，马上就用剪刀把信拆开看了起来。

例 为了盖高楼，开发公司打算把这些低矮的旧房子都拆掉。

搭配 拆 + 开 / 散 / 掉 / 下来

拆 + 信 / 楼 / 墙（740）/ 包裹（15）

联想 拆东墙，补西墙（rob Peter to pay Paul）

91. 产品 chǎnpǐn 名. product

例 这个工厂生产的产品质量很好，很受消费者欢迎。

搭配 一件 / 一批（701）/ 一套（922）+ 产品

生产（831）/ 推销（promote sales）/ 购买 / 使用 + 产品

联想 特产（special local product）

92. 产生 chǎnshēng 动. bring about; give rise to; produce

例 夫妻长期生活在一起，肯定会产生一些误会和矛盾。

搭配 产生 + 好感 / 想法 / 现象（1027）/ 效果 / 距离 / 差距

辨析 产生 vs. 生产，见“生产”。

93. 长途 chángtú 形. long-distance

例 宾馆的房间里一般只能打市内电话，不能打长途电话。

例 她丈夫是一名司机，工作很辛苦，差不多每个月都要跑长途。

搭配 长途 + 汽车 / 电话 / 旅行 / 运输（1166）

反义 短途

94. 常识 chángshí 名. elementary knowledge; common sense

例 张老师不仅教给学生们很多科学知识，还教会他们不少生活常识。

搭配 缺乏（770）/ 违反（974）+ 常识

生活 / 科学 + 常识

有 / 没有 + 常识

95. 抄 chāo 动. ① copy ② plagiarize ③ take a shortcut

例 老师要求我们把这篇文章的第一段抄在本子上。

例 考试时自己做不出来，抄别人的答案，这叫作弊（cheat），会被取消考试资格。

例 他每天都从公园里穿过，抄近路回家。

96. 超级 chāojí 形. super

例 经过十多年的奋斗，她终于从一个不知名的歌手成长为一名超级巨星。

搭配 超级 + 英雄（1127）/ 球迷（760）/ 模特儿（661）

超级 + 差 / 好 / 简单 / 有效

C

97. 朝 cháo

介. towards; to

动. face (to / towards)

介 例 他从教室里出来，朝我点点头，然后朝学校外面走去了。

动 例 他就这样坐着，脸朝着墙壁，一动也不动。

辨析 朝 vs. 向 vs. 往

“朝”“向”“往”都可以用于“朝 / 向 / 往 + 方向 + 运动动词”，如：朝 / 向 / 往 + 东 / 南 / 西 / 北 + 走 / 跑 / 开。不同的是：① “朝”和“向”可以用于“朝 / 向 + 某人 + 运动动词 / 示意（beckon）动词”，如：朝 / 向我走来、朝 / 向我点头 / 招手 / 笑了笑。“往”没有这个用法。② “向”可以用于“向 + 某人 + 其他动词”，如：向他打听（179）/ 学习 / 借钱。“朝”“往”没有这个用法。③ “往”可以用于“动词 + 往 + 具体（531）地方”，如：飞往欧洲（689）、开往广州、寄往国外。“向”可以用于“动词 + 向 + 某人 / 抽象（137）地方”，如：跑向警察、走向成功、飞向光明（363）。“朝”没有上述两种用法。

98. 潮湿 cháoshī 形. moist; damp

例 这个城市很潮湿，衣服洗完了好几天都干不了。

反义 干燥（305）

99. 吵 chǎo

形. noisy

动. ① quarrel

② make a noise

形 例 妈妈觉得城里人多车多，太吵了，空气也不好，她还是喜欢住在农村。

动 例 他们俩的想法常常相反，遇到事情经常说着说着就吵起来了。

动 例 咱俩到外面去聊天儿吧，孩子刚睡着，我怕把他吵醒了。

100. 吵架 chǎojià 动（离合）. quarrel

例 隔壁那对夫妻总是吵架，今天早上他俩又吵了一架。

联想 争吵、打架（fight）、吵嘴

101. 炒 chǎo 动. ① stir-fry ② speculate (on the stock exchange, etc.) ③ [often used with "鱿鱼" (squid)] dismiss (sb from a job); fire

例 等锅里的油热了以后，先把鸡蛋倒进去炒熟，然后再炒西红柿，炒几分钟就行了。

例 因为钱存在银行里利息太低，所以很多人把钱拿出来炒股票或者黄金，低价买进，高价卖出。

例 他对工作很不负责任，常常出错，在这儿只干了一个月就被老板炒了鱿鱼。

102. 车库 chēkù 名. garage

例 这套房子还配有一个地下车库，停车很方便。

103. 车厢 chēxiāng 名. railway carriage; coach (of a train)

例 因为旅客太多，这列火车又临时增加了一节硬座车厢。

104. 彻底 chèdǐ 形. thorough; complete

例 结婚以后，她的生活发生了彻底的改变，各方面都跟以前不一样了。

例 一个月以后，我才彻底弄清楚了事情的真相（truth），不再有任何疑问了。

105. 沉默 chénmò 动. be silent 形. silent

动 例 表演结束了，音乐厅里的人们沉默了几秒钟，接着就响起了热烈的掌声。

形 例 他是一个比较沉默的人，跟别人在一起的时候话不是很多。

辨析 沉默 vs. 安静

"安静"只能用作形容词，修饰（modify）人和环境，表示没有声音，没有吵闹声，如：请大家保持（21）安静；教室里很安静。"沉默"可以做动词和形容词，一般只修饰人，表示不说话、不爱说笑，如：听到这个消息，他沉默了几秒钟；这个人不爱说话，很沉默。

106. 趁 chèn 介. taking advantage of

例 这是刚出锅的饺子，大家赶紧趁热吃吧！

例 趁现在还年轻，你应该多学点儿东西，多走些地方，将来对你会有好处的。

联想 趁火打劫（loot a house when it is on fire—try to profit from other's misfortune）、趁热打铁（strike while the iron is hot）

C

107. 称 chēng 动. ① weigh ② call

例 这些土豆商店已经称好了，每袋一公斤，你就放心买吧。

例 他虽然已经退休了，但队员们还是亲切地称他为“老队长”。

辨析 称 vs. 叫 vs. 称呼（108），见“称呼”。

108. 称呼 chēnghu 名. form of address 动. call; address

名 例 孩子们有的叫她“阿姨”，有的称她“奶奶”，但她更喜欢“阿姨”这个称呼，听上去年轻一点儿。

动 例 人们一般称呼年龄跟自己妈妈差不多的女性为“阿姨”。

联想 名称

辨析 称呼 vs. 称 vs. 叫

“主语 + 把 + A + 称为 + B”这一结构（501）也可以说成“主语 + 把 + A + 叫作 + B”，如：人们把北京的故宫称为 / 叫作“紫禁城”。“叫 + 宾语 1 + 宾语 2”和“称 + 宾语 1 + 宾语 2”意思也相同，如：她唱歌唱得好极了，人们都叫 / 称她“金嗓子（800）”。不同的是：①“称”更正式一些，“叫”更口语化一些。②在用“主语 + 叫 + 宾语”这一结构介绍人名和东西名称时，只能用“叫”不能用“称”，如：他叫张明；这个菜叫烤鸭。

“称呼”做动词时，有时可以换成“称”和“叫”，如：年轻人一般称呼 / 称 / 叫他“王师傅”。但是“称呼”和“叫”“称”不同的是：①在正式场合（occasion）中，只能用“称呼”，如：先生，我怎么称呼您呢？②“称呼”一般不用在“把”字句中，但“称”和“叫”在“把”字句中很常见。③“称呼”有名词用法，如：她不喜欢“小姐”这个称呼。“称”和“叫”没有名词用法。

109. 称赞 chēngzàn 动. praise

例 我们公司的老板很严肃，很少称赞员工。

例 这个学生又聪明又努力，经常受到老师们的称赞。

搭配 称赞 + 某人 / 某事物（864）

辨析 称赞 vs. 赞美（1173），见“赞美”。

110. 成分 chéngfèn 名. composition; component part

例 我觉得所有的玩笑里都有认真的成分。

例 水和冰的化学成分相同，但是物理状态不同。

111. 成果 chéngguǒ 名. achievement; gain

例 辛苦工作了两年，他们终于取得了可喜的研究成果。

搭配 劳动（573）/ 工作 / 研究 + 成果

辨析 成果 vs. 结果 vs. 后果（403），见“后果”。

112. 成就 chéngjiù 名. achievement; accomplishment

例 爱因斯坦在理论物理领域取得了巨大的成就。

辨析 成就 vs. 成绩

“成就”和“成绩”都表示辛苦努力之后得到的收获（867）。不同的是：①“成绩”主要是工作和学习方面的，如：这次期末考试，他取得了非常令人满意的成绩。“成就”主要是事业（career）方面的，如：他在事业上能取得这么高的成就，和他的勤奋（749）与努力是分不开的。②“成绩”主要是个人、少数人或一个小群体的，如：最近他的成绩很有进步（515）；经过大家的努力，我们小组取得了全班第一的好成绩；这个学期我们班的成绩有了很大提高。“成就”可以是个人、少数人或小群体的，也可以是一个大群体的，而且“成就”比“成绩”更大，水平更高，更重要，如：改革（297）开放（543）以来（1116），中国在各个方面都取得了很大的成就。

113. 成立 chénglì 动. ① found; establish ② be reasonable

例 这家公司成立于1907年，至今已有一百多年的历史。

例 你这个结论是前后矛盾的，根本不能成立。

搭配 成立＋公司 / 组织 / 机构（institution）
理由（589）/ 结论（503）＋能够 / 不能＋成立

辨析 成立 vs. 建立（477），见“建立”。

114. 成人 chéngrén 名. adult 动. be fully-grown

C

名 例 这样的事情连一个成人都很难做到，怎么能要求一个孩子去完成呢？
动 例 他俩结婚已经二十多年了，孩子都已经成人了。

115. 成熟 chéngshú 动. ripen; mature 形. ripe; mature

动 例 秋天是收获的季节，很多瓜果都成熟了。
形 例 我这个想法还不太成熟，还需要完善。
形 例 他刚从大学毕业进入社会，说话做事都很不成熟，还需要多学习、多提高。
搭配 具体事物＋成熟：水果＋成熟
人 / 抽象事物＋成熟：孩子 / 条件＋成熟

116. 成语 chéngyǔ 名. idiom; set phrase (in Chinese)

例 汉语中的很多成语结构简单，意义却丰富而深刻。

117. 成长 chéngzhǎng 动. grow up; become mature

例 孩子们在父母的关心和爱护中健康地成长。
例 十年过去了，他已经从一个小男孩儿成长为一名男子汉了。
搭配 人 / 有生命的事物＋成长：孩子 / 小树＋成长

辨析 成长 vs. 生长（833），见“生长”。

118. 诚恳 chéngkěn 形. sincere

例 他觉得自己做错了，就诚恳地向我道了歉。
例 我本来不想接受他的邀请，但看他的态度和语气那么诚恳，就答应了。
搭配 态度 / 话语 / 语气（1152）＋很诚恳

辨析 诚恳 vs. 诚实

“诚恳”和“诚实”都有“真实（1197）、不虚假（unreal）”的意思。不同的是：①“诚恳”主要形容（1065）人的态度、说出的话、说话的语气和眼神（expression in one's eyes）等，如：态度 / 语气很诚恳，诚恳的话语 / 眼神。“诚实”主要形容人的品行（moral conduct）好，不说假话，如：他是一个诚实的人，大家都很信任（1060）他；老王这个人很诚实，从来不说假话。②“诚恳”可以用作重叠（repeat）形式（1066），如：踏踏实实（steady）做事，诚诚恳恳做人。“诚实”不能重叠使用。

119. 承担 chéngdān 动. bear; undertake

例 一个人不能只顾自己，应该为社会和家庭承担一份应尽的责任和义务。

搭配 承担 + 工作 / 任务 / 责任 / 义务（1118）/ 费用 / 损失（907）

承担 + 得起 / 不起

辨析 承担 vs. 承受（121），见“承受”。

120. 承认 chéngrèn 动. admit

例 他们俩的恋爱关系一直得不到双方父母的承认。

例 在事实面前，他不得不承认那件事是他做的，并且承认了自己的错误。

搭配 承认 + 错误 / 事实（863）

得到 / 得不到 / 没有得到 + 承认

反义 否认（290）

121. 承受 chéngshòu 动. bear; endure

例 在全球经济危机（crisis）时期，这家大公司也承受着巨大的压力。

例 这座桥是为公路交通设计的，不能承受铁路和火车的重量。

搭配 承受 + 重量（1235）/ 压力 / 痛苦（942）

承受 + 得了 / 不了

辨析 承受 vs. 承担

①“承受”一般是被动（passive）的，如：这件事让她承受了极大的痛苦。“承担”是主动（1242）的行为（1063），如：这件事你就大胆去做吧，后果我来承担。②“承受”的可能补语格式（pattern）通常（940）为“承受得了 / 不了（+ 宾语）”，如：这份工作压力太大了，一般人根本（324）承受不了。“承担”的可能补

语格式通常为“承担得起 / 不起（+ 宾语）”，如：你们这么做风险（286）太大了，如果有什么损失，谁都承担不起。

122. 程度 chéngdù 名. ① level; degree ② extent

例 这个地区在工业、农业、教育和科技方面的现代化程度都比较高。

例 这里的农民虽然不富裕（rich），但也还没有穷到没饭吃的程度。

搭配 程度 + 高 / 低

接近（499）/ 达到（175）/ 超过 + 某种程度

123. 程序 chéngxù 名. ① procedure; order ② (computer) program

例 申请签证不是一件容易的事情，得按大使馆规定的程序一步一步去做。

例 要想让电脑做一件事，得先编写一个专门的程序，不然它什么也做不了。

124. 吃亏 chīkuī 动（离合）. ① suffer losses ② be at a disadvantage

例 跟别人打交道时，他宁可自己吃亏，也不让别人受损失。

例 这笔生意，他们吃了经验不足的亏，否则不会赔。

反义 占（1183）便宜

题 **请选出正确答案：** 父亲说：“要下雨了，（我的）西瓜不好卖。分给大家吃啦。”有人说：“那你不是 ______ 了吗？我拿钱给你。” (H51116-58)

A 操心　　B 退步　　C 吃亏　　D 上当

因为下雨，卖西瓜的人觉得西瓜不好卖就把西瓜送给了别人，让自己受到了损失，也就是说“吃了亏”。A 的意思是为某人或某事花心思考虑和料理，B 的意思是在工作或者学习等方面变得比原来的水平还低，D 的意思是被别人骗了。A、B、D 放在句子里都不合适，所以答案是 C。

125. 池塘 chítáng 名. pond

例 树林里有一个小池塘，里面有不少鱼。

126. 迟早 chízǎo 副. sooner or later

例 你现在不趁年轻好好学习，只知道玩，将来迟早会后悔的。

例 他的条件那么好，又那么努力，成功是迟早的事。

联想 早晚

127. 持续 chíxù 动. last; continue

例 这场战争打了二十多年，一直持续到二十世纪末。

例 今年夏天是五十年以来最热的，持续的高温让很多人生病住进了医院。

辨析 持续 vs. 继续 vs. 连续（598）vs. 陆续（619），见“陆续”。

128. 尺子 chǐzi 名. ruler

例 你找一把尺子来量量箱子的长度和宽度，看看能不能带上飞机。

129. 翅膀 chìbǎng 名. wing

例 有的鸟虽然长着翅膀，但是不会飞。

搭配 一只 / 一对 / 一双 + 翅膀

题 **请选出正确答案：**……于是它（小鸡）问母鸡：“妈妈，我们也有一对______，为什么不能像鹰那样高高地飞在蓝天上呢？” (H51116-46)

A 翅膀　　B 胳膊　　C 肩膀　　D 脑袋

“胳膊”“肩膀（469）”和“脑袋（672）”的量词都不是“对”，分别（276）是“两只 / 条胳膊”“两个肩膀”和“一个脑袋”，而且 B、C、D 都跟“飞在蓝天上”没有关系，只有“翅膀”用“对”做量词，而且是飞行的工具（327），所以答案是 A。

130. 冲 chōng 动. ① rush; dash ② flush; rinse
chòng 介. towards

动 例 100 米赛跑的时候，他跑得最快，冲（chōng）在最前面。

动 例 她的帽子被风吹到了河里，很快就被河水冲（chōng）走了。

介 例 我又没做错什么事，你自己心情不好，凭什么冲（chòng）我发脾气？

C

题 请选出正确答案：邻居开门了，还没来得及说一声“早”，这个人就 ______ 着邻居喊道：“留着你的锤子给自己用吧，你这个混蛋！” (H51116-60)

A 挥　　B 甩　　C 冲　　D 抢

“挥（427）着”和“甩（889）着”后面的宾语都不应该是人，如“挥着帽子”“甩着手”等。“抢（741）着”后面常常是动词，如“他俩抢着付钱”。只有“冲着”后面可以跟具体方向或者某人，如“冲着里边”“冲着他”，组成（1291）介词词组，放在动词前面表示动作的方向或对象，如“冲着里边跑”“冲着他喊（386）”。此句中“冲着邻居”表示动词“喊”的对象，即“对着邻居喊”，所以答案是 C。

自 测

一 选词填空。

A 不然　　B 不要紧　　C 采取　　D 曾经　　E 趁

1. 他（　　）带领国家队获得过一次世界冠军。
2. 他们打算（　　）天还没黑，到山顶上多拍一些照片。
3. 我只是扭伤了脚，没有伤到骨头，（　　），下星期就能走路了。
4. 在外地工作的年轻人春节一般都要回家过年，（　　）爸妈会很难过的。
5. 交通部门（　　）了很多措施来避免驾驶员酒后开车。

A 部门　　B 不如　　C 彻底　　D 承认　　E 朝

6. 爸妈觉得自己出去旅游（　　）跟旅游团出去那么方便、省心。
7. 虽然大家都在批评他，可他就是不（　　）自己做错了。
8. 为了提高教育质量，教育（　　）进行了一系列的改革。
9. 上火车的时候，他回过头来，（　　）我挥了挥帽子。
10. 他利用假期把自己的房间（　　）收拾了一遍，现在房间变得干净整齐多了。

A 不足　　B 参与　　C 吃亏　　D 持续　　E 迟早

11. 警察怀疑他偷自行车，但因为证据（　　），又只好把他放了。

12. 她每天吃得那么少，睡得又那么晚，（　　）会把身体弄坏的。
13. 我们希望每个人都能积极（　　）到保护地球的行动中来。
14. 这场活动将会（　　）五天，一直到周日才结束。
15. 在人与人的交往中，想占别人便宜的人只是少数，更多的人是不愿意（　　）。

A 产生　B 超级　C 承担　D 承受　E 冲

16. 在赛马比赛中，他骑的马（　　）在最前面，得了第一名。
17. 他从小就热爱足球，长大后成为了一名（　　）球星。
18. 这两个年轻人在一次聚会中相识，彼此（　　）了好感，后来就恋爱结婚了。
19. 是我同意他这么做的，所有的后果由我来（　　），跟别人没有关系。
20. 能够（　　）这么大的痛苦，他真是一个坚强的人啊！

二 完成句子。

21. 能取得　这个研究　不错的　教授　成果　希望 ____________________
22. 别人　老王还　称呼　不太习惯　用"先生"　他 ____________________
23. 她　进来　都愿意　让　参与　同事们 ____________________
24. 不小心　刚编好的　删掉了　程序　被　我 ____________________
25. 新来的　这次采访　电视台　参与　记者　派 ____________________

三 请结合下列词语（要全部使用），写一篇 80 字左右的短文。

不然　惭愧　承认　迟早　沉默

____
____
____
____
____
____

第3天

131—195

学习重点

1. 65 个词语

2. 重点词语：充分　重复　除非　处理　此外　从此
从而　答应　达到　打交道

131. 充电器 chōngdiànqì 名. (battery) charger

例 为了延长手机电池的寿命，在手机的电量只剩下 20% 的时候就应该给手机插上充电器，不要等到电全部用完了再去充电。

132. 充分 chōngfèn 形. ① full; sufficient ② to the full

C

例 为了今天这场比赛，他训练了三个月，做了充分的准备。

例 在这次活动中，他充分展现（show）出了自己的组织能力。

搭配 理由（589）/ 沟通（339）/ 准备 + 很充分

充分 + 发挥（255）/ 表现（53）/ 理解 / 利用（596）/ 说明 / 信任（1060）

题 完成句子：很　充分　这个　理由　(H51113-91)

"这个"后面应该是名词或名词短语，因此应该和"理由"组成（1291）"这个理由"。"很"后面应该是形容词，应该和"充分"组成"很充分"。"很充分"应该在"这个理由"后面做谓语。所以答案是：这个理由很充分。

133. 充满 chōngmǎn 动. be filled with; be full of

例 小女孩的眼中充满了泪水。

例 新年晚会上，欢乐（happy）的气氛充满了整个演出大厅。

搭配 充满 + 快乐 / 期待（724）/ 希望 / 恐惧（fearful）/ 喜悦（joy）

134. 重复 chóngfù 动. ① reappear; recur ② repeat; do sth again

例 这段跟第二段的意思重复了，应该删掉。

例 你刚才问的问题我没听清楚，请你再重复一遍，好吗？

辨析 重复 vs. 反复（264），见"反复"。

135. 宠物 chǒngwù 名. pet (animal)

例 现在很多家庭都爱养宠物，像小猫、小狗、小兔子什么的。

136. 抽屉 chōuti 名. drawer

例 我记得我把文件放进抽屉里了，怎么找不到了？

题 完成句子：抽屉　在　里　保险柜的钥匙 (H51113-95)

方位词“里”只能跟“抽屉”组成“抽屉里”，表示具体（531）位置（985）。“保险柜的钥匙”是物品，按照“人/物＋在＋地方”这个句型，组成的句子应该是：保险柜的钥匙在抽屉里。

137. 抽象 chōuxiàng 形. abstract

例 这幅画太抽象了，我有点儿看不懂。

例 教授为了给学生们解释这个抽象的理论，用了很多生动具体的例子。

反义 具体

138. 丑 chǒu 形. ugly

例 他虽然长得有点儿丑，但是却有一颗善良的心。

例 故事里的那只丑小鸭长大以后变成了一只美丽的天鹅（swan）。

反义 美

139. 臭 chòu 形. smelly; stinking

例 如果鸡蛋坏了，打开以后你能闻到一种很臭的味道。

例 他那天买回来的肉忘了吃，也没有放进冰箱，现在已经臭了。

反义 香

140. 出版 chūbǎn 动. publish

例 这家出版社在过去的十几年里出版了这位作家的很多部小说。

辨析 出版 vs. 发表（251），见“发表”。

141. 出口 chūkǒu 动. export 名. exit

动 例 现在，中国出口到国外的东西比从国外进口的东西多。

名 例 看完电影以后，你在电影院左边的那个出口等我，我们一起回家。

反义 进口（516）、入口

142. 出色 chūsè 形. outstanding; remarkable

例 他出色地完成了任务，得到了大家的称赞。

例 今天的辩论比赛中，他们组每个人都表现得很出色。

搭配 某（664）人 / 工作 / 表现 + 很出色

C

题 **完成句子：** 那个方案　出色　她设计的　非常　(H51117-95)

"她设计（820）的"是定语，应该放在名词或名词短语前面，因此可以和"那个方案（270）"组成"她设计的那个方案"。"非常"是副词，可与形容词"出色"组成"非常出色"，做谓语，说明"她设计的那个方案"怎么样。所以答案是：她设计的那个方案非常出色。

143. 出示 chūshì 动. show

例 如果你要出国，在通过机场的海关时必须出示你的护照和签证。

搭配 出示 + 证件（1209）/ 护照 / 签证 / 身份证

144. 出席 chūxí 动. attend (a meeting, etc.); be present

例 听说我们大学的校长也出席了今年大学生运动会的开幕式。

搭配 出席 + 会议 / 开幕式（544）/ 活动

辨析 出席 vs. 参加

"出席"多指重要的人物（785）出现在某个正式场合（occasion）中，如：出席会议 / 开幕式 / 活动。"参加"多指一般人加入某个活动中，"参加"的对象（240）范围（268）比"出席"大，如：参加会议 / 开幕式 / 演出 / 比赛 / 考试 / 活动。

题 **完成句子：** 开幕式　出席　她　答应　(H51114-92)

"出席"与"开幕式"组合（1292）成"出席开幕式"，做"答应（174）"的动词性宾语，组成"答应出席开幕式"。"她"是句子的主语。所以答案是：她答应出席开幕式。

145. 初级 chūjí 形. elementary; primary

例 现在他只是初级汉语水平，还不能进入中级班学习。

联想 中级、高级（314）、超级（96）

146. 除非 chúfēi 连. only if; only when

例 除非有特殊情况，明天的会议不能请假。

例 他说了，除非你来，他才会来；你要是不来，他也不会来。

搭配 除非……，不然（66）/ 否则……

除非……，才……

联想 只有……，才……

147. 除夕 chúxī 名. New Year's Eve

例 今天是除夕，明天就是春节了。

例 除夕夜，我们全家围坐在一起包饺子。

148. 处理 chǔlǐ 动.
① handle; deal with
② punish; penalize
③ sell at reduced prices
④ treat by a special process

例 我们除了要做好自己的工作以外，还要处理好跟领导、同事的关系。

例 广场上那几个打架（fight）的人被带到警察局去处理了。

例 每年圣诞节和新年以后，商场都会处理大量的商品，把它们降价卖出去。

例 这些产品在生产过程中需要经过加热处理。

搭配 处理 + 日常（788）工作 / 问题 / 矛盾（631）/ 关系 / 麻烦 / 事情

辨析 处理 vs. 办理（13）

“处理”主要指安排事情或者想办法解决一些问题，如：处理日常工作 / 问题 / 矛盾 / 关系 / 麻烦 / 事情。“办理”主要指按照一定的程序（123）和步骤（71）去完成一些事情，如：办理手续（872）/ 业务（1101）/ 证件。

题 完成句子：灵活　处理　遇到　问题　要　(H51114-91)

句中有两个动词："处理"和"遇到"。这两个词都可以和"问题"组合，即"遇到问题"和"处理问题"，但这两个短语在此句中不可能同时出现。"灵活（607）"只能与"处理"组合成"灵活处理"。"要"应在动词或动词短语前面，可组成"要灵活处理"或"要遇到问题"。若组成"灵活处理要遇到问题"不符合逻辑（624），所以答案只能是：遇到问题要灵活处理。

C

149. 传播 chuánbō 动. spread; disseminate

例 学校是人类传播科学技术和文化知识的主要场所（place）。

例 老鼠会传播疾病（disease），历史上很多重大的流行性传染病都是由老鼠传播的。

搭配 传播＋科学 / 技术 / 文化 / 思想（898）/ 知识 / 疾病 / 病毒（55）/ 细菌（germ）

150. 传染 chuánrǎn 动. infect; be contagious

例 你放心吧，这种病是不会由母亲传染给肚子里的孩子的。

例 他得流感了，你们要小心一点儿，不要被他传染了。

151. 传说 chuánshuō 名. legend 动. it is said; pass from mouth to mouth

名 例 中国古代有不少关于世界和人类起源（origin）的传说。

动 例 传说那座岛上有海盗（pirate）留下的宝贝，有人还上岛去找过，可是从来没有人找到过。

辨析 传说 vs. 神话（828），见"神话"。

题 完成句子：许多美丽的　这里　流传着　传说　(H51117-96)

本句有处所词"这里"，动词结构（501）是表示存在（172）的"流传（614）着"，应采用存现句的句型：处所词＋动词＋着＋存在的人 / 物。所以答案是：这里流传着许多美丽的传说。

152. 传统 chuántǒng 名. tradition
形. traditional

名 例 这个地方有一个传统：年轻人满十八岁时都要举行一个成人礼。

形 例 在中国传统文化中，中医占有非常重要的地位。

形 例 现在很多年轻人的思想和行为已经变得很现代、很开放了，而大多数老人却没有多大改变，仍然比较传统、保守（conservative）。

153. 窗帘 chuānglián 名. (window) curtain

例 夏天到了，我把家里的黄色窗帘取了下来，换上了一个蓝色的，这样房间里看上去凉快多了。

154. 闯 chuǎng 动. ① rush; dash
② temper oneself; be tempered in the world
③ cause (a disaster, etc.)

例 警察站在校门口不让人进去，他却不管那么多，开着车闯了进去。

例 他大学毕业以后去上海闯了十多年，现在已经有自己的公司了。

例 他在宾馆房间里抽烟时不小心着火了，闯下了大祸（trouble），要赔宾馆很多钱。

搭配 闯 + 红灯 / 事业（career）/ 社会 / 祸

155. 创造 chuàngzào 动. bring about; create

例 我们应该积极地创造机会，而不仅仅是等待机会。

例 中国人在几千年的历史中创造了灿烂（splendid）的物质文明和精神文明。

搭配 创造 + 奇迹（727）/ 历史 / 条件 / 价值（464）

156. 吹 chuī 动. ① blow; puff
② play (wind instruments)
③ boast (about / of)
④ break up / off

例 风很大，把她晾（dry in the air）在外面的衣服都吹走了。

例 我妈妈退休以后迷上了吹笛子（flute）。

例 他经常在别人面前吹自己很有钱，但其实他还欠银行很多钱呢。

例 他跟女朋友早就吹了，他们已经分手半年多了。

157. 词汇 cíhuì 名. vocabulary

例 汉语有几千年的历史，所以汉语的词汇非常丰富。

例 这个孩子从小就看英文小说，因此英语词汇量很大。

联想 词语

158. 辞职 cízhí 动（离合）. resign (office / one's job / post)

例 他不喜欢原来的工作，上个月辞职了，换了一个新工作。

例 领导就是说了你两句，你辞什么职啊！

联想 辞退

C

159. 此外 cǐwài 连. besides; in addition (to)

例 桌子上放着词典、课本和几本杂志，此外还有一台电脑。

联想 另外、除此以外

160. 次要 cìyào 形. less important; secondary

例 这份工作虽然工资不太高，但我还是接受了，因为我觉得我现在刚毕业，赚钱是次要的，积累工作经验才是主要的。

反义 主要

161. 刺激 cìjī 动. ① irritate; upset ② stimulate

例 老人的心脏还没有完全恢复，你们跟他说话的时候一定不要刺激他，不能让他太激动。

例 为了刺激消费，当地政府制定了一些政策（policy）。

搭配 刺激 + 某人 / 皮肤 / 大脑

刺激 + 生产（831）/ 消费（1043）/ 食欲（appetite）

受到 + 很大的 / 很强的 + 刺激

联想 刺眼

162. 匆忙 cōngmáng 形. hurried; hasty

例 他这次回国很匆忙，没有给孩子们准备什么礼物。

例 她每天下班以后都要匆匆忙忙地赶回家给孩子们做饭。

辨析 匆忙 vs. 急忙（442）vs. 连忙（597）vs. 赶紧（306），见“连忙”。

163. 从此 cóngcǐ 副. from then / now on

例 他们去年十月分手了，从此以后就再也没有联系过。

例 毕业以后我留在了北京，他去了广州，从此我们再也没有见过面。

164. 从而 cóng'ér 连. thus; thereby

例 政府关掉了几家污染严重的工厂，同时还种了很多树，从而使这里的空气质量有了很大的改善。

辨析 从而 vs. 因而（1122），见“因而”。

165. 从前 cóngqián 名. former times; the past

例 他从前在一家银行当职员，现在是一名大学教授。

例 他把自己从前经历过的那些事情都写进这本书里了。

辨析 从前 vs. 以前

“从前”和“以前”都是时间名词。不同的是：①“以前”既可表示过去，也可表示将来，如：我以前在那家公司工作过三年；他打算现在先不买房子，等过几年到结婚以前再买。“从前”只表示过去，不表示将来，如：这里从前是一片（706）树林，现在全是房子。②“以前”既可单用，也可放在某一时间点或其他表示时间的词语后，如：三点 / 几年 / 很久 / 毕业 / 结婚以前。“从前”没有这个用法。

166. 从事 cóngshì 动. devote oneself to; be engaged in

例 这三十多年来，他一直从事科学研究工作，取得了很大的成就。

搭配 从事 + 活动 / 工作 / 事业 / 研究

167. 粗糙 cūcāo 形. ① coarse; rough ② crudely made; of poor workmanship

例 古代的人造出来的纸比较粗糙，没有现在的纸这么细滑。

例 这套家具的木头质量不太好，做工（workmanship）也很粗糙，我不太满意。

反义 光滑（361）

168. 促进 cùjìn 动. promote

例 这次的国际环境会议促进了各国在环境保护方面的交流与合作。

搭配 促进 + 交流 / 合作（395）/ 发展

联想 促销

辨析 促进 vs. 促使（169），见“促使”。

题 完成句子：东西方文化的　交流　丝绸之路　促进了　（H51114-98）

“促进”后面一般带动词宾语，可组成“促进了……交流”。“交流”出现在不同的人和事物（864）之间，应组成“东西方文化的交流”。所以答案是：丝绸（894）之路促进了东西方文化的交流。

169. 促使 cùshǐ 动. urge; impel

例 市民对空气污染的抱怨促使政府下决心制定并实施（put into effect）了这几项环境保护措施。

辨析 促使 vs. 促进

“促使”用在兼语句中，宾语一般是人或机构（institution），宾语同时又是后面动词的主语，句型为“主语 + 促使 + 人 / 机构 + 动词（+ 宾语）”，如：心中的梦想（639）促使我不断（63）努力。“促进”一般带动词宾语，如：充分的交流能促进双方（890）的了解与合作。

170. 醋 cù 名. vinegar

例 做面条儿或者凉菜的时候，人们习惯放一点儿醋进去，酸酸的，很开胃。

联想 酱油（484）、盐、糖、辣椒（569）

吃醋（be jealous of a rival in love）

171. 催 cuī 动. urge; hurry

例 他动作太慢了，大家都在等他，你去催一下他吧。

例 早上同学们都交了作业，只有他没交，所以刚才老师催他赶快交作业。

172. 存在 cúnzài 动. exist

例 金钱和幸福之间不存在必然的联系，一些人很有钱但不幸福，一些幸福的人却不是很有钱。

搭配 存在 + 问题 / 矛盾 / 不同 / 差距（88）

173. 措施 cuòshī 名. measure; step

例 政府采取了很多措施来控制不断上涨的商品价格。

搭配 制定（1223）/ 采取（75）+ 措施

一项（1038）+ 措施

有效的 / 有力的 + 措施

辨析 措施 vs. 办法

“措施”和“办法”都指用来解决问题的方法。“措施”是正式的书面用语，较少用于口语，一般指组织（1293）或机构为解决某个比较大的问题而使用的方法，如：制定 / 采取 / 一项 / 有效措施。“办法”没有“措施”那么正式，可用于书面语和口语，一般指个人为解决一般问题而使用的方法，如：想出来一个办法 / 用这个办法 / 试试这个办法 / 一个好办法。

D

174. 答应 dāying 动. ① answer; reply ② promise; agree

例 我在楼下叫他，听见他在楼上答应了一声，说马上就下来。

例 我让哥哥把车借给我开两天，可是他没有答应，说我开车技术不好，怕我发生交通事故（accident）。

175. 达到 dádào 动（离合）. reach; achieve

例 这次促销活动很成功，达到了提高销量的目的。

例 她担心孩子的身高达不到正常标准，带孩子去看了医生。

搭配 达到 + 目的 / 水平 / 程度（122）/ 高度 / 要求 / 标准 / 效果

辨析 达到 vs. 到达（205），见“到达”。

176. 打工 dǎgōng 动（离合）. do a temporary job

例 很多大学生都喜欢利用假期打工，既参加了社会实践，又增加了收入，真是一举两得（kill two birds with one stone）。

例 为了养活三个孩子，她除了正式工作以外，还同时打了三份工。

177. 打交道 dǎ jiāodao make contact with; have dealings with

例 他因为常常跟法国人打交道，所以也会说一点儿法语。

例 这个人我认识，我以前跟他打过几次交道。

辨析 打交道 vs. 接触（497），见“接触”。

178. 打喷嚏 dǎ pēntì sneeze

例 他感冒了，不停地流鼻涕（have a running nose）、打喷嚏，还有点儿咳嗽。

例 外面很冷，他一出门鼻子就堵住了，打了几个喷嚏才舒服一点儿。

题 **请选出正确答案：**

女：怎么总打喷嚏？感冒了？

男：没事，可能是昨晚着凉了。

女：是不是被子太薄了？今晚换个厚点儿的吧。

男：不薄，可能是没盖好，没关系。

问：关于男的，可以知道什么？（H51116-23）

A 想换地毯　B 打喷嚏了　C 昨晚失眠了　D 觉得被子太薄

从女的说的“怎么总打喷嚏？感冒了？”可以知道男的打喷嚏了，所以答案是 B。

179. 打听 dǎting 动. ask about; enquire about

例 她向我打听我们公司的情况，说是以后想到我们公司来工作。

例 他要去火车站，可是不认识路，所以想找个人打听一下应该怎么走。

辨析 打听 vs. 询问（1085），见“询问”。

180. 大方 dàfang 形. ① generous; liberal ② (of one's manner) easy; natural and poised

例 他跟女朋友在一起的时候很愿意为女朋友花钱，是个很大方的人。

例 昨天他俩第一次见面，姑娘很自然、很大方，给他留下了很好的印象。

反义 小气（1049）

181. 大厦 dàshà 名. large building; mansion

例 广场周围有很多大厦，其中一个叫“环球大厦”，我们公司就在里面。

搭配 一座 + 大厦

182. 大象 dàxiàng 名. elephant

例 昨天他在森林里看见大象了，前面是大象妈妈，后面跟着两头小象。

搭配 一头 / 一只 / 一群（773）+ 大象

183. 大型 dàxíng 形. large-scale; large-sized

例 新年前夜，广场上举办了一场大型新年晚会。

联想 微型（miniature）、小型、中型、巨型

184. 呆 dāi 形. ① blank ② dull; silly

例 这张照片照得不好，他脸上的表情呆呆的。

例 这个孩子有时候确实有点儿呆，没有别的孩子那么聪明。

联想 傻（805）

185. 代表 dàibiǎo 动. ① represent; stand / act for ② embody; represent
名. representative

动 例 王教授代表全校师生向新来的校长表示欢迎。

动 例 这部小说里的三个人物代表了三种不同的性格。

名 例 请中文系选出一名留学生代表在毕业典礼（ceremony）上发言。

186. 代替 dàitì 动. replace; take the place of

例 这件事只能你自己做决定，谁也代替不了你。

例 王老师病了，昨天李老师代替他给我们上了课。

187. 贷款 dàikuǎn 动（离合）. grant a loan (to sb); get a loan (from sb) 名. loan

D

动 例 这家公司每次都能按时还款，所以银行很愿意贷款给他们。

动 例 他读大学的时候，向银行贷了一笔款。

名 例 多年以后，他们终于还清了买房子时借的那笔贷款。

188. 待遇 dàiyù 名. salaries and other benefits

例 这家公司给工程师的待遇比那家公司要好。

例 他觉得自己比别人水平高，在公司里应该得到更高的待遇。

搭配 待遇 + 好 / 差 / 高 / 低

相同的 / 不同的 + 待遇

享受（1035）/ 得到 + 待遇

189. 担任 dānrèn 动. hold (a post); take charge of

例 公司决定由他来担任销售部门的经理。

例 领导们很信任他，让他来担任这个重要的工作。

搭配 担任 + 职务（post）/ 工作 / 角色（537）

题 **完成句子：** 本场比赛的　他　解说员　担任　（H51114-95）

“本场比赛的”是“解说员”的定语，组成“本场比赛的解说员”，做“担任”的宾语，组成“担任本场比赛的解说员”，最后再加上主语“他”。所以答案是：他担任本场比赛的解说员。

190. 单纯 dānchún 形. ① pure; simple; unsophisticated ② alone

例 这些大学生毕业不久，刚参加工作，对社会还不太了解，思想很单纯。

例 看一个外国人的汉语水平，不能单纯看他的汉语考试成绩，还要看他实际的汉语交际能力。

联想 简单、只（zhǐ）

反义 复杂

191. 单调 dāndiào 形. dull; monotonous

例 他们每天除了吃饭、睡觉就是上课，生活很单调。

搭配 工作 / 生活 / 内容 / 节目 + 很单调

反义 丰富

192. 单独 dāndú 副. alone; on one's own

例 他大学毕业以后就离开爸爸妈妈，自己单独生活了。

例 哥哥生病了，晚上没有跟我们一起吃饭，妈妈给他单独做了一碗面条儿。

联想 独自

193. 单位 dānwèi 名. ① unit [standard of measurement] ② unit [a group of people as a whole]

例 米是计量（measure）长度的单位。

例 他的工作单位是北京大学，他在那儿当老师已经十多年了。

194. 单元 dānyuán 名. unit

例 这本教材一共有九个单元，这次考试只考前面的五个单元。

例 我住在 13 号楼 3 单元 316 号，你要是找不到可以给我打电话。

195. 耽误 dānwu 动. delay

例 真不好意思，问了这么多问题，耽误了你这么长时间。

例 昨天上午他去学校的时候，在路上遇到了一场交通事故，耽误了他上课。

搭配 耽误 + 时间 / 工作 / 休息 / 机会

自 测

一 选词填空。

A 促进　B 促使　C 处理　D 重复　E 充分

1. 科学的发展（　　）了社会的进步。
2. 工作中的竞争（　　）人们不断地学习新东西，提高自己各方面的能力。
3. 我不想（　　）别人的观点，我要提出一些新的看法。
4. 他有（　　）的理由提出离婚，他的妻子和其他人都没办法反对。
5. 交通警察（　　）了那个酒后开车的驾驶员。

A 从而　B 耽误　C 达到　D 从此　E 此外

6. 老师觉得这个留学生的汉语已经（　　）了进入高级班学习的水平。
7. 家长反对孩子在读高中时谈恋爱，害怕（　　）孩子的学习。
8. 她想出了一个好办法，（　　）巧妙地解决了这个难题。
9. 他是著名演员、大学教授，（　　）还是一家公司的老板。
10. 半年前他俩吵了一架，（　　）谁也不理谁了。

A 担任　B 充满　C 代替　D 除非　E 单独

11. 今年过生日的时候他没有请别人，只（　　）邀请了一个老朋友。
12. 这次比赛他（　　）我们球队的教练。
13. 这件事只有我俩知道，（　　）你告诉他，不然他不会知道的。
14. 妈妈看着女儿，眼里（　　）了欢喜和骄傲。
15. 结婚是年轻人的终身大事，父母不能（　　）子女做决定。

A 大型　B 打交道　C 闯　D 催　E 答应

16. 我们正在吃饭，突然从外面（　　）进来了一个大家都不认识的人。
17. 下个月这个城市将举办一场（　　）汽车展览会，将有 10 万人参加。
18. 朋友（　　）借给他十万块钱，这下他买车的钱就够了。
19. 他在工作中每天都得跟电脑（　　），所以他电脑用得很熟练。
20. 他已经 35 岁了，爸妈天天（　　）他找女朋友，要他早一点儿恋爱结婚。

二 完成句子。

21. 单独　他　完成　要　这次任务 ______
22. 辞职　打算　就　向公司　到了年底　他 ______
23. 得到了　很好的　来打工的　都　待遇　那些 ______
24. 她　日常　处理　部门　的　工作　负责 ______
25. 对　很　传统　他　文化　感兴趣　中国的 ______

三 请结合下列词语（要全部使用），写一篇 80 字左右的短文。

宠物　存在　传播　单调　大型

______

______

______

______

______

______

第 4 天

196—260

学习重点

1. 65 个词语
2. 重点词语：导致　到达　的确　独立　独特　断　对方　多亏　发挥　罚款

196. 胆小鬼 dǎnxiǎoguǐ 名. coward

例 这孩子真是个胆小鬼，12 岁了还要大人陪着睡觉，害怕有坏人或者有鬼（ghost）。

197. 淡 dàn 形. ① (of food, drinks, etc.) tasteless; weak
② indifferent; cool
③ (of business, etc.) dull; slack

D

例 有的商家为了多赚钱，卖酒的时候在酒里加水，这样的酒喝着比正常的酒味道淡，没有那么好喝，闻着也没有那么香。

例 这个菜盐放得不够，味道太淡了，不好吃。

例 他跟亲戚们很久没有联系了，彼此之间的感情也已经很淡了。

例 冬天这里的客人少，饭馆的生意都很淡，没有夏天的生意好。

搭配 味道 / 气味（smell）/ 感情 / 生意 + 很淡

反义 浓（687）、咸、旺（prosperous）

198. 当地 dāngdì 名. locality; place mentioned

例 他去外地旅游的时候，喜欢跟当地的人聊天儿，还喜欢买当地的特产（local special product）。

199. 当心 dāngxīn 动. be careful; take care

例 你过马路时要当心来往的车辆，一定要先左右看一看，等没车了再过去。

辨析 当心 vs. 小心

“当心”和“小心”都有在行动（1061）中注意避免（42）某（664）种危险或者不利因素（1123）的意思，都可以带宾语。不同的是：①“当心”的口语色彩（801）比“小心”更浓一点儿。②“当心”只做动词，“小心”除了做动词，还可做形容词，如：他小心地扶（291）着奶奶（“小心”做状语）；他过马路时很小心（“小心”前面可加“很”）。

200. 挡 dǎng 动. ① block
② keep off
名. gear

动 例 山上掉下来一块大石头，正好挡在马路中间，把来往的车辆都挡住了。

动 例 我们把窗帘拉上了，可仍然挡不住外面的阳光。

名 例 现在很多人都愿意买自动挡的汽车，大家都觉得开手动挡的太不方便了。

辨析 挡 vs. 拦（570），见“拦”。

201. 导演 dǎoyǎn 名. director
动. direct (a film, play, etc.)

名 例 听说他将担任这部影片的导演。

名 动 例 他是中国的著名导演，很多电影和电视剧都是他导演的。

联想 演员、编剧（playwright）

202. 导致 dǎozhì 动. lead to; result in

例 驾驶员酒后开车，闯了红灯，导致了这起交通事故。

辨析 导致 vs. 引起

在“A + 导致 / 引起（了）+ B”这个结构（501）中，B 是 A 的结果。“导致”后面的结果一般是不好的、人们不希望发生的事情，如：导致后果（403）/ 矛盾（631）/ 灾难（disaster）。“引起”的结果可以是不好的，如：引起误会 / 矛盾 / 灾难 / 战争（1184）；也可以是中性的，如：引起注意 / 兴趣 / 重视。

203. 岛屿 dǎoyǔ 名. island

例 这片海里有很多岛屿，其中一些岛上的风景特别美。

搭配 一座 / 一个 + 岛屿

联想 群岛、半岛、安全岛

204. 倒霉 dǎoméi 形. have bad luck

例 他最近真是倒霉极了，先是女朋友跟他吹了，后来又骑车把腿摔伤了。

反义 幸运（1071）

205. 到达 dàodá 动. arrive; reach

例 他坐的飞机没有晚点，今早八点半准时到达了北京首都国际机场。

搭配 到达 + 车站 / 机场 / 目的地 / 某个位置（985）

辨析 到达 vs. 达到（175）

“到达”的宾语一般是具体（531）的地点和位置，如：到达车站 / 机场 / 目的

地 / 某个位置。“达到”的宾语一般是抽象（137）的，如：达到目的 / 水平 / 程度（122）/ 高度 / 要求 / 标准 / 效果。

206. 道德 dàodé 名. morality 形. moral

名 例 谁在生活中不遵守社会道德，谁就会受到人们的批评。

形 例 为了自己能得到好处而去损害别人的利益，这种做法是不道德的。

D

207. 道理 dàolǐ 名. ① law; principle ② reason; sense; argument

例 老师解释完以后，学生们就明白打雷和下雨的道理了。

例 他说的话很有道理，我们应该照他说的去做。

搭配 一个 + 道理

讲 / 不讲 / 有 / 没有 + 道理

辨析 道理 vs. 理由（589）vs. 原因 vs. 借口（508），见“理由”。

208. 登记 dēngjì 动（离合）. register; check in

例 他俩上个月就已经登记结婚了，准备今年十月办婚礼。

例 今天来开会的人请在这个本子上登个记。

209. 等待 děngdài 动. wait; await

例 人们都站在那里，看着前方，等待着奇迹的发生。

例 生活中那些善于等待的人，有时会得到更好的东西。

搭配 等待 + 客人 / 爱情 / 机会 / 结果 / 奇迹（727）/ 某个时刻（847）

辨析（1）等待 vs. 等

“等待”和“等”意思差不多。不同的是，“等待”是书面语，宾语多是双音节的，比较抽象，如：等待爱情 / 机会 / 结果 / 奇迹 / 某个时刻。“等”多用于口语，宾语可以是单音节、双音节或多音节的，可以具体也可以抽象，如：等人 / 消息 / 结果 / 公交车 / 太阳下山。

（2）等待 vs. 期待（724），见“期待”。

210. 等于 děngyú 动. ① be equal to ② be equivalent to; be no less than

例 三加二等于五，不等于六。

例 他做的这些东西一点儿用都没有，等于白做了。

211. 滴 dī 量. drop 动. drip

量 例 她听了这件事以后也有点儿难过，还流下了几滴眼泪。

动 例 雨水从伞边滴下来，滴到他的书包上，把书包都弄湿了。

动 量 例 我的自行车不好骑，修车的师傅在自行车链条上滴了几滴油就好了。

搭配 一滴 + 水 / 油 / 眼泪 / 雨水

滴 + 下来 / 到……上

联想 雨滴、泪滴、水滴

212. 的确 díquè 副. really; indeed

例 这本书的确是他自己买的，不是从图书馆借的。

例 我没有记错，的的确确借了三千块钱给他，可他只还了我两千。

辨析 的确 vs. 确实

“确实”做副词时可以与“的确”互换，都表示肯定事情是真的，如：他的确 / 确实说过这样的话。“确实”还可以做形容词，表示真实（1197）可靠（552），如：这些都是确实的消息 / 数据（886）。“的确”没有这个用法。

213. 敌人 dírén 名. enemy

例 他们是我们的敌人，不是我们的朋友，大家不要被他们骗了。

反义 朋友

214. 地道 dìdao / dìdào 形. real; pure; typical 名. tunnel

形 例 他汉语说得很地道（dìdao），别人都听不出来他是外国人。

形 例 这家饭馆做的四川菜不够地道（dìdao），比真正的川菜味道差远了。

名 例 铁路（railway）的下面有一条地道（dìdào），汽车和行人可以通行。

题 请选出正确答案：

女：你的北京话说得很地道，你是北京人？

男：是，我在这里出生、长大，至今还没离开过北京呢。

问：男的北京话说得怎么样？ (H51003-3)

A 很地道　　B 不太标准　　C 语速很快　　D 进步很大

本题中"地道"是形容词，意思是"真正的、标准的"，用来说明男的北京话说得怎么样，所以答案是A。

D

215. 地理 dìlǐ 名. ① geography ② geographical features of a place

例 我弟弟是个中学生，他喜欢上语文课、数学课、历史课和地理课。

例 地理不仅包括山河、气候等自然情况，也包括物产、交通、人类活动等社会经济情况。

216. 地区 dìqū 名. area; district

例 受灾地区的人们正在积极开展灾后重建工作。

例 中国东南沿海（coastal）地区的经济发展得比别的地区快很多。

217. 地毯 dìtǎn 名. carpet; rug

例 宾馆里每个房间的地上都铺（lay）着地毯，走在上面很舒服，也没有声音。

搭配 一张 / 一块 + 地毯

铺 / 织（weave）+ 地毯

218. 地位 dìwèi 名. status; position

例 婚姻的基础应该是爱情，而不是金钱和地位。

例 李白和杜甫两位诗人在中国文学史上都占有重要的地位。

搭配 经济 / 社会 / 政治（1212）/ 国际 + 地位

地位 + 高 / 低

有 / 没有 + 地位

辨析 地位 vs. 位置，见"位置"。

219. 地震 dìzhèn 动. earthquake

例 2008年这里发生过一次8.0级的大地震，倒了很多房子，死了很多人。

搭配 一场/一次+地震

强烈（739）的/可怕（553）的+地震

题 完成句子：地震　损失　造成了　巨大的　(H51116-95)

动词"造成（1175）"后面的宾语一般都是不好的结果，主语则（1176）是宾语产生（91）的原因，所以本句的基本（438）结构是"地震造成损失（907）"。定语"巨大（529）的"修饰（modify）宾语"损失"。所以答案是：地震造成了巨大的损失。

D

220. 递 dì 动. hand over; pass

例 我让他把那杯茶递给我，可是他却给我递过来了一杯咖啡。

联想 快递（express delivery）、快递员

题 完成句子：文件　递给　我　请　把　(H51117-93)

按照句型"把+受事+动词+其他成分（110）"，可以组成（1291）"把文件（990）递给"。由于"递给"后面一定要有"人"做宾语，所以应组成"把文件递给我"。因此，本句是一个没有主语的祈使句，答案是：请把文件递给我。

221. 点心 diǎnxin 名. dessert

例 他家里平时总是放着一些点心，招待客人、喝茶或者饿了的时候就吃几块。

搭配 一块/一盘/一份/一些+点心

222. 电池 diànchí 名. battery

例 我的车钥匙没电了，今天中午得去买一块电池。

搭配 一块/一组（1290）+电池

223. 电台 diàntái 名. radio station; broadcasting station

例 中央人民广播电台现在正在播放国际新闻节目。

联想 电视台

D

224. 钓 diào 动. fish

例 我跟他一起去湖（lake）边钓鱼，他钓上来了好几条大鱼，我却一条也没钓到。

联想 姜太公钓鱼，愿者上钩（willingly fall into the snare）

225. 顶 dǐng
量. [used of sth that has a top]
名. top; peak
动. ① push from below or behind
② carry on the head
③ retort; turn down

量 例 今天过节，他戴了一顶新帽子，穿了一身新衣服。

名 例 天气好的时候，我喜欢躺在屋顶上看星星。

动 例 他在房间里面用大桌子顶着门，外面的人推不开，进不去。

动 例 这个演员太厉害了，头上顶着那么多碗，还能骑自行车！

动 例 他上次借的钱还没还呢，今天又找我借钱，我给他顶回去了，没借给他。

联想 x 顶：头顶、房顶、屋顶、山顶

226. 动画片 dònghuàpiàn 名. cartoon

例 这位导演去年拍了一部很有趣的动画片，讲的是几只小宠物的故事。

227. 冻 dòng 动. ① freeze
② feel very cold; feel freezing

例 冰箱冷冻室里是零下 18 度，我上午放进去的水现在已经冻成冰了。

例 那里的冬天非常冷，气温常常在零度以下，你要穿厚一点儿，别冻坏了。

联想 冷冻食品

228. 洞 dòng 名. hole; cave

例 这座山上有一个洞，我们进去过，洞很长，里面很黑。

例 他这双鞋穿了很多年，已经很旧了，前面还破了一个洞，早就该扔了。

229. 豆腐 dòufu 名. tofu; bean curd

例 豆腐是中国的传统食品，可以做成很多种美味的中国菜。

230. 逗 dòu　动. ① kid; make fun of　② amuse; make sb laugh　形. funny

动 例 她每天下班回家后第一件事就是逗她的两只猫，跟它们玩得可开心了。

形 动 例 他这个人说话很逗，经常把身边的人逗得哈哈大笑。

231. 独立 dúlì　动. be independent　形. independent

动 例 这个研究所是五年前从一所大学里面独立出来的。

动 例 二十世纪四十年代，这个国家正式宣布独立。

形 例 很多国家的年轻人十八岁以后就离开父母、独立生活了。

搭配 国家 / 经济 / 政治 / 生活 / 性格 + 独立

独立 + 生活 / 工作 / 思考（897）

232. 独特 dútè　形. unique; distinctive

例 这个画家的艺术风格跟别的画家完全不同，具有独特的魅力。

搭配 独特的 + 性格 / 风格（283）/ 形状（1069）/ 味道 / 经历 / 样式（1096）

辨析 独特 vs. 特别

“独特”和“特别”都是形容词，都指人或事物（864）不普通（ordinary），如：他解决问题的方式很独特 / 特别。不同的是：①“独特”比“特别”程度更深，是唯一（977）的，与别的都不一样。“特别”不一定是唯一的。②“特别”除了可做形容词以外，还有副词用法，可做状语，如：今年冬天特别冷。“独特”没有这个用法。

233. 度过 dùguò　动. pass; spend

例 他在这个小村子里度过了他的整个童年。

搭配 度过 + 夜晚 / 一天 / 假期 / 时期（849）/ 时代（846）/ 一生

辨析 度过 vs. 过

“度过”和“过”都是动词，指从一个时间点到另一个时间点。不同的是，“过”常用于口语，宾语一般是一段具体的可长可短的时间，可以是单音节、双音节和多音节的，如：过年 / 节 / 生日 / 周末 / 暑假 / 一个夏天 / 几年 / 一辈子（1104）。“度过”常用于书面语，有文学（993）色彩，宾语多是比较抽象、比较长的时间，通常（940）是双音节的，如：度过假期 / 时期 / 时代 / 岁月（years）/ 时光（times）/ 一生。

234. 断 duàn

动. ① break; snap
② cut off; break off
③ be interrupted

例 他骑自行车的时候不小心把腿摔断了。

例 他没有拿好，黄瓜（cucumber）一下子掉到地上，断成了两半。

例 每到夏天，这里不是断水就是断电，生活很不方便。

例 他跟以前的女朋友早就断了，已经没有任何联系了。

例 他每天早上都要去锻炼，已经坚持了十几年，从来没有断过。

D

235. 堆 duī

动. pile (up)
量. pile; heap
名. pile; heap

动 例 椅子上堆着很多衣服，连坐的地方都没有。

动 例 这些书他们也不放在书架上，就这么堆在地上。

量 动 例 广场上有一大堆雪，孩子们都在那儿堆雪人。

名 例 爬上这个小土堆，就可以看到远处的村庄。

236. 对比 duìbǐ 动. contrast; compare

例 那两件衣服她都很喜欢，但在对比了价格和质量以后，她选了那件红的。

例 前面那段音乐阴沉、忧伤（distressed），后面这段欢快、明亮，两段音乐形成了鲜明（distinct）的对比。

辨析 对比 vs. 比较

①“对比”可做动词，强调（738）事物正反相对（1031）的比较，如：新旧 / 古今对比。“比较”也可做动词，强调同类事物的异同（similarities and differences）或差别（87），如：比较一下两个人的身高和体重。②“比较”还可以做副词，表示有一定程度，如：比较好 / 累 / 愉快。“对比”没有这个用法。

237. 对待 duìdài 动. treat

例 我们要用认真的态度来对待工作，用真诚的态度来对待朋友。

搭配 对待 + 某人 / 工作 / 学习 / 生活 / 爱情 / 友情

238. 对方 duìfāng 名. other side; opposite side

例 他因为用危险动作伤害对方球员而被裁判罚下了场。

例 他俩是因为朋友介绍才认识的，以前都不认识对方。

辨析 对方 vs. 对手（239），见“对手”。

239. 对手 duìshǒu 名. ① opponent; rival; competitor ② equal; match

例 这场比赛的对手很强，咱们要认真对待、好好准备。

例 昨天的比赛中，他们的水平比你们差远了，根本不是你们的对手。

辨析 对手 vs. 对方

“对手”和“对方”都指和某些人或群体（group）处于相对地位的另一方。不同的是，“对手”的范围（268）比“对方”小，主要指比赛或者竞赛（contest）中的另一方。“对方”的范围大，除了指比赛中的，也可以指其他关系中的另一方，如：比赛中你一个小小的失误（error）都可能让你最后输给对方 / 对手；他很喜欢他的女朋友，对方也很喜欢他。

240. 对象 duìxiàng 名. ① target; object ② boyfriend; girlfriend

例 这个研究的调查对象主要是刚参加工作的年轻人。

例 他已经三十多岁了，还没有找对象，他爸妈很替他着急。

241. 兑换 duìhuàn 动. convert; exchange

例 很多人在出国旅游之前都要到银行去兑换一些外币。

辨析 兑换 vs. 换

①“兑换”的范围比“换”的范围小，主要指价值（464）相等（be equal）地交换（485）证券（securities）、现金和货币（currency），而且“兑换”是正式用语，宾语也是双音节的，如：兑换现金 / 美元 / 欧元。“换”比“兑换”的范围大，交换双方（890）不一定价值相等，而且“换”一般用于口语，宾语的音节数量不受限制（1028），如：换钱 / 现金 / 美元 / 欧元，和某人换座位。②“换”还有“变换”的意思，如：换人 / 衣服 / 手机 / 工作。“兑换”没有这个意思。

242. 吨 dūn 量. tonne

例 大象是陆地上最大的动物，一头成年大象的体重可以达到七八吨。

243. 蹲 dūn 动. squat; crouch

例 那两个孩子在停车场蹲在地上玩，差点儿被车撞了。

例 这个小女孩儿只有两岁，身高不到一米，她爸爸妈妈常常蹲着跟她说话。

联想 站、坐、躺

D

244. 顿 dùn 量. time

例 他逃课去网吧玩，回到家被爸爸骂了一顿。

例 据说古代的中国人一天只吃两顿饭，不像现在这样一天吃三顿。

搭配 教训（494）/ 批评 / 责备（1177）/ 打 / 骂（626）/ 吃 + 一顿

吃一顿 + 饭 / 饺子 / 大餐 / 好吃的

挨一顿 + 打 / 骂 / 批评

245. 多亏 duōkuī 动. owe sth to sb

例 我这次的成功多亏了大家的帮助和支持。

例 回国前他把护照弄丢了，多亏警察帮他找到了，不然他就回不了国了。

搭配 多亏……，才 / 不然（66）/ 否则……

联想 幸亏（1070）、幸好、亏得

辨析 多亏 vs. 幸亏，见“幸亏”。

246. 多余 duōyú 形. unnecessary 动. be surplus

形 例 房间里只要有桌子和椅子就够了，其他的东西都是多余的，都拿出去吧。

动 例 他花钱很节省，每个月的工资都花不完，多余的那些钱他就寄给妈妈。

247. 朵 duǒ 量. [of flowers, clouds, etc.]

例 新娘子（bride）打扮得很漂亮，耳朵上还有一朵鲜花。

搭配 一朵 + 花 / 云 / 浪花（spray of breaking waves）

248. 躲藏 duǒcáng 动. hide (oneself)

例 他躲藏在一棵大树后面，敌人没有发现他。

联想 躲避

E

249. 恶劣 èliè 形. very bad; disgusting; mean

例 他一边跟这个女孩儿谈恋爱，一边却悄悄地跟别人结了婚，这种做法真是太恶劣了！

搭配 天气 / 心情 / 环境 / 品行（moral conduct）/ 态度 / 条件 / 做法 + 很恶劣

恶劣的 + 天气 / 心情 / 环境 / 品行 / 态度 / 条件 / 做法

250. 耳环 ěrhuán 名. earring

例 她很喜欢打扮，耳环、戒指、项链、手表什么的都有很多。

搭配 一只 / 一对 / 一副（pair）+ 耳环

戴 / 取 / 摘（1178）+ 耳环

联想 戒指（506）、项链（1039）

F

251. 发表 fābiǎo 动. ① express; issue; make known ② publish

例 针对开设什么选修课的问题，学生们围着老师七嘴八舌地发表意见。

例 今年他在专业刊物（journal）上发表了三篇文章，为明年评教授做好了准备。

搭配 发表 + 议论（1119）/ 看法 / 演讲（1092）/ 讲话

发表 + 论文（623）/ 作品（1298）/ 文章

辨析 发表 vs. 出版（140）

“发表”一般指在刊物上发表文章、论文、作品等，“出版”一般指在出版社出版图书。

252. 发愁 fāchóu 动（离合）. worry (about); be anxious (about)

例 他现在正在为找工作的事情发愁。

例 这么一点儿小事，你发什么愁啊？

253. 发达 fādá 形. developed; flourishing

例 这个国家是个发达国家，工业、农业、科技、教育和交通的发展水平都很高。

搭配 工业（329）/ 农业（686）/ 经济 / 肌肉（437）+ 很发达

发达的 + 工业 / 农业 / 经济 / 肌肉

254. 发抖 fādǒu 动. shiver; tremble

例 外面下雪了，可是房间里没有暖气，我们冻得直发抖。

搭配 冷 / 冻 / 吓（1018）/ 气 / 紧张 + 得 + 发抖

255. 发挥 fāhuī 动. give (full) play to

例 这支球队在今天的比赛中没有发挥出他们真正的水平。

搭配 发挥 + 能力 / 作用 / 水平 / 积极性

256. 发明 fāmíng 名. invention
动. invent

名 例 这项发明已经被广泛应用到实际生产和生活中了。

动 例 这位科学家一生发明的东西有一千多种。

257. 发票 fāpiào 名. invoice; receipt

例 退房结账的时候，他请宾馆的服务员给他开了一张发票，这样他回单位就可以报销（apply for reimbursement）了。

联想 收据（868）

258. 发言 fāyán 动（离合）. speak; make a speech
名. speech

动 例 每个人发一次言要五分钟左右，要想全班同学都发言，一节课的时间肯定是不够的。

名 例 他今天在大会上的发言引起了大家的讨论。

259. 罚款 fákuǎn 动（离合）. impose a fine (on)
名. fine; forfeit; penalty

动 例 他因为闯红灯被警察罚款了。

动 例 他从图书馆借的书过期了，还书的时候被罚了一些款。

名 例 他违反了交通规则，警察给他开了一张单子，让他 25 号之前去交罚款。

260. 法院 fǎyuàn 名. court of justice

例 我学的是法律专业，以后想去法院工作。

自 测

一 选词填空。

A 导致　B 多亏　C 发挥　D 独特　E 恶劣

1. 很多客人抱怨这家饭馆的服务员态度（　　），服务质量很差。
2. 他跟前女友一直断不了，这是（　　）他和现在的女朋友闹分手的一个主要原因。
3. 这个工作很适合他，他在工作中把自己的能力全都（　　）出来了。
4. 生活在这个地区的人们还保留着自己（　　）的文化传统，非常与众不同。
5. 去年夏天他病得很厉害，（　　）医生的水平高，他的病才治好了。

A 当心　B 罚款　C 度过　D 发愁　E 到达

6. 上个星期天他跟朋友们在海边（　　）了一个愉快的下午。
7. 他在路边违规停车被警察发现了，警察让他交二百块钱的（　　）。
8. 火车开了一天一夜，今天早上准时（　　）了北京火车站。
9. 爸爸现在有工作了，咱们家以后再也不用为钱的事情（　　）了。
10. 你坐公共汽车的时候要（　　）自己的钱包，里面有护照，弄丢了就麻烦了。

A 对比　B 对方　C 对手　D 对象　E 对待

11. 在工作中他们俩是竞争（　　），但是在生活中他俩却是好朋友。
12. 我们公司在跟一家外国公司做生意，（　　）打算买我们的产品。

13. 他把自己现在的照片跟十年前的照片做了一个（　　），发现自己老多了。
14. 科学家们必须根据不同的研究（　　）采用不同的研究方法。
15. 年轻人（　　）老年人应该耐心一点儿，不要总是着急、发脾气。

A 地位　　B 的确　　C 多余　　D 独立　　E 断

16. 你之前给我推荐的那本书（　　）值得一读。
17. 年轻人要想提高自己的社会（　　），必须要不断学习、努力工作。
18. 他上个月骑马时不小心把腿摔（　　）了。
19. 他只需要两个笔记本，可是爸爸给他买了三个，他把那本（　　）的送给了我。
20. 他打算毕业以后（　　）生活，不跟爸妈住在一起，也不花爸妈的钱。

二 完成句子。

21. 条件　多么恶劣　他　不管　都　一直坚持着　________________
22. 不会　没有对手　有进步　要是　就　________________
23. 发现孩子们　越来越　在生活上　独立了　爸爸　________________
24. 一篇文章　也没有　连　最近三年　发表过　他　________________
25. 问过　曾经　飞机到达　的时间　发邮件　他　________________

三 请结合下列词语（要全部使用），写一篇 80 字左右的短文。

发明　　度过　　发表　　当地　　地位

____

____

____

____

____

____

第 5 天

261—325

学习重点

1. 65 个词语

2. 重点词语：反而　反复　反正　分别　风险　干脆
   赶紧　赶快　各自　根本

261. 翻 fān 动. ① turn upside down or inside out; turn over
② look through (for); search
③ climb over
④ translate (into)
⑤ fall out; break up

例 昨天我在路上看见两辆车撞了，其中有辆车都翻了。

例 女儿明天要参加表演，演一个新娘，因此她把妈妈结婚时穿的衣服从箱子底下翻了出来。

例 大家加油！翻过这座小山，咱们的目的地就到了！

例 这位翻译家曾把中国古典小说《红楼梦》翻成了英文。

例 他俩以前是好朋友，后来因为喜欢上了同一个女孩儿而闹翻了，现在谁也不理谁了。

联想 翻箱倒柜（rummage through chests and cupboards）、翻脸（fall out）

F

262. 繁荣 fánróng 形. flourishing; prosperous
动. prosper; promote

形 例 1978年改革开放以来，中国的经济发展得很快，市场很繁荣。

动 例 嘉宾们围绕如何繁荣文化艺术事业（career）纷纷发表自己的意见。

搭配 经济 / 市场（861）/ 文化 + 很繁荣
繁荣 + 经济 / 市场 / 文化

263. 反而 fǎn'ér 副. instead; on the contrary

例 大家帮了他的忙，他不但不感谢大家，反而还怪大家没有早点儿帮他。

搭配 不但 / 不仅……，反而……

264. 反复 fǎnfù 副. repeatedly; again and again
动. recur
名. reversal; relapse

副 例 为了避免出现错误，他在发出这个邮件以前反复检查了很多遍。

动 例 你这种病容易反复，所以出院以后也要多加注意。

名 例 春天的气温常常出现反复，刚暖和了马上又变冷，这就是“倒（dào）春寒”。

辨析 反复 vs. 重复（134）

①“重复”是动词，指再说一遍同样的话或者再做一次同样的事情，可以做谓语中心语，带宾语；也可以做定语，指之前出现过的，如：他把刚才的话又重复了一遍，提醒我们不要在文章里出现重复的句子。“反复”做动词时表示同一件事情、相同的情况重复出现，如：奶奶的病情总是反复。“反复”更常做副词，在动词前做状语，一般指多次、重复地说或做某（664）事，每次说的或做的不一定完全相同，如：我反复提醒你注意安全，可你就是不听。②“反复”可以重叠（repeat），如：最近的天气反反复复的，一会儿冷一会儿热。“重复”没有这个用法。

265. 反应 fǎnyìng 动. react; respond
名. reaction; response

动 例 这台电脑上安装的软件太多了，所以用的时候电脑反应很慢。

名 例 这件事在我们单位引起了强烈的反应，最后总经理出面才把事情平息下来。

搭配 反应＋快／慢

反应＋过来／不过来

有／没有＋反应

266. 反映 fǎnyìng 动. ① report; make known
② reflect; mirror

例 他把公司里最近发生的情况反映给了经理。

例 一个人说话做事的方式往往会反映出这个人的性格。

267. 反正 fǎnzhèng 副. anyway; in any case

例 你不用担心我是怎么得到这些东西的，反正不是偷来的。

例 明天你要出门的话可以开我的车，反正明天我哪儿也不去，不用车。

268. 范围 fànwéi 名. scope; range

例 这次考试的范围很广，考试内容包括中国的经济、文化、历史和汉语知识。

搭配 范围＋很大／很小／很广／很宽（566）／很窄（1179）

扩大（568）／缩小／确定（771）＋范围

F

269. 方 fāng 形. square

例 和那张圆桌子相比，我更喜欢这张方的。

270. 方案 fāng'àn 名. plan; scheme

例 城市管理部门打算在这里新建一个公园，建设方案都已经制定好了。

搭配 工作 / 改革（297）/ 解决 / 教学 / 设计（820）+ 方案

辨析 方案 vs. 计划

①“计划”的范围比较广，可以是比较全面（768）、宏观（macroscopic）的，如：公司就未来十年的发展制定（1223）了一个长远的计划；也可以是比较微观（microscopic）、具体（531）的，如：我做了一个比较详细的考前复习计划。“方案”一般是比较具体的，如：经理对这个设计方案不是很满意。②“计划”可以是工作上的，也可以是生活和学习上的，如：工作 / 旅行 / 学习计划。“方案”一般是工作上的，比“计划”更强调（738）具体的操作性（operability）。

271. 妨碍 fáng'ài 动. hinder; hamper

例 爸爸妈妈担心妨碍孩子们学习，晚上一般都不看电视。

例 她的腿脚虽然不方便，但并不妨碍她周游世界。

联想 影响

272. 仿佛 fǎngfú 副. as if; seemingly

例 她们两人关系特别好，做什么都在一起，仿佛亲姐妹一样。

搭配 仿佛……一样 / 似的（862）

辨析 仿佛 vs. 似乎（900）vs. 好像，见“似乎”。

273. 非 fēi 副. simply must; have got to

例 今天的会议很重要，我作为公司的经理，非参加不可。

例 今天下雪了，大家都劝他不要去跑步了，可是他非要去。

搭配 非……不可 / 不行 / 不成 = 非要

274. 肥皂 féizào 名. soap

例 人们一般用肥皂洗衣服，用香皂洗手。

搭配 一块 + 肥皂

联想 肥皂泡

275. 废话 fèihuà 名. nonsense; rubbish
动. talk nonsense

名 例 你说的这些话一点儿用都没有，完全是废话。

动 例 说这么多没用的干什么？赶快去做正事吧，别在这儿废话了。

276. 分别 fēnbié 动. separate; part
副. ① differently; separately
② respectively

动 例 从大学毕业到现在，她们俩已经分别十六年了。

副 例 这两件事性质不同，要分别对待。

副 例 除夕那天，我和哥哥分别从北京和上海回到了广州，跟爸爸妈妈一起过年。

联想 区别

277. 分布 fēnbù 动. be distributed (over)

例 这个城市有八家大医院，分布在城市的中心和东、南、西、北四个方向。

278. 分配 fēnpèi 动. ① distribute; portion out
② assign; dispose

例 公司管理部门按照每个员工的工作成绩来分配年终奖金。

例 他非常认真地完成了组长分配给他的工作。

搭配 分配 + 资源（1271）/ 物品 / 钱

分配 + 工作 / 任务

题 **完成句子：** 上午　任务　一下　要　分配　把　（样卷-98）

句中的动词是“分配”，“一下”是动量补语，可组成（1291）“分配一下”。“分配”的受事是“任务”。句中有“把”，但没有数词，所以“把”不是量词，句子应该是一个“把”字句。按照“把 + 受事 + 动词 + 其他成分（110）”的结构（501），可组成“把任务分配一下”。“要”应放在“把”的前面。“上午”是时间状语，应放在句首。所以答案是：上午要把任务分配一下。

279. 分手 fēnshǒu 动（离合）. ① part (with) ② break up

例 昨天下午他俩从商场出来以后就分手了，一个往东走，一个往西走。

例 我和朋友们在楼道里分了手，返回了教室。

例 他和女朋友一年内分了三次手，我看迟早要彻底分手。

搭配 A + 跟 / 和 / 与 / 同 + B + 分手（“跟”“和”用于口语，“与”用于书面语，“同”用于口语，但不常用）

F

280. 分析 fēnxī 动. analyze

例 工作中出现问题的时候，我们首先要分析问题产生的原因，然后再根据原因找到解决问题的办法。

搭配 分析 + 问题 / 现象（1027）/ 原因 / 结果 / 作品（1298）/ 性格 / 文章

281. 纷纷 fēnfēn 副. one after another; in succession 形. numerous and confused

副 例 刚才还是晴天，现在却突然下起雨来了，人们纷纷跑进路边的商店里躲雨。

形 例 这件事情的影响很大，人们议论纷纷，都在关注事情的进展（progress）。

题 **请选出正确答案：**……森林中的动物们远远地看见老虎来了，都 ______ 逃命。……（H51114-49）

A 轮流　　B 纷纷　　C 始终　　D 反复

动物们害怕老虎，肯定是同时一起“逃命”，不会是“轮流（622）”一个接一个地跑，也不会是从头到尾地“始终（859）”逃跑，更不会跑了又回来地“反复”逃跑。只有“纷纷”可以表示很多主体同时一起做某事，符合题意，所以答案是 B。

282. 奋斗 fèndòu 动. strive; struggle

例 她决心为自己的理想而奋斗，一直到生命的最后一刻。

例 他十八岁开始工作，奋斗了二十年，现在已经是一家大公司的老板了。

283. 风格 fēnggé 名. style; manner

例 这位画家的作品具有独特的艺术风格，很容易跟别人的画区别开来。

题 **请选出正确答案：** 男：这种窗帘怎么样？挺好看的吧？
女：还不错，就是跟咱们家房间的整体风格不太一致。
问：女的认为这种窗帘怎么样？ (H51117-18)

A 颜色太淡 B 价格太高 C 风格不理想 D 样式不好看

对话中女的说窗帘（153）跟房间的整体（1207）风格不太一致（1108），意思是对窗帘的风格不太满意。A、B、D 分别谈窗帘的颜色、价格和样式（1096），都跟风格没有关系。C 说风格不理想，就是对风格不满意，跟对话中女人的意思一样，所以答案是 C。

F

284. 风景 fēngjǐng 名. scenery

例 这个风景如画的城市让人来了就舍不得走。

例 黄山是中国有名的风景区，我去过一次，那里的风景真是美极了！

285. 风俗 fēngsú 名. custom

例 在每年四月初的清明节，人们会给去世的亲人扫墓（sweep a grave），这是中国人保留了几千年的风俗习惯。

联想 俗语（common saying）

286. 风险 fēngxiǎn 名. risk; hazard

例 投资股票是有风险的，你买的股票可能会赚钱，也可能会亏本（lose money in business）。

搭配 风险 + 很大 / 很小
有 / 没有 / 冒 / 控制（561）/ 减小 / 加大 + 风险

题 **完成句子：** 有 风险 很大 投资股市 (H51113-92)

“有”不能与“投资（946）股市”搭配，可与“风险”组合（1292）成“有风险”，说明投资股市可能出现不好的情况，所以句子的基本（438）结构应是“投资股市有风险”。“很大”只能放在“风险”前面做定语。所以答案是：投资股市有很大风险。

287. 疯狂 fēngkuáng 形. crazy; frenzied

例 他平时是一个很冷静的人，不知道为什么在这件事上他会有这么疯狂的想法。

例 听说这家银行快要倒闭（go bankrupt）了，人们都疯狂地冲进银行，想在它倒闭前把自己的钱取出来。

288. 讽刺 fěngcì 动. satirize

例 她为人挺不友好的，总爱说一些讽刺别人的话。

例 这部电影用可笑的人和事来讽刺那些疯狂炒股的人。

F

289. 否定 fǒudìng 动. negate 形. negative

动 例 我在毕业论文里提出了一个新观点，可是被我的导师给否定了，他说我的观点是错的。

形 例 对于全球气候是否正在变暖这个问题，有的专家给出了否定的答案。

反义 肯定

290. 否认 fǒurèn 动. deny

例 他承认自己认识那个姑娘，但否认那姑娘是他的女朋友。

反义 承认（120）

291. 扶 fú 动. ① place a hand on sth for support ② help sb up; straighten up

例 他喝多了，扶着墙在路边吐了起来。

例 她病得很重，走路都有困难，只能让别人扶着她走。

292. 服装 fúzhuāng 名. clothing; costume

例 他哥哥在一家服装店工作，里面主要卖衣服，也卖帽子、包什么的。

293. 幅 fú 量. (of paintings, photos, cloth, etc.)

例 他家的墙上挂着一幅很漂亮的风景画。

搭配 一幅 + 画 / 照片 / 作品

题 **请选出正确答案：**心理学家拿出一 ______ 图画，画里有一只小兔子坐在餐桌旁边哭，……（H51114-54）

A 颗　　B 幅　　C 片　　D 团

A、C、D 都不是“图画”的量词，所以答案是 B。

294. 辅导 fǔdǎo 动. coach; tutor

例 张老师在一所大学里从事心理辅导工作。

例 他每天放学以后还要上两个小时的课外辅导班，让老师给他辅导数学。

联想 辅导班、辅导员

295. 妇女 fùnǚ 名. woman; womanhood

例 每年的 3 月 8 日是“三八妇女节”，是全世界妇女的节日。

例 她不想为了丈夫和孩子放弃自己的事业，做一个家庭妇女。

296. 复制 fùzhì 动. duplicate; copy

例 听说博物馆里的那幅世界名画是复制品，但是我完全没看出来和真品有什么区别。

联想 粘贴（1180）、删除（807）

G

297. 改革 gǎigé 动. reform

例 社会在不断发展，如果原来的一些制度妨碍了社会的发展，就需要改变它们或者去掉它们，这就是改革，比如经济改革、教育改革等等。

搭配 一场 / 一次 + 改革

政治（1212）/ 经济 / 教育 / 医疗 / 制度（1224）+ 改革

联想 改革开放（543）

298. 改进 gǎijìn 动. improve; make better

例 为了提高学习成绩，我在不断地改进学习方法。

搭配 改进 + 技术 / 设计 / 方法

辨析 改进 vs. 改善（299），见“改善”。

299. 改善 gǎishàn 动. improve

G

例 以前我们住的地方没有厨房和厕所，生活很不方便。现在我们的生活条件大大改善了，每家每户不仅有厨房和厕所，冬天房间里还有暖气。

搭配 改善 + 生活 / 条件 / 住房 / 环境

辨析 改善 vs. 改进

“改善”和“改进”都表示改变对象（240），使其变得比原来更好。“改进”主要指改变以后取得进步（515），如：改进技术 / 设计 / 方法。“改善”主要指改变以后使其更加完善（964），更能满足（629）人的需求（demand），如：改善生活 / 条件 / 住房 / 环境。

300. 改正 gǎizhèng 动. correct; make right

例 学生知道自己错了，就向老师保证以后一定会改正错误。

搭配 改正 + 错误 / 缺点 / 错别字

301. 盖 gài

动. ① cover (up); put a cover on
② affix; stamp

名. lid; cap

动 例 孩子太累了，躺在沙发上就睡着了，妈妈过去给他盖上了一床被子。

动 例 你先填一个申请表，签上你的名字，再去办公室盖一个章（seal），就可以拿到借书证了。

名 例 孩子不小心把茶壶的盖摔坏了。

联想 盖（名词）= 盖儿 = 盖子

302. 概括 gàikuò

动. summarize

形. brief and to the point

动 例 他把这本书的主要内容概括了一下，写成了一篇简短的文章。

形 例 他只是把事情的经过给我们概括地介绍了一下，讲得不是很详细。

反义 详细

303. 概念 gàiniàn 名. concept; notion

例 人们把一类事物的共同特点抽象出来，再用语言表述出来，就形成了概念。

例 “气体”这个概念指的是没有一定形状和体积（volume）、可以流动的物体。

辨析 概念 vs. 观念（357）vs. 观点（356），见“观念”。

304. 干脆 gāncuì 副. just; simply 形. straightforward; clear-cut

副 例 这衣服又脏又破的，洗了也不能再穿了，干脆别洗了，直接把它扔了吧。

形 例 他这人说话做事都很干脆，答应帮你就一定会帮你；要是帮不了你，他也会直接跟你说清楚的。

题 **请选出正确答案：**

女：这件事还是先征求一下大家的意见再做决定吧。

男：要不干脆开个会，看看大家是什么意见。

问：男的认为应该怎么做？（H51114-13）

A 开会讨论　B 按原计划办　C 让总经理决定　D 咨询导演的意见

“要不（1100）干脆 + V（+ O）”是一个提建议的常用句式。男的说“要不干脆开个会”，意思是建议开个会，所以答案是 A。

305. 干燥 gānzào 形. dry

例 中国西北部的沙漠地区空气特别干燥，而西南部的四川盆地（basin）却很潮湿。

反义 潮湿（98）、湿润（843）

306. 赶紧 gǎnjǐn 副. hurriedly; hastily

例 他家里有急事，所以一下课就赶紧回家去了。

例 坐了一天的火车，累了吧？赶紧去洗个澡，休息一下。

辨析 （1）赶紧 vs. 赶快（307）vs. 连忙（597），见“连忙”。
（2）赶紧 vs. 急忙（442）vs. 匆忙（162）vs. 连忙，见“连忙”。

307. 赶快 gǎnkuài 副. hastily; quickly

例 还有十分钟就要停止登机了，你赶快去办登机手续吧。

例 马上就要迟到了，咱们得赶快点儿!

辨析 赶快 vs. 赶紧 vs. 连忙，见“连忙”。

308. 感激 gǎnjī 动. be thankful (to); be grateful (to)

G

例 他在我最困难的时候给了我很大的帮助，我从内心深处感激他。

辨析 感激 vs. 感谢

“感激”和“感谢”都是因为别人的好意或帮助而向对方（238）表示谢意。不同的是，“感激”主要是内心的一种感情，如：学生们对老师怀有（cherish）深深的敬意和感激之情。“感谢”主要指用语言或行动（1061）把感激之情表示出来，如：学生们用实际行动来感谢老师的教育和培养（695）。

309. 感受 gǎnshòu 动. feel 名. feeling; experience

动 例 这次出国旅游，他感受到了不同国家在文化上的差异（difference），也感受到了不同文化的魅力。

名 例 他把自己几十年来的经历和感受写成了一本书。

辨析 感受 vs. 感想（310），见“感想”。

310. 感想 gǎnxiǎng 名. impressions; reflections

例 今天是他二十年来第一次回国。看到祖国（motherland）发展这么快、变化这么大，他有很多感想。

辨析 感想 vs. 感受

“感想”和“感受”都是受外界（external world）影响而产生（92）的思想（898）活动。不同的是：①“感受”是接触（497）外界事物（864）后得到的影响、对外界事物的体会（931），经常是比较深刻（827）的内心体验（934），如：在美国待了二十多年，他对海外生活有很深的感受；写作文（1300）时要写出自己真实（1197）的内心感受。“感想”是由接触外界事物而引起的思想反应，经常是短时间内形成（1064）的某些想法，如：你参观完这个展览（1182）有什么感想？②“感受”除了做名词以外，还可以做动词，表示“受到，感觉到”，如：老师和同学们对他的关心和帮助让他感受到了集体（445）的温暖（988）。“感想”没有这个用法。

311. 干活儿 gànhuór 动（离合）. work

例 他妈妈在菜市场卖菜，他每天放学以后就去市场帮妈妈干活儿。

例 他虽然只有十二岁，可是每天要干很多活儿。

312. 钢铁 gāngtiě 名. iron and steel

例 这家工厂生产的钢铁质量相当好。

313. 高档 gāodàng 形. high-grade

例 这家高档餐厅环境比别的地方好，不过里面的饭菜也比别的地方贵。

搭配 高档 + 酒店 / 餐厅 / 服装 / 商品（813）

联想 低档、中档、豪华（388）

314. 高级 gāojí 形. high-level; senior; top

例 他的汉语已经达到了高级水平。

搭配 高级 + 水平 / 法院（260）/ 经理 / 编辑（43）

联想 初级（145）、中级、超级（96）

315. 搞 gǎo 动. ① do; be engaged in ② get; find

例 他在大学里学的是工程专业，毕业二十年来一直在搞工程研究。

例 你怎么搞的？怎么把水倒进油里去了？

例 他一心想着多给公司搞点儿项目，多挣点儿钱。

316. 告别 gàobié 动. say goodbye to; bid farewell to

例 他明天就要回国了，今天专门来向老师和同学们告别。

搭配 A + 跟 / 和 / 与 / 同 / 向 + B + 告别

317. 格外 géwài 副. extraordinarily; extremely

例 他今天理了发，换了一件新衣服，显得格外精神。

辨析 格外 vs. 特别

“格外”和“特别”都表示不一般，都是副词，用在形容词或心理（1056）动词前面做状语，如：雨后的天空（935）格外 / 特别干净；这些天我格外 / 特别想念（1036）他。不同的是：①“格外”较少用于口语，而且后面一般只能跟形容词和心理动词，如：这里的风景格外美丽；从幼时起，他便（45）格外喜欢竹子（1238）。“特别”后面除了跟形容词、心理动词，还可以跟其他动词，表示专为某件事，如：今天要见一个朋友，他出门前还特别打扮了一下。②“特别”除了做副词还可以做形容词，在名词前面做定语并且前面可以加程度（122）副词“很”，如：她今天穿了一件很特别的衣服。“格外”没有这个用法。

G

318. 隔壁 gébì 名. next door

例 他俩是我的邻居，一个住在我家对面，另一个住在我家隔壁。

题 完成句子：隔壁　搬来　小伙子　一个　(H51115-97)

“搬来”是表示出现的动补短语，“隔壁”表示出现的地方，“小伙子”表示出现的人，本题应该是一个存现句。按照句型“地方 + 表示出现的动补短语 + 出现的人或物”可以组合成“隔壁搬来小伙子”。“一个”应放在“小伙子”前面做定语。所以答案是：隔壁搬来一个小伙子。

319. 个别 gèbié 副. individually 形. very few

副 例 这个学生的学习成绩比别的学生要差一点儿，需要老师给他进行个别辅导。

形 例 在这个国家，大多数年轻人大学毕业以后就独立生活了，只有个别的还跟父母住在一起。

320. 个人 gèrén 名. individual (as opposed to the collective)

例 这只是我的个人观点，不代表我们球队。

例 中国传统文化认为国家和家庭比个人重要，西方文化则认为个人才是最重要的，国家和家庭都是为了个人的幸福而存在的。

321. 个性 gèxìng 名. personality; specific character

例 我弟弟很有个性，他不在乎自己的想法和做法是不是跟别人一样。

例 他这个人个性很强，总是坚持自己的看法，不容易听进去别人的意见。

322. 各自 gèzì 代. each (of a group)

例 同学们在学习上既要各自努力，又要互相帮助。

例 他俩不住在一起，每天下班以后都各自回各自的家。

323. 根 gēn 量. [for long, thin objects]
名. root (of a plant)

量 例 他发现桌子上有一根长头发。

名 例 这棵树很特别，它的一部分根不在土里，而是露在地面上。

搭配 一根 + 火柴（433）/ 草 / 棍子（stick）/ 绳子（835）/ 线 / 面条儿 / 管子（359）

324. 根本 gēnběn 副. ① at all; simply [usu used in the negative]
② totally; completely
名. essence; foundation
形. basic; fundamental

副 例 谁说他是我朋友？我根本就不认识他！

副 例 只有把那几家污染严重的工厂都关掉，才能根本改善这里的空气。

名 例 他们现在还没有找到问题的根本，所以还找不出解决问题的办法。

形 例 环境问题是人类面临的根本问题，这个问题要是解决不好，人类将来就不会有希望。

辨析 根本 vs. 完全

“根本”和“完全”做副词时意思相近，如：他根本 / 完全没听懂我说的话。不同的是，“根本”更多用在否定句中，如：根本不相信 / 不知道 / 没问题。“完全”在肯定句和否定句中都很常用，如：完全理解 / 恢复（428）/ 不懂 / 不同意。

题 **请选出正确答案：**……生活中总有无法解决的问题，毕竟不是所有的对错都能讲清楚，甚至可能 ______ 就没有真正的对与错。……（H51113-48）

A 根本　B 简直　C 彻底　D 丝毫

题中这句话强调生活中有时候完全没有对和错的区别。“简直（476）”表示差不多是某种情况，有种夸张（564）的语气（1152），如：谁都可以来你家住，你这里简直成旅馆了。“彻底（104）”指做事深入而透彻（thorough），如：他把房间彻底打扫了一遍，每个地方都变得干干净净的了。“丝毫（895）”表示极小或很少，“丝毫不”表示“一点儿都不”，如：我今天才第一次见到他，对他丝毫不了解。B、C、D 放在句中都讲不通，只有“根本”放在句中很合适，所以答案是 A。

325. 工厂 gōngchǎng 名. factory

例 那家工厂因为污染环境，搬到了离城市很远的地方。

G

自 测

一 选词填空。

A 反应　B 反复　C 分别　D 各自　E 反映

1. 她生日那天我和老王（　　）给她送了礼物，老王送的是葡萄酒，我送的是花。
2. 买手机的时候，他把几种手机拿出来（　　）比较，最后选了一个最贵的。
3. 守门员每天练习扑球，目的是训练自己的（　　）速度。
4. 他旅游时拍的这些照片很宝贵，（　　）了当地的传统文化和风俗习惯。
5. 电影结束以后，他俩一句话也没说，开上（　　）的汽车就回家了。

A 反而　B 风险　C 否定　D 否认　E 干脆

6. 医生告诉他做这个手术要冒很大的（　　），手术成功的概率只有 60%。
7. 现在已经是春天了，天气不但没有暖和起来，（　　）更冷了。
8. 他（　　）那辆出事的车是他的，现在警察正在调查此事。
9. 外星人到底存不存在？一些科学家对此的看法是（　　）的。
10. 这附近没有共享单车，我们（　　）走回去吧。

A 改进　B 改善　C 赶紧　D 赶快　E 反正

11. 如果打不到出租车我们就走路去，（　　）我们要去的地方也不远。
12. 他看见前面有辆自行车冲了过来，就（　　）躲到一边去了。
13. 男孩儿希望自己能够（　　）长大，长大以后跟爸爸一样开火车。

14. 这家工厂的产品质量越来越好，因为他们在不断地（　　）生产技术。
15. 由于关闭了一些污染严重的工厂，这个城市的空气质量有了很大的（　　）。

A 个别　　B 根本　　C 纷纷　　D 感受　　E 感想

16. 比赛结束以后，记者问一位观众对比赛的结果有什么（　　）。
17. 医生让她多吃一点儿，可她（　　）吃不下任何东西。
18. 他在农村待了两年，对农村和城市的差别有很深的（　　）。
19. 山顶上的风景实在太美了，游客们（　　）拿出相机来拍照。
20. 这次考试，大多数学生都考得不错，只有（　　）学生考得不太理想。

二 完成句子。

21. 都应该　不管　坚持改革　有多大的　困难　你们　＿＿＿＿＿＿＿＿
22. 这些资料　检查了　他　反复　三遍　＿＿＿＿＿＿＿＿
23. 不可　参加　明天的　活动　非　他　＿＿＿＿＿＿＿＿
24. 干脆　改到　开会的时间　10点　把　明天上午　吧　＿＿＿＿＿＿＿＿
25. 已经　他俩　十年　分别　了　＿＿＿＿＿＿＿＿

三 请结合下列词语（要全部使用），写一篇80字左右的短文。

方案　　范围　　纷纷　　工厂　　改革

第 6 天

326—390

学习重点

1. 65 个词语

2. 重点词语：公布　功能　构成　鼓舞　怪不得　观念　广泛　规矩　规则　果然

326. 工程师 gōngchéngshī 名. engineer

例 我想跟我父亲一样，当一名出色的桥梁（bridge）工程师。

搭配 软件（797）/ 网络（969）/ 建筑（479）+ 工程师
初级（145）/ 中级 / 高级（314）+ 工程师

327. 工具 gōngjù 名. tool

G

例 飞机已经成为现代社会中使用非常普遍的交通工具。

例 老师常说，多掌握一门外语就多掌握了一种交流工具。

联想 玩具（966）、文具（991）、家具、器具

328. 工人 gōngrén 名. worker; workman

例 现在许多工厂都愿意高薪（high salary）聘请技术好的工人。

搭配 建筑 / 技术 + 工人
当 + 工人

联想 农民（685）、农民工

329. 工业 gōngyè 名. industry

例 这座城市的东边是工业区，西边是商业区。

例 这个国家已经从一个农业大国发展成了一个工业大国。

联想 行业（387）、农业（686）、手工业、服务业

330. 公布 gōngbù 动. make public; issue

例 招聘结果将于下周一公布。

例 一个月后，考试中心会在网上公布大家的考试成绩。

搭配 公布 + 名单 / 结果 / 成绩 / 消息

辨析 （1）公布 vs. 公开（331），见“公开”。
（2）公布 vs. 宣布（1079），见“宣布”。

题 **请选出正确答案：** 本次时装设计大赛的主题是青春、时尚，参加比赛的设计师要求年龄在二十五岁以下，设计师可以充分自由发挥自己的想象力和创造力，体现自己的个性。整个大赛本着公开、公平的原则进行，所有设计师的作品将

被放在网上，由网友打分，评选出最佳设计奖，评选结果于四月十五日公布。具体的比赛规则和报名方法见网上的“报名须知”。

① 本次大赛的主题是什么？ (H51002-40)

A 公开、公平　　B 青春、时尚　　C 自由、快乐　　D 精彩、浪漫

② 关于这次比赛，可以知道什么？ (H51002-42)

A 刚刚结束　　B 是体育比赛　　C 4 月公布结果　　D 主要面向中老年人

第一道题，A 是大赛的原则（1160），B 是大赛的主题（1246），C 和 D 都没有提到，应该选 B。第二道题，大赛是时装设计（820）大赛，所以 B 不对。根据“参加比赛的设计师要求年龄在二十五岁以下”，D 不对。根据“评选结果于四月十五日公布”，A 不对。正确答案是 C。

331. 公开 gōngkāi

动. make public

形. open; public

动 例 那位电影明星公开了他已经结婚的消息。

形 例 这些信息都是公开的，不是秘密。

辨析 公开 vs. 公布

“公开”做动词时，强调（738）让秘密（640）不再是秘密，让大家都知道，如：公开秘密 / 身份（826）/ 消息。“公开”除了做动词，还可以做形容词，如：公开课。“公布”只能做动词，指通过公开场合（occasion）或正式场合让大家都知道结果，如：公布成绩 / 结果。

332. 公平 gōngpíng 形. fair

例 这次新制定的比赛规则很公平。

例 公开、公平、公正（just）是现代行政法的基本原则。

搭配 公平 + 竞争 / 对待（237）/ 分配（278）

333. 公寓 gōngyù 名. flat; apartment (house)

例 我没有在外面租房，而是住在学校的学生公寓里。

例 他和老伴儿卖掉了以前的房子，在女儿工作的城市买了一套公寓。

334. 公元 gōngyuán 名. AD; Christian era

例 中国历史上，秦始皇于公元前 221 年统一了六国。

题 **请选出与试题内容一致的一项：** 甲骨文大约产生于商周之际，是目前发现的中国最为古老的文字，它记录了公元前 3000 多年以前中国人祖先的活动。但由于甲骨文是比较成熟的文字，所以专家们认为，中国文字产生的年代实际应该要更久远一些。 (H51003-62)

A 中国人创造了甲骨文　　B 甲骨文产生于商周之前

C 甲骨文有 3000 多年的历史　　D 甲骨文不是真正意义上的文字

“商周之际”的意思是商周时期（849），所以 B 不对。文中只提到“它记录（448）了公元前 3000 多年以前中国人祖先（ancestors）的活动”，并没有说甲骨文有 3000 多年的历史，所以 C 不对。甲骨文“是目前（668）发现的中国最为古老的文字（994）”，D 不对。所以 A 是正确答案。

335. 公主 gōngzhǔ 名. princess

例 王后给国王生下了一位王子，两年后又生了一位可爱的公主。

题 **请选出正确答案：**

男：妈妈，王子最后把公主救了吗？

女：乖宝贝儿，今天就讲到这儿，明天接着讲。快睡觉吧，做个好梦。

问：现在最可能是什么时候？ （样卷-20）

A 早上　　B 中午　　C 下午　　D 晚上

根据妈妈说的“快睡觉吧，做个好梦”，答案为 D。

336. 功能 gōngnéng 名. function

例 智能（intellectual）手机具有上网查资料、打游戏、听音乐和看电影等多项功能。

例 这个多功能厅可以用来开正式会议，也可以用来开舞会、音乐会等等。

辨析 功能 vs. 作用 vs. 用途（1140），见“用途”。

337. 恭喜 gōngxǐ 动. congratulate

例 恭喜你找到了满意的工作。

联想 恭贺

辨析 恭喜 vs. 祝贺

“恭喜”用于对发生在别人身上的好事表示祝贺，如：恭喜你取得这么好的成绩；也可以作为（1299）客套话（polite formulas），用于还没发生的事情，如：恭喜发财（get rich）。“祝贺”一般只用于已经发生在别人身上的好事，不用作客套话，如：祝贺你获得了冠军（360）；大家对他这次的成功表示祝贺。

338. 贡献 gòngxiàn 名. contribution
动. devote; contribute

名 例 这些科学家为国家做出了很大的贡献。

动 例 他把一生的精力都贡献给了医学事业（career）。

搭配 贡献 + 青春（751）/ 力量（590）

339. 沟通 gōutōng 动. communicate; link up

例 父母与子女之间需要互相沟通和理解。

例 这座桥沟通了城市的南北。

搭配 沟通 + 思想（898）/ 感情 / 中西文化

辨析 沟通 vs. 交流

“沟通”强调双方（890）表达（49）不同看法和不同意见，最后达到（175）情感与思想的相互理解和认同（approve）。“交流”主要是指通过表达让对方（237）知道自己的意思，不一定要求对方认同，如：交流经验、学术（1082）交流。

340. 构成 gòuchéng 动. form; constitute

例 资金问题对这家公司的发展构成了巨大的威胁。

例 小桥、流水、人家（cottage of villagers）构成了一幅美丽的风景画。

辨析 构成 vs. 形成（1064）vs. 组成（1291），见“组成”。

341. 姑姑 gūgu 名. aunt; father's sister

例 她跟姑姑关系很好，她们俩真是无话不谈。

联想 姑妈 = 姑姑，舅舅（526）

G

342. 姑娘 gūniang 名. girl

例 那个小姑娘好像是迷路了，我去帮帮她。

联想 小伙子

343. 古代 gǔdài 名. ancient times

例 很多留学生对中国古代历史都不太了解。

联想 现代（1025）、近代（517）、时代（846）、年代（679）、古老、名胜古迹（652）

344. 古典 gǔdiǎn 形. classical

例 我奶奶对国内外的古典音乐很感兴趣，但对现代的流行音乐却兴趣不大。

辨析 古典 vs. 经典（518），见“经典”。

345. 股票 gǔpiào 名. stock; share

例 你在购买股票时要注意控制风险。

例 最近这家公司的股票价格下跌（fall）得很厉害，你可千万别买。

搭配 股价 + 上涨（1186）/ 下跌

联想 炒股、股市

题 请选出正确答案：

男：我想拿几万块钱投资股市，你知道哪只股票好吗？

女：我不建议你买股票，股市风险很大。

问：女的是什么态度？（H51002-16）

A 赞成　B 反对　C 无所谓　D 再考虑考虑

女的表示“不建议你买股票”，原因是“股市风险（286）很大”，答案为 B。

346. 骨头 gǔtou 名. bone

例 这根骨头太硬了，狗咬不动，别给它吃了。

例 你不用担心，这次只是拉伤了肌肉，没有伤到骨头，没有大问题。

搭配 一根（323）/ 一节 / 一块 + 骨头

联想 肌肉（437）、懒骨头（lazybones）

347. 鼓舞 gǔwǔ 动. inspire; encourage 形. inspired; encouraged

动 例 这次比赛的胜利鼓舞了我们所有人。

动 例 在朋友乐观精神的鼓舞下，他们开始重新创业（start an undertaking）。

形 例 他带来的这个好消息真是令人鼓舞。

搭配 鼓舞 + 人心，受到 + 鼓舞，极大的 / 很大的 + 鼓舞

辨析 鼓舞 vs. 鼓励

①“鼓舞”可以做动词，也可以做形容词，表示让人心情激动，让人有信心把事情做得更好，结构（501）为“某（664）事 + 鼓舞 + 某人”，如：妈妈说的那些话一直鼓舞着我，让我不断（63）努力。也可以说“某事 + 令人鼓舞”，如：咱们公司上半年的市场表现（53）真是令人鼓舞。“鼓励”做动词，表示通过语言和行为（1063）给别人勇气（1138）和信心，让别人去做某事或者把某事做得更好，结构为“某人 + 鼓励 + 某人”，如：老师鼓励学生。还可以说“某人 + 鼓励 + 某人 + 做某事”，如：妈妈鼓励他不要放弃。②“鼓励”前面可以加定语，组成名词短语，在句中做主语或宾语，如：老师的鼓励给了他勇气；谢谢老师的鼓励。

348. 鼓掌 gǔzhǎng 动（离合）. applaud

例 听完这场精彩的演讲，同学们热烈地为演讲者鼓掌。

例 表演还没结束，他就鼓起掌来。

搭配 为 / 给 + 某人 / 演出 + 鼓掌

联想 掌声、一阵（1199）掌声、一片（706）掌声

349. 固定 gùdìng 动. fix

例 你最好把每天锻炼和学习的时间固定下来。

例 自行车上的一个小零件松了，需要固定一下。

联想 固定电话 = 座机，固定资产（assets）

350. 挂号 guàhào 动（离合）. register [esp at a hospital]

例 看病前需要去专门的窗口挂号。

例 医院人太多，他没挂上号。

题 请选出正确答案：

男：您好，我吃海鲜有些过敏，请问应该看哪个科？
女：去皮肤科看看吧，您去那边挂号。
问：男的怎么了？ (H51003-16)

A 过敏了　B 腿受伤了　C 被烫伤了　D 胃不舒服

男的说自己"吃海鲜（385）有些过敏"，想去看医生，答案为A。

G

351. 乖 guāi 形. ① (of children) well-behaved; obedient ② clever; bright

例 朋友的女儿很乖，大家都很喜欢她。

例 吃过一次亏后，他学乖了，再也不敢轻易投资了。

352. 拐弯 guǎiwān 动（离合）. ① turn; make a turn ② turn about; turn round

例 开车拐弯的时候尽量慢一点儿。

例 往前拐一个弯就能看到村子前面的大树了。

例 她一时（temporarily）拐不过弯来，怎么想也想不明白。

353. 怪不得 guàibude 副. no wonder; so that's why

例 原来他是华裔，怪不得汉语说得那么好。

例 怪不得我找不到钥匙，原来放在家里忘了带出来。

辨析 怪不得 vs. 难怪（670），见"难怪"。

题 请选出正确答案：

女：很多四川人都说这个饭店做的川菜最地道。
男：怪不得每天生意这么好呢。
问：这个饭店怎么样？ (H51001-13)

A 顾客多　B 在四川　C 服务不好　D 菜的味道怪

"怪不得"表示知道了这个饭店"每天生意这么好"的原因是"做的川菜最地道（214）"，所以"每天生意这么好"就不奇怪了。"生意好"的意思就是经营（520）情况很好，顾客很多，答案为A。

题 请选出正确答案： 女：喂，你最近是不是常去打排球？

男：你怎么知道的？

女：这几天我路过操场，有两次看到你在那儿打排球。

男：怪不得，你什么时候有空，我们一起去打好不好？

问：女的是怎么知道的？ (H51001-25)

A 自己猜的　　B 自己看见的　　C 听别人说的　　D 她也去打球了

“怪不得”后面省略（836）了“你知道我常去打排球”。女的说“有两次看到你在那儿打排球”是她知道男的最近常去打排球的原因。答案为 B。

G

354. 关闭 guānbì 动. ① close ② shut (down)

例 两分钟后保险柜的门会自动关闭。

例 政府准备关闭一些污染很严重的工厂。

搭配 关闭 + 门窗 / 机场 / 高速公路

关闭 + 工厂（325）/ 企业（728）

辨析 关闭 vs. 关

“关闭”多用于书面语，后面常加双音节或多音节的宾语，表示“关”这个动作或停止对象（239）的使用、生产（831）和经营，如：关闭门窗 / 机场 / 计算机 / 高速公路，关闭工厂 / 企业。“关”多用于口语，后面的宾语可以是单音节、双音节或多音节的，如：关机 / 门 / 窗 / 手机 / 窗户 / 图书馆大门。

355. 观察 guānchá 动. observe; watch

例 只有仔细观察实验的过程，才有可能得到正确的结论。

例 据我观察，做得成大事的人，往往做小事也很认真。

356. 观点 guāndiǎn 名. standpoint; view

例 在这个问题上，我不同意你的观点。

例 我们需要先调查研究，再提出自己的观点和主张。

辨析 观点 vs. 观念（357）vs. 概念（303），见“观念”。

题 请选出正确答案：　男：如果压力太大，往往不能发挥出正常的水平。
女：是的，很多运动员就是因为压力太大而失掉了拿金牌的机会。
问：女的主要是什么观点？　(H51001-14)

A 机会很重要　B 压力不能太大　C 要争取拿金牌　D 人应该有点儿压力

女的的观点是压力太大会失掉拿金牌的机会，所以答案为 B。

题 请选出正确答案：　女：上午的讲座你去听了吗？
男：去了，很多专家的观点都很独特，我觉得自己学到了很多东西。
问：男的主要是什么意思？　(样卷-7)

A 很有收获　B 来的专家很少　C 希望能去听讲座　D 希望能学到一些东西

男的说“很多专家（1254）的观点都很独特（232），我觉得自己学到了很多东西”。“学到了很多东西”表达了“很有收获”的意思，所以答案为 A。

G

357. 观念 guānniàn 名. concept; idea

例 在中国人的传统观念中，“家”是非常重要的。

例 随着时代的发展，人们要不断改变老观念，接受新观念。

辨析 观念 vs. 观点 vs. 概念

“观念”指人们在长期的实践（852）中形成的集体（445）认识，会影响人们的行为，如：旧 / 新 / 传统（152）/ 婚姻（431）/ 家庭（456）/ 消费（1043）观念。“观点”指某人观察事物（864）后形成的态度和看法，如：我们俩对这件事的观点不同。人们把客观（557）事物的共同特点找出来，用语言进行概括（302），就形成了“概念”，如：解释物理（1007）概念；学习基本（438）概念。

358. 官 guān 名. government official

例 如果要当官，就一定要做一名为国为民的好官。

搭配 当 / 做 + 官

联想 官员、军官、外交官、警官

359. 管子 guǎnzi 名. tube; pipe

例 这根红色的管子里流的是热水，蓝色的管子里流的是凉水。

搭配 一根 + 管子

联想 水管、油管、血管、气管、下水管（drainpipe）

360. 冠军 guànjūn 名. champion

例 她在这次长跑比赛中赢得了冠军，大家都来向她表示祝贺。

搭配 赢得 / 夺得（win）/ 取得 / 获得 + 冠军

联想 亚军（second place）、季军（third place）

361. 光滑 guānghuá 形. smooth

例 屋子里很干净，光滑的地面和桌面上没有一点儿灰尘。

搭配 皮肤 / 表面（50）+ 很光滑

反义 粗糙（167）

362. 光临 guānglín 动. (of a guest or visitor) honor with their presence

例 热烈欢迎各位顾客光临本店。

例 我的餐厅刚开业，敬请各位朋友光临。

题 请选出正确答案：

女：您好，欢迎光临！请问您几位？
男：三位，我们提前预订了。
女：好的，请问先生您怎么称呼？
男：我姓李。
女：李先生，里面请，靠窗户的那个桌子是给您留的。
问：根据对话，下列哪项正确？（样卷-21）

A 他们在饭店　B 现在是下午　C 他们在开会　D 男的想买桌子

从“欢迎光临”“请问您几位？”“提前预订（1155）”等可以判断对话是在饭店发生的，答案为 A。

363. 光明 guāngmíng

形. ① bright ② openhearted; guileless
名. light

形 例 这个小伙子聪明勤奋，前途一片光明。

形 例 他是个内心光明的人。

名 例 只要有一线光明，我们就不能放弃希望。

364. 光盘 guāngpán 名. CD

例 昨天我从柜子里翻出来一张旧光盘，里面有我高中时期的照片。

题 请选出正确答案：

女：你把资料都复制到光盘上了吗？

男：正在复制呢，文件太大了，可能还得再等几分钟。

问：为什么还要再等几分钟？ (H51002-17)

A 文件很大　B 光盘有问题　C 需要别人帮忙　D 现在不能下载

男的说他正在把资料（1270）复制（296）到光盘上，文件（990）太大了，还得再等几分钟，所以答案为A。

G

365. 广场 guǎngchǎng 名. (public) square

例 去北京旅游的人大多会去天安门广场看看。

366. 广大 guǎngdà 形. ① (of people) numerous ② (of an area or space) vast; wide

例 他的新书一出版就受到了广大读者的欢迎。

例 这种植物在中国长江以南的广大地区都有分布。

搭配 广大 + 听众 / 观众 / 顾客 / 读者 / 地区（216）

367. 广泛 guǎngfàn 形. widespread; large-scale

例 他的兴趣爱好很广泛，包括运动、文学、艺术等等。

例 两国之间在科技、教育等方面展开了广泛的合作。

例 短短几年内，这项新技术就已经在全球广泛传播。

搭配 兴趣 / 爱好 + 很广泛

广泛的 + 兴趣 / 影响 / 合作（395）

广泛 + 合作 / 传播（149）/ 接受

368. 归纳 guīnà 动. sum up

例 今天我们学习的内容，归纳起来有三点。

例 请班长归纳一下全班同学的意见，然后向学校反映。

搭配 归纳 + 意见 / 思想 / 内容

369. 规矩 guīju 名. rule; regular practice

例 咱们还是按老规矩，我做饭，你洗碗。

例 他在学校是个遵守规矩的孩子，比较让人放心。

搭配 有 / 没有 + 规矩

定 / 按 / 遵守（1297）+ 规矩

辨析 规矩 vs. 规则（372），见“规则”。

370. 规律 guīlǜ 名. law; regular pattern 形. regular

名 例 只有按照事物发展的客观规律来做事，才能获得成功。

形 例 不规律的生活容易让人感到疲劳，甚至还会使人生病。

371. 规模 guīmó 名. scope; scale

例 我们公司计划大规模地购买这种材料。

例 许多人都以为工厂的规模越大，生产的产品越多，得到的利润也就越多，其实不一定是这样。

372. 规则 guīzé 名. rule; regulation

例 每个人都应该遵守交通规则。

例 游戏的规则大家都弄明白了吗？

搭配 交通 / 游戏 / 比赛 + 规则

联想 法规、法则

辨析 规则 vs. 规矩

“规则”一般指大家共同制定（1223）和遵守的行为标准。“规则”的内容很具体（531）、很明确（653），要求人们严格遵守，如果违反（974）规则，会有明确的处理（148）方法，如：参赛双方都必须遵守比赛的规则，否则不能继续参加比赛。"规矩"指长期形成的通常（940）的行为习惯与要求，如：这件事按老规矩办。"规矩"的内容和违反后的处理方法没有"规则"那么明确和严格，如：对于家务（457）活儿谁来干，各家都有不同的规矩。

373. 柜台 guìtái 名. counter

例 博物馆一楼卖纪念品的柜台前挤满了顾客。

联想 柜子

G

题 请选出正确答案：

女：这个柜台的机器坏了，请您到旁边柜台结账，实在对不起。
男：没关系，这边可以用信用卡吗？
问：男的正在做什么？ (H51002-15)

A 取钱　　B 买东西　　C 修理机器　　D 办信用卡

根据"柜台""结账（504）""用信用卡"等可以判断正确答案为 B。

题 完成句子：一下　柜台前　请您　去　登记 (H51003-95)

从"请您"可以判断这是一个表示请求（758）的祈使句。动词"登记（208）"构成祈使句时后面最好加"一下"，因为祈使句采用"请 + 兼语 + 动词 + 一下"句型，可以使请求的语气（1152）更有礼貌。按照这个句型，可以组成"请您登记一下"。"去柜台前"放在"登记一下"前面，可以构成连动结构，"登记一下"是"去柜台前"的目的。所以正确答案是：请您去柜台前登记一下。

374. 滚 gǔn 动. ① roll ② get out of here; go away

例 上周末我们爬山时，小李一不小心，差点儿从山上滚下去。

例 熊猫馆里一群小熊猫滚来滚去的，真可爱。

例 她指着他的鼻子，生气地说："滚开！别让我再看到你！"

375. 锅 guō 名. pan; pot

例 我们家现在的锅不好用，昨天我在网上买了一个新锅。

搭配 一口 / 一个 + 锅

联想 电饭锅

376. 国庆节 Guóqìngjié 名. National Day

例 在中国，每年国庆节都会放假。

题 请选出正确答案： 女：谢谢你的礼物，真没想到你还记得我的生日。
男：我的生日正好是十月一号国庆节，第二天就是你的生日，很好记。
问：女的的生日是哪天？ （样卷-13）

A 9 月 30 号　　B 10 月 1 号　　C 10 月 2 号　　D 10 月 3 号

男的的生日是十月一号国庆节，第二天是女的的生日，答案应该是 C。

377. 国王 guówáng 名. king

例 那位国王的理想是让所有国民都过上幸福的生活。

378. 果然 guǒrán 副. as expected

例 昨天天气预报说最近要降温，今天果然降温了。

例 果然不出我所料，他这次考试取得了很好的成绩。

联想 果真 = 果然，竟然、居然（527）

题 请选出正确答案：古时候有一个老人。一天，他的一匹马跑到了另一个国家。大家都安慰他，可是他却说："马丢了一定是坏事吗？我看不一定。"果然，不久以后，那匹马带着一匹外国的好马回来了。……

老人的马丢了，他为什么不难过？ （样卷-39）

A 他有很多马　　B 他知道马会回来

C 儿子会把马找回来　　D 他认为马丢了不一定是坏事

老人说："马丢了一定是坏事吗？我看不一定。"后面用"果然"表示事实（863）与老人说的一致（1108），答案为 D。

379. 果实 guǒshí 名. ① fruit ② fruits; gains

例 果树上挂满了红红的果实。

例 经过长期刻苦的训练，游泳队员们终于收获了胜利的果实。

380. 过分 guòfèn 形. going too far; excessive

例 他这样说自己的朋友，真是太过分了！

例 对于这种病，不要过分强调药物治疗的重要性，心理治疗也很重要。

搭配 过分 + 自信 / 谦虚（732）/ 追求（1265）

毫不 / 并不 + 过分

381. 过敏 guòmǐn 动. be allergic to

例 有些人对花生过敏。

例 他打完针以后有点儿过敏反应，应该没有什么大问题。

搭配 对……过敏

题 请选出正确答案：

女：你感冒了吗？怎么一直打喷嚏？

男：没有，我鼻子有点儿过敏。

问：男的怎么了？ （H51002-5）

A 感冒了　　B 鼻子过敏　　C 刚做手术　　D 嗓子不舒服

男的说“我鼻子有点儿过敏”，答案为 B。

382. 过期 guòqī 动（离合）. exceed the time limit

例 不好意思，先生，这张礼品卡已经过期不能用了。

例 过了期的食品最好不要再食用。

H

383. 哈 hā 叹. ① [expressing triumph or satisfaction, usu reduplicated] ② ha [sound of laughing with the mouth wide open, usu reduplicated]

例 哈哈，这些试题太简单了，我二十分钟就做完了。

例 朋友们一见到我的发型（hairstyle）就哈哈大笑起来。

384. 海关 hǎiguān 名. customhouse

例 他们还没出海关，我们再等一会儿。

例 每次过海关的时候，海关人员都查得很仔细。

385. 海鲜 hǎixiān 名. seafood

例 一会儿点菜的时候别点海鲜啊，她对海鲜过敏。

联想 海味、海洋

题 请选出正确答案：男：肚子该饿了吧？附近有一个吃海鲜的地方，很有名，要不我们去那儿吃？

女：抱歉，我对海鲜过敏，我们换一个地方吧。

问：关于女的，可以知道什么？（样卷-18）

A 不饿　　B 不想换地方　　C 对海鲜过敏　　D 在讽刺男的

女的说“我对海鲜过敏”，答案为 C。

386. 喊 hǎn 动. ① shout; cry out ② call (a person)

例 在公共场所（place）请不要大喊大叫。

例 好像有人在楼下喊你，你听见了吗？

辨析 喊 vs. 叫

“喊”和“叫”都可以表示用声音引起某人注意，如：喊 / 叫服务员 / 你的名字 / 小张回来。不同的是：①“喊”的主语只能是人，“叫”的主语可以是人或动物，如：同学们大声喊 / 叫着；小鸟 / 小狗叫个不停。②“叫”还可以表示告诉某些人员（786）送来所（909）需要的东西，如：叫出租车 / 两个菜。③“叫”还可引出人的名字和事物的名称，如：他叫王明；这个城市叫成都；这片地区叫江南。④“叫”还可以表示被动（passive），如：他叫车撞（1263）了；门叫风吹开了。“喊”没有“叫”的以上用法。

387. 行业 hángyè 名. trade; industry

例 他这些年一直从事食品行业。

例 近十年，中国的服务行业发展很快。

搭配 服务 / 旅游 / 教育 / 建筑 / 互联网 + 行业

题 完成句子：他们　从事　行业　服装　(H51003-91)

"他们"做主语，动词"从事（166）"做谓语，名词"服装（292）"与"行业"组成偏正词组"服装行业"，做宾语。答案是：他们从事服装行业。

H

388. 豪华 háohuá 形. luxurious

例 这套公寓装修得很豪华。

例 出门在外，不一定要住很豪华的酒店，干净舒适、交通方便的旅馆也行。

搭配 豪华 + 餐厅 / 宾馆 / 酒店 / 汽车

389. 好客 hàokè 形. hospitable

例 主人热情好客，客人们玩得很开心。

例 这是个好客的民族，到这里旅游会得到非常热情的招待。

联想 好奇（390）、好胜、好强（eager to do well in everything）

390. 好奇 hàoqí 形. curious

例 我很好奇，你是怎么猜出这个问题的答案的？

例 这个孩子好奇心很强，总喜欢问"为什么"。

搭配 对……好奇

自 测

一 选词填空。

A 功能　B 贡献　C 公开　D 公平　E 公布

1. 等明天公司（　　）了面试结果以后，你再做决定吧。
2. 他的这篇论文去年已经（　　）发表了。
3. 老师应该（　　）地对待每一个学生。

4. 你能介绍一下这种新款的手机有什么（　　）吗？
5. 我们每个人都在为社会的进步（　　）自己的力量。

A 构成　B 固定　C 沟通　D 鼓掌　E 鼓舞

6. 音乐和语言一样，能（　　）人与人之间的感情。
7. 汉字“小”和“土”（　　）汉字“尘”。
8. 老师关于如何面对困难的那些话讲得太好了，真是（　　）人心。
9. 观众们都站起来为这场精彩的演出（　　）。
10. 请把这幅画（　　）在靠门的那面墙上。

A 怪不得　B 观察　C 关闭　D 规模　E 观点

11. 原来她是学音乐的，（　　）歌唱得那么好。
12. 因为大雾，机场要（　　）两个小时。
13. 你好好（　　）一下咱们的教室，有没有发现哪里与平时不同？
14. 在今天的会议上，我希望每个人都谈谈自己的（　　）。
15. 这里大（　　）、有组织地制作和展出冰灯始于 1963 年。

A 广大　B 规则　C 广泛　D 果然　E 过分

16. 为了满足（　　）读者的需求，这本杂志增加了许多内容。
17. 这本书出版以后，在社会上产生了（　　）的影响。
18. 妈妈说今天看样子要下雨，（　　）不一会儿就下起了大雨。
19. 有人说（　　）谦虚是骄傲的表现。
20. 具体的比赛（　　）和报名方法见网上的“报名须知”。

二 完成句子。

21. 愿意　公开　向媒体　酒厂老板　制作过程　这种酒的　____________
22. 真是　令人　话　老师的　鼓舞　____________
23. 原来　怪不得　是病了　他　上课　没来　____________
24. 教育　父母们　接受　观念　新的　需要　____________
25. 按照　老规矩　应该　我们家的　晚辈给长辈　敬酒　____________

三 请结合下列词语（要全部使用），写一篇 80 字左右的短文。

海鲜　过敏　挂号　怪不得　果然

第 7 天

391—455

学习重点

1. 65 个词语

2. 重点词语：合作　何必　何况　后果　怀念　恢复　或许　基本　急忙

391. 合法 héfǎ 形. legal; lawful

例 我们公司这么做是合法的，没有违反任何法律。

搭配 合法 + 地位（218）/ 行为（1063）/ 权利（767）

辨析 合法 vs. 合理（392），见“合理”。

反义 非法、违法

392. 合理 hélǐ 形. reasonable

例 他的建议很合理，我们应该按他说的去做。

搭配 合理 + 安排 / 使用 / 利用（596）

合理的 + 要求 / 建议 / 方法 / 范围（268）

辨析 合理 vs. 合法

“合法”指符合法律规定，如：合法的地位 / 行为 / 权利。“合理”指合乎道理（207）或事理，如：合理的要求 / 建议 / 方法 / 范围。

393. 合同 hétóng 名. contract

例 你们需要跟房东签一份租房合同。

搭配 签（733）/ 谈 / 撕（899）毁（destroy）+ 合同

联想 合约、合唱、合资

题 请选出正确答案：

男：总算打通了，刚才怎么一直占线？

女：刚和律师谈合同的事呢，你找我什么事？

问：他们在做什么？（样卷-16）

A 结账　B 见律师　C 谈合同　D 打电话

根据男的说的“总算（1286）打通了，刚才怎么一直占线？”可知，他们正在打电话，答案为 D。

394. 合影 héyǐng 动（离合）. take a group photo 名. group photo

动 例 我希望毕业时能跟每位老师都合影留念（do as a memento）。

动 例 大家快过来！一起合个影！

名 例 对于他来说，这是一张非常宝贵的合影。

搭配 跟＋某（664）人／某物＋合影

395. 合作 hézuò 动. cooperate

例 这杯酒敬您，希望咱们合作愉快！

例 他们分工合作，按时完成了那个紧急的任务。

396. 何必 hébì 副. there is no need; why

例 既然已经到了这里，何必这么快离开？多住两天再走吧。

例 这点儿小事，你打个电话告诉我就行了，何必亲自跑一趟？

397. 何况 hékuàng 连. let alone

例 这件事他都不跟我说，何况你呢？

例 她的腿受伤了，走路都困难，何况是跑。

例 他汉语比我好得多，他都听不懂这个新闻，何况我呢？

398. 和平 hépíng 名. peace

例 只有在和平环境中，人们才会有幸福的生活。

搭配 热爱（776）／争取（1202）＋和平

和平的＋环境／年代（679）／方式

反义 战争（1184）

399. 核心 héxīn 名. core; heart of the matter

例 这两位经理是我们公司的核心领导。

搭配 核心＋人物（785）／作用／问题

辨析 （1）核心 vs. 主要

“核心”是名词，表示处于中心（1231）地位，起主要作用，能够决定并引导(lead）事物（864）的发展方向的人或事物，如：在今天的比赛中，他一直是场上的核心人物。“主要”是形容词，表示有关事物中最重要的、起决定作用的，如：主要原因／目的／任务；这次会议的主要内容是讨论义务（1118）教育问题。

（2）核心 vs. 中心，见“中心”。

400. 恨 hèn 动. hate

例 她是一个敢爱敢恨的人，爱了就在一起，不爱了就分得干干净净。

联想 讨厌、厌恶（be disgusted with）、恨之入骨

反义 爱、喜欢、热爱

401. 猴子 hóuzi 名. monkey

例 动物园里有很多猴子。

搭配 一只 / 一群（773）/ 一对 + 猴子

402. 后背 hòubèi 名. back (of the body)

例 雨伞上的水滴到了他的后背上。

联想 后面、后头

辨析 后背 vs. 后面

“后背”指身体的背部，“后面”指空间（559）或位置（985）靠（549）后的部分，如：房子 / 教室后面。“后面”还可以指顺序上靠后的部分，如：关于这个问题，后面我再继续说。

403. 后果 hòuguǒ 名. consequence; aftermath

例 这件事造成了很严重的后果，公司为此承担了很大的损失。

搭配 造成（1175）/ 引起 / 带来 + 后果

辨析 后果 vs. 结果 vs. 成果（111）

“后果”指最后的结果，多用于坏的方面。“结果”指事物发展所（909）达到（175）的最后状态（1262），可以是好的，也可以是坏的，如：努力学习 / 粗心马虎的结果。“成果”指工作或事业（career）上的收获（867），多用于好的方面，如：劳动（573）成果。

404. 呼吸 hūxī 动. breathe

例 周末我们常常去爬山，不但可以锻炼身体，还可以呼吸新鲜空气。

搭配 呼吸 + 空气 / 困难

405. 忽然 hūrán 副. suddenly; all of a sudden

例 我们正要去踢球，忽然下起雨来。

辨析 忽然 vs. 突然

"忽然"与"突然"做副词时意思和用法一样，表示情况发生得很快，让人没有想到，如：忽然跑进来、突然站起来。"突然"还可以做形容词，如：事情发生得很突然，我们都没有心理（1056）准备。"忽然"没有这个用法。

406. 忽视 hūshì 动. ignore; overlook

例 不能只重视工作而忽视了身体健康。

反义 重视

题 **请选出正确答案**：在家里，我们过多地看电视，忽视了家庭成员之间的交流，使家庭缺少了大家在一起聊天儿、欢乐的时间。

为什么看电视会影响家庭感情？ (H51002-83)

A 交流减少　　B 睡眠减少　　C 引起许多争论　　D 占用了读书时间

题中"忽视了家庭（456）成员（member）之间的交流"说明交流很少，再加上"使家庭缺少了大家在一起聊天儿、欢乐（happy）的时间"，可以看出，看电视会让家庭成员之间的交流减少，影响家庭感情，答案为A。

407. 胡说 húshuō 动. talk nonsense

例 他完全是胡说，你不要为他的话生气。

联想 胡说八道（talk nonsense）、瞎说、胡言乱语

408. 胡同 hútòng 名. lane; alley

例 在胡同口有家小商店，孩子们经常去那儿买零食吃。

搭配 一条 + 胡同

辨析 胡同 vs. 街道

"胡同"指小街道，"街道"还可指旁边有房屋的、比较宽（566）的道路。

409. 壶 hú 名. pot; kettle

例 请把那个茶壶递给我，好吗？

搭配 一个 / 一把 + 壶

联想 水壶、茶壶、酒壶、油壶

410. 蝴蝶 húdié 名. butterfly

例 庄周梦见自己变成了一只蝴蝶，在空中飞舞，十分快乐。

搭配 一只 / 一群 / 一对 + 蝴蝶

联想 昆虫（567）、蝴蝶结（bow tie）

411. 糊涂 hútu 形. confused

H

例 你越解释，我越糊涂。

例 这件事你肯定早就知道了，就别装糊涂了！

联想 糊涂虫（blunderer）、糊涂账、糊里糊涂

412. 花生 huāshēng 名. peanut

例 奶奶在院子里种了一些花生，还把收获的花生做成了花生酱。

搭配 一颗（550）/ 一粒（a measure word for grainlike things）+ 花生

413. 划 huá 动. ① paddle; row ② scratch; cut the surface of

例 他们一家四口在湖（lake）上划着船、唱着歌，多么幸福啊！

例 他划了一根火柴，点燃了一支香烟。

例 妹妹的手被玻璃划破了，流了很多血。

搭配 划 + 船 / 水

划 + 火柴（433）/ 玻璃（56）

划 + 伤 / 破 / 开

414. 华裔 huáyì 名. foreign citizen of Chinese origin

例 他的父母是华侨（Chinese residing abroad），他是华裔。

联想 华侨、华人

415. 滑 huá 动. slip; slide; glide 形. slippery

动 例 有位老人滑倒了，躺在地上站不起来了。

形 例 下雨天走路要小心，路很滑。

联想 滑冰、滑雪

416. 化学 huàxué 名. chemistry

例 他从小就喜欢学化学，长大后成为了一名化学家。

联想 化工（chemical industry）、数学

417. 话题 huàtí 名. subject of a talk; topic of a conversation

例 关于这个话题，我没有什么可说的。

例 别讨论这个问题了，换一个有趣的话题吧。

418. 怀念 huáiniàn 动. cherish the memory of; think of

例 他离开家乡四十年了，非常怀念以前在家乡度过的幸福时光（time）。

搭配 怀念 + 某人 / 某个地方 / 某段时光

辨析 怀念 vs. 纪念（452）vs. 想念（1036）vs. 想，见“想念”。

419. 怀孕 huáiyùn 动（离合）. be pregnant; conceive

例 叶老师怀孕了，我们全班同学都很期待她小宝宝的出生。

例 她以前怀过一次孕，后来孩子没有保住。

联想 孕妇

420. 缓解 huǎnjiě 动. alleviate; ease up

例 吃了药，她的头痛有所缓解。

搭配 缓解 + 压力 / 病情 / 不良情绪（757）

联想 缓（revive; come to）、缓和（relax; ease up）、缓慢

题 完成句子：情绪　听音乐　可以　缓解　紧张的　（样卷-92）

“缓解”是动词，后面可以跟“情绪”，构成（340）“缓解情绪”。“情绪”是名词，可以与形容词“紧张”一起使用，构成“紧张的情绪”。“听音乐”是主语。所以答案为：听音乐可以缓解紧张的情绪。

421. 幻想 huànxiǎng 动. fancy; dream; imagine 名. illusion

动 例 他小时候总是幻想以后有一天可以住到月球上去。

名 例 大家都认为他所说的只是一个美丽的幻想，不可能成为真的。

辨析 幻想 vs. 理想 vs. 梦想（639）vs. 想象（1037），见“想象”。

H

422. 慌张 huāngzhāng 形. flurried; flustered

例 遇到急事别慌张，冷静一点儿。

联想 慌忙、慌慌张张、慌里慌张

辨析 慌张 vs. 紧张

“慌张”比“紧张”的程度（122）更深，主体的心情和动作因为失去（839）控制（561）而忙乱，只能用于人，如：做事 / 表情（52）慌张。“紧张”指兴奋不安（61），精神（522）处于高度准备状态，如：要考试了，她心里有些紧张。“紧张”还可以表示情况激烈（439）或紧迫（pressing），使人精神高度集中（446），如：紧张的工作 / 劳动 / 复习阶段（495）。“紧张”还可以表示不足（69），如：钱 / 时间 / 人手（manpower; hand）很紧张。

423. 黄金 huángjīn 名. gold

例 目前全球黄金价格较低，但未来一定会上涨。

搭配 一两（a unit of weight, equal to 1 / 10 *jin* or 50 grams）/ 一克（554）+ 黄金

联想 白银、黄金比例（37）、黄金时间、黄金周

424. 灰 huī 形. gray 名. dust

形 例 现在商场搞活动，这件灰大衣可以打五折。

名 例 大火过后，他的书、考试资料等全都烧成灰了。

联想 灰尘（425）、灰心（426）

425. 灰尘 huīchén 名. dust; dirt

例 桌子上落了一层厚厚的灰尘，必须马上打扫打扫。

搭配 一层 / 一粒 + 灰尘

426. 灰心 huīxīn 形. discouraged; disheartened

例 别灰心，失败是成功之母。

联想 x 心：伤心、小心、决心（536）、热心（778）、虚心（1077）、专心（1255）、爱心（5）、操心（82）、担心、当心（199）、信心

427. 挥 huī 动. wave; wield

例 他向我们挥了挥手，表示告别。

联想 挥手、挥动、挥舞、挥洒

428. 恢复 huīfù 动. resume; recover; restore

例 祝您早日恢复健康。

搭配 恢复 + 健康 / 信心 / 秩序（1228）

辨析 恢复 vs. 重新

“恢复”是动词，指变成或者使事物变成原来的样子，如：他们把房间里的桌椅恢复成了原来整齐（1206）的样子。“重新”是副词，指再一次，如：这些字写得不好，必须重新（再）写一遍。“重新”还可以表示改变方式或内容，从头开始，如：你一定要改掉自己的坏毛病（630），重新做人。

题 请选出正确答案：

男：大夫您好，我妻子的情况怎么样？

女：手术很成功，她恢复得很快，过两天，下周一二就可以出院了。

男：太好了！太谢谢您了！

女：不客气。

问：他妻子什么时候可以出院？（H51001-30）

A 明天　　B 下周一二　　C 两周后　　D 下个月

题目（930）问的是出院的时间。医生说“她恢复得很快……下周一二就可以出院了”，答案为 B。

429. 汇率 huìlǜ 名. exchange rate

例 请问，今天人民币对美元的汇率是多少？

搭配 汇率 + 高 / 低

联想 汇款、贷款（187）、概率（probability）

430. 婚礼 hūnlǐ 名. wedding

例 我们下个月要去参加一个中国朋友的婚礼，送什么礼物好呢？

搭配 参加 / 举行 / 准备 + 婚礼

联想 婚姻（431）、结婚、离婚（586）

431. 婚姻 hūnyīn 名. marriage

例 这对夫妻感情很好，婚姻十分幸福。

联想 婚姻法、婚姻介绍所（dating agency）

H

432. 活跃 huóyuè 形. active; dynamic

例 这个班的课堂气氛很活跃，学生们都积极回答问题。

搭配 气氛（730）/ 思想（898）/ 某人 + 很活跃

辨析 活跃 vs. 活泼 vs. 生动（832），见“生动”。

433. 火柴 huǒchái 名. match

例 孩子们都喜欢安徒生的童话《卖火柴的小女孩儿》。

搭配 一根（323）/ 一盒 / 一包 + 火柴

联想 打火机（cigarette lighter）

434. 伙伴 huǒbàn 名. companion; partner

例 给大家介绍一下，这是我的工作伙伴——李华。

联想 合伙人、陪伴、同伴

435. 或许 huòxǔ 副. perhaps; probably

例 他今天没来上课，或许是病了。

辨析 或许 vs. 也许 vs. 可能

“或许”“也许”与“可能”相同，都可做状语，表示不很肯定，如：你去书房找一找，他或许 / 也许 / 可能在那儿。不同的是：① “或许”的书面语色彩（801）比“也许”浓（687），“也许”的书面语色彩比“可能”浓，因此口语中最常用“可能”，比较常用“也许”，不常用“或许”。② “可能”还可以做形容词，表示可以实现（854）的，如：我们提前完成任务是完全可能的。③ “可能”还可以做名词，表示可能性，如：这件事发生的原因有两种可能。“也许”“或许”没有这些用法。

J

436. 机器 jīqì 名. machine

例 这台机器是从德国进口的。

搭配 一台 + 机器

联想 机器人

437. 肌肉 jīròu 名. muscle

例 他是个身材高大、肌肉发达的男人。

例 很多男人都想练出一身肌肉，这样显得更帅。

联想 骨头（346）、胸肌、肌肤（skin）

438. 基本 jīběn 形. ① basic; fundamental ② main; essential 副. basically；in the main

形 例 同学们只要掌握了这几个基本语法点，就能更好地理解这段话的意思。

形 例 这位毕业生的条件符合我们公司招聘的基本要求，可以让他来参加面试。

副 例 经过三个月的努力，我们基本完成了这项工作。

搭配 基本 + 矛盾（631）/ 原则（1160）/ 知识 / 观点（356）

基本 + 条件 / 要求 / 意见

基本 + 合格 / 完成

辨析 基本 vs. 基础

“基本”做形容词时，表示根本（324）的或主要的，如：诚实是做人的基本原则；有饭吃、有衣穿是老百姓（575）对生活最基本的要求。做副词时，表示大体上（in general），如：质量 / 成绩基本合格。“基础”只能做名词，可以表示建筑物地面以下的部分，也可以表示事物发展的根本或起点，如：打好基础、基础知识。

题 **请选出与试题内容一致的一项：**世界上最早的地图是 1973 年 12 月在湖南长沙马王堆出土的，那是三幅汉代的彩色帛绘地图，距今 2100 多年。图上绘制着今天湖南、广东、广西三省的交界地区。令人惊奇的是，图中绘有大小河流、山脉、城镇 30 余处，与今天的地图基本相同。（H51002-67）

A 那些地图用于军事　　　　B 最早的地图是黑白的

C 那三幅地图是汉朝的　　　D 地图的内容已经模糊

题中并没有说地图用于军事（539），A 不对。“那是三幅（293）汉代的彩色帛绘地图”中，“彩色……地图”说明 B 不对，“汉代的……地图”说明 C 正确。D 没有提到。正确答案为 C。

J

439. 激烈 jīliè 形. intense; sharp

例 他们在会上讨论得很激烈，差点儿争吵起来。

搭配 激烈地 + 讨论 / 争吵

激烈的 + 争论（1201）/ 比赛

辨析 （1）激烈 vs. 激动

“激烈”常用来形容（1065）动作或者语言，如：激烈的运动 / 争论。“激动”常指感情因受到刺激（161）而变得很强烈（739），可以是高兴时激动，也可以是生气时激动，如：情绪激动、激动地说。“激动”还可以做动词，如：激动人心。“激烈”没有动词的用法。

（2）激烈 vs. 强烈 vs. 热烈（777），见“热烈”。

440. 及格 jígé 动（离合）. pass (a test, an examination, etc.)

例 这次考试及格不难，但是要得高分不容易。

例 听说这次考试可能会很难，我担心及不了格。

辨析 及格 vs. 合格

“及格”是动词，一般指考试成绩达到规定的最低标准，如：60 分及格。“合格”是形容词，指人或事物符合某个标准或要求，如：质量 / 检查合格、合格产品（91）。

441. 极其 jíqí 副. extremely

例 对一个商场的经理来说，了解顾客的需求（demand）是极其重要的。

搭配 极其 + 重要 / 聪明 / 复杂 / 困难 / 危险

辨析 （1）极其 vs. 极

“极其”与“极”都可用在形容词或心理动词前面表示程度很深。不同的是，“极其”后多加双音节形容词或心理动词，如：极其困难 / 喜欢；“极”后多加单音节形容词，如：极难。“极”还可用在形容词或心理动词后面做程度补语，如：难 /

喜欢极了。"极其"没有这个用法。

(2)极其 vs. 尤其 vs. 非常

"极其"后面常加形容词，表示程度深，一般没有比较的对象（240）和范围，用于书面语，如：这里的冬天极其寒冷；我极其喜欢读这位诗人的作品（1298）。"尤其"往往有比较的对象和范围，表示更进一步，常用在两句之间，如：我喜欢中国菜，尤其喜欢川菜（表示和其他中国菜比起来，"我"更喜欢吃川菜）。"非常"做副词时与"极其"用法相同，比"极其"常用，可用于书面语和口语。"非常"还可以做形容词，表示特殊（924）的，如：非常会议 / 时期（849）。"极其"和"尤其"没有这个用法。

442. 急忙 jímáng 副. hurriedly; hastily

例 挂了电话，他急忙跑了出去。

辨析 急忙 vs. 匆忙(162) vs. 连忙(597) vs. 赶紧(306)，见"连忙"。

443. 急诊 jízhěn 名. emergency treatment; emergency call

例 看急诊的病人请到这边挂号。

例 我朋友病得很严重，需要到医院看急诊。

联想 急诊室、急救、急性（acute）、诊断（1198）

444. 集合 jíhé 动. gather; assemble

例 我们明天在学校西门集合，8 点准时出发。

联想 集体（445）、集资、集会、集市

辨析 集合 vs. 集中，见"集中"。

445. 集体 jítǐ 名. collective

例 我们班是一个互助互爱的集体，希望新同学能在这里找到家的感觉。

联想 集团（group）、集团公司

反义 个人（320）

446. 集中 jízhōng 动. concentrate; put together
形. concentrated; focused

动 例 请刘主任将大家的意见集中起来向有关部门反映。

形 例 每次上这门课的时候，全班同学的注意力都很集中。

搭配 集中 + 意见 / 建议 / 资金（1269）/ 注意力 / 精神

联想 收集（collect）

辨析 集中 vs. 集合

“集合”指很多人在规定的时间和地点聚在一起，如：全班同学明天早上 8 点在操场（82）集合。“集中”除了指把人、事物等具体（531）对象聚在一起，还可以指把意见、经验等抽象（137）对象归纳（368）起来，如：把学生 / 资金 / 意见集中起来。“集中”可以带宾语，如：学生上课时应该集中注意力。“集合”没有这些用法。

J

447. 计算 jìsuàn 动. count; calculate

例 这次数学考试，弟弟把十道题全都计算错了。

联想 计算机、计算器

448. 记录 jìlù 动. take notes; keep a record 名. notes; record

动 例 你不用把讲座的内容都记录下来，老师讲完以后会发讲座材料。

名 例 王秘书，请把这次的会议记录发给我看看。

辨析 记录 vs. 纪录（450），见“纪录”。

题 **请选出与试题内容一致的一项：** 花木兰是中国古代的女英雄，以代替父亲参加军队并打败入侵敌人而闻名天下。她的故事经常出现在很多文艺作品中，电影、电视剧也多次重拍。有关她的一些介绍最早出现在北朝民歌《木兰辞》中，但是关于她的出生年月和故乡，史书记载不一。（H51001-70）

A《木兰辞》是唐朝民歌　　B 史书对花木兰没有记录

C 花木兰的故事被拍成了电影　　D 花木兰和父亲一起参加了军队

“记载（record）不一”表示有记录，但记录得不一致（1108），所以不能选 B。《木兰辞》是北朝民歌，所以 A 不对。“代替（186）父亲参加军队（army）”表明（51）父亲没有参军，不能选 D。“电影……多次重拍（691）”表示拍过很多次电影，所以正确答案为 C。

449. 记忆 jìyì

名. memory
动. remember; recall

名 例 关于童年的记忆往往是永生难忘的。

动 例 十年前的事情，我很多都记忆不起来了。

联想 记忆力、记性（memory）

辨析 记忆 vs. 回忆

①“记忆”和“回忆”都可做动词。“回忆”表示去想以前的事情，强调（738）的是“想”这个动作，如：老人们喜欢回忆年轻时候的事情。“记忆”表示把现在的东西或事情记住，强调的是“记”这个动作，如：学外语需要记忆大量的单词。“记忆”还可以表示把以前的东西、事情记住，这时它可以和“回忆”互换使用，但不如（67）“回忆”常用，如：以前的事情有些我还能记忆 / 回忆起来。②“记忆”与“回忆”都可做名词，表示记在大脑里的结果，但“回忆”通常（940）带有情感，如：二十年前的事情到现在都成了美好的回忆；“记忆”通常不带情感，如：人们根据老人的记忆画出了这条街三十年前的样子。

450. 纪录 jìlù 名. record

例 这位长跑运动员又一次打破了世界纪录。

搭配 打破 / 创造（155）/ 保持（21）+ 纪录

联想 纪录片

辨析 纪录 vs. 记录

“记录”可以用作名词和动词，如：小张，把昨天的会议记录给我看一下；小张负责记录这次会议的主要内容。“纪录”一般用作名词，前面可以加数量词，如：一项（1038）纪录。“纪录”还可以表示在一定时期、一定范围内记录下来的最高成绩，如：打破世界纪录。

451. 纪律 jìlǜ 名. discipline

例 迟到、早退都是违反班级纪律的行为。

搭配 遵守（1297）/ 违反（974）/ 破坏（723）+ 纪律

452. 纪念 jìniàn

动. commemorate; mark
名. souvenir; memento

动 例 人们习惯用鲜花纪念去世的亲人和朋友。

名 例 马上就要毕业了，咱们拍张照片留个纪念吧。

联想 纪念品、纪念日、纪念碑（monument）

辨析 纪念 vs. 怀念 vs. 想念 vs. 想，见“想念”。

453. 系领带 jì lǐngdài wear a tie

例 他一早起来，洗完脸，穿上衬衣，系上领带，急急忙忙出门了。

联想 系安全带、系鞋带、系围巾（975）

J

454. 寂寞 jìmò 形. lonely

例 一个人在国外，有时候会觉得有点儿寂寞。

搭配 感到 / 觉得 + 寂寞

455. 夹子 jiāzi 名. clip; tongs; folder

例 我找不到刚买的那个灰色的头发夹子了。

搭配 头发 / 衣服 / 文件（990）/ 资料（1270）+ 夹子

联想 架子、盒子、瓶子、柜子

自 测

一 选词填空。

A 合理　B 合同　C 合作　D 何必　E 何况

1. 老师觉得小男孩儿的这个请求是（　　）的。
2. 你都听不懂，（　　）我呢？
3. 明天我们公司会跟你们签这份（　　），希望我们两家公司（　　）愉快。
4. 你（　　）亲自去呢？打一个电话就可以了。
5. 既然医生要下午才开始看病，你（　　）上午就来医院等着？

A 后果　B 怀念　C 纪念　D 缓解　E 挥

6. 我真（　　）我们以前在一起的快乐时光。

7. 大家一起照张毕业照，留作（　　）吧。
8. 他向大家（　　）手告别。
9. 你知道这样做（　　）会很严重吗？
10. 这种药只能（　　）你的病情，不能根本治好你的病，你还是应该去医院好好治疗。

A 恢复　　B 或许　　C 基本　　D 激烈　　E 极其

11. 您好好休息，祝您早日（　　）健康。
12. 我们俩的意见（　　）一致。
13. 这位艺术家的想象力（　　）丰富。
14. 今天早上办公室里发生了（　　）的争吵。
15. 咱们抓紧时间，（　　）能赶上最后一班车。

A 婚礼　　B 急忙　　C 集中　　D 集合　　E 寂寞

16. 国庆节放假期间，我要去参加朋友的（　　）。
17. 老太太虽然一个人住，但每天看书养花，并不觉得（　　）。
18. 王秘书，请你把大家的建议（　　）起来，我们下午开会讨论。
19. 请你通知一下全班同学明天（　　）的具体时间和地点。
20. 看见一个孕妇上了车，他（　　）让座。

二 完成句子。

21. 全班的　这是　合影　我们　________________
22. 话题　大家　对　这个　不感兴趣　________________
23. 参观　的时候　请　小朋友们　博物馆　纪律　遵守　________________
24. 把　发言　下来　记录　李教授的　你　吗　了　________________
25. 与　交流　请　忽视　别　家人的　________________

三 请结合下列词语（要全部使用），写一篇 80 字左右的短文。

怀念　　极其　　寂寞　　伙伴　　挥

____

____

第8天

456—520

学习重点

1. 65 个词语
2. 重点词语：假装　坚决　坚强　艰苦　简直　交往
   教训　节省　借口　尽量

J

456. 家庭 jiātíng 名. family

例 对中国人来说，家庭关系非常重要。

例 这只狗也是我们的家庭成员（member）。

例 有人说，幸福的家庭都一样，不幸的家庭各有各的不幸。

搭配 家庭 + 成员 / 妇女（295）/ 教师 / 医生 / 影院 / 旅馆

一个 + 家庭

辨析 家庭 vs. 家

“家”常指住所或心里感觉温暖（988）的地方，常用于口语，常与单音节词一起用，如：我家、回家、在家、想家。“家庭”是指组成（1291）社会的一个个单元（194），家庭成员之间有婚姻（431）或血缘（ties of blood）关系，常用于书面语或比较正式的场合（occasion），与双音节词一起用，如：家庭关系 / 教育 / 成员。

题 **请选出与试题内容一致的一项：** 11 月，两只中国大熊猫开始了在澳大利亚的新生活。当地居民对它们表现出了极大的兴趣，175 个家庭表示愿意免费拿出自己种的竹子，供大熊猫食用。据了解，动物园所需的 135 名照顾大熊猫的志愿者将全部从当地大学生中选出。（样卷-65）

A 志愿者是中国大学生

B 大熊猫受到了当地人的欢迎

C 一些家庭想买竹子给熊猫吃

D 大熊猫在澳大利亚生活了 11 个月

志愿者（1222）是当地（198）大学生，不是中国大学生，A 不对。一些家庭愿意拿出自己种的竹子（1238），不是想买竹子，所以 C 不对。大熊猫从 11 月开始在澳大利亚生活，不是已经生活了 11 个月，D 不对。正确答案是 B。

457. 家务 jiāwù 名. household chores

例 现在很多女性不但要在单位忙工作，而且下班回家还要做家务。

搭配 做 / 忙 / 干 / 操持（manage）+ 家务

家务 + 活儿 / 劳动（573）

458. 家乡 jiāxiāng 名. hometown

例 他离开家乡十年了，这次回去，发现家乡的变化很大。

联想 老家、故乡（hometown）

459. 嘉宾 jiābīn 名. distinguished guest

例 欢迎各位嘉宾出席我们的婚礼。

例 这场比赛的解说（comment）嘉宾是一位著名的前奥运冠军。

搭配 担任（189）+ 嘉宾

联想 来宾

题 请选出正确答案：

男：观众朋友们，让我们以热烈的掌声欢迎今天的嘉宾张阳女士。

女：大家好！很荣幸能够参加《有话好好说》这个节目。

问：男的是做什么工作的？ （H51002-4）

A 演员　　B 作家　　C 班主任　　D 主持人

由对话可知，他们正在参加一个节目。男的以主持人的身份（826），让观众们鼓掌（348）欢迎嘉宾的到来，所以正确答案为 D。

460. 甲 jiǎ

名. first of the ten Heavenly Stems [often used to refer to the first in order]

动. be in first place

名 例 这份合同的甲乙双方分别是谁？

名 例 意大利足球甲级联赛（Serie A）是世界上水平最高的足球联赛之一。

动 例 桂林山水甲天下。

联想 乙（1114）、丙（third of the Heavenly Stems）、丁（fourth of the Heavenly Stems）

461. 假如 jiǎrú 连. if; supposing; in case

例 假如我是你，我一定会好好珍惜这次机会。

例 假如给我选择的权利，那我愿做一片自由的白云。

辨析 假如 vs. 如果 vs. 要是

“假如”“如果”“要是”都可用在假设（462）复句的前一个分句里，引出一个假设的情况 A，后一分句说明 A 出现时会发生的结果 B，结构（501）是“假如 / 如果 / 要是 + A（的话），（那 / 那么 / 就 / 那就 + ）B”，如：假如 / 如果 / 要是你觉得不舒服（的话），就 / 那就早点儿回家休息吧。不同的是，“假如”常用于书面语，比较正式。“如果”可以用于书面语，也可用于口语。“要是”多用于口语。

题 请选出正确答案：……当一个人总是抱怨为什么自己未被发现时，何不反过来想一下自己在别人眼中是否只是一块石头？______ 自己真是一块石头，就应该使自己变成一块黄金。 (H51003-48)

A 何况　　B 要不　　C 毕竟　　D 假如

"……，何况（397）……"表示递进关系，后一分句的意思比前一分句更进一步，A 不对。"要不（1100）"表示"否则、要不然"，B 不对。"毕竟（41）"用在复句中强调（738）原因，C 不对。"假如……，就……"是假设复句，"假如……"提出假设，"就……"表示假设实现（854）后会发生的结果，正确答案是 D。

J

462. 假设 jiǎshè

动. suppose; assume
名. hypothesis

动 例 假设每位同学捐十块钱，那我们全班就能捐三百块钱。

动 例 我们可以假设一下：实际调查结果真是这样又将如何呢？

名 例 这只是科学家们的一个假设，还没有成为现实。

搭配 一个 / 一种 + 假设
提出 + 假设

463. 假装 jiǎzhuāng 动. pretend; feign

例 不懂就是不懂，不要假装懂。

例 我知道你已经明白了，别假装糊涂。

例 她每次遇到不想回答的问题，就假装听不懂对方的话。

联想 装（1258）、装样子、装模作样

题 请选出正确答案：世界上并非只有人类才会撒谎，动物也会撒谎，而且还很巧妙。黑猩猩就常用撒谎来欺骗同类。动物学家在研究黑猩猩的过程中，观察到一只黑猩猩曾多次向其同伴示意，附近有香蕉。但当它的同伴按照这只黑猩猩的示意走过去时，那只撒谎的黑猩猩却朝真正有香蕉的地方跑。被骗的黑猩猩扑了个空，而撒谎的猩猩则饱食一顿。当它返回原地见到受骗的同伴时，却装得若无其事，不露一点儿马脚。

根据上文，黑猩猩骗了同伴后的表现是： (H51003-83)

A 变得很愤怒　B 心里特别紧张　C 假装什么都没发生　D 做出非常得意的样子

“装得若无其事”中“装”是“假装”的意思，“若无其事”的意思是“好像没有发生过这件事”，所以选C。

464. 价值 jiàzhí 名. value; worth

例 这些书应该对你写论文很有参考价值。

例 这个书桌虽然旧了，但还有利用价值，别扔了。

搭配 艺术 / 文学（993）/ 营养（1129）/ 实用（856）+ 价值

有 / 没有 + 价值

价值 + 大 / 小 / 高 / 低

465. 驾驶 jiàshǐ 动. drive (a vehicle); pilot (a ship or plane)

例 这位老师傅的驾驶经验很丰富，不但能开小车，而且能驾驶大卡车。

搭配 驾驶 + 汽车 / 飞机 / 轮船（steamer）

联想 驾驶员、驾驶室、驾照

辨析 驾驶 vs. 开

“驾驶”多用于书面语或者口语中的正式场合，后面一般跟双音节词语或多音节词语，如：驾驶汽车 / 火车 / 飞机 / 轮船 / 大卡车（541）/ 直升机。“开”多用于口语，后面可接单音节词语、双音节词语或多音节词语，如：开车 / 船 / 汽车 / 火车 / 飞机 / 轮船 / 大卡车 / 直升飞机。“开”除了表示“驾驶”，还有别的意思，如：开门 / 窗 / 灯 / 药 / 发票（257）。

466. 嫁 jià 动. (of a woman) marry

例 老大爷的两个女儿都已经嫁人，现在家里只剩下他和老伴儿了。

搭配 嫁 + 人 / 女儿

联想 出嫁、改嫁（marry another man）

反义 娶（763）

467. 坚决 jiānjué 形. firm; resolute

例 父母坚决不同意他放弃上大学的机会。

例 在昨天的会议上，他坚持了自己的意见，并且态度非常坚决。

搭配 态度 / 语气（1152）/ 表情（52）+ 很坚决
坚决 + 反对 / 支持 / 改正（300）/ 不同意 / 不允许

联想 坚持、坚定（firm; steadfast）、坚硬（hard; solid）

468. 坚强 jiānqiáng 形. firm; strong

例 他的性格很坚强，这点儿困难对他来说不算什么。

例 在母亲的影响和培养下，孩子们慢慢变得坚强起来了。

搭配 某（664）人 / 性格 / 意志（will）+ 很坚强

联想 强大

反义 软弱

469. 肩膀 jiānbǎng 名. shoulder

例 经过半年的锻炼，他的肩膀变得更宽厚了。

联想 胳膊、手臂（arm）

470. 艰巨 jiānjù 形. arduous; formidable

例 这个任务很艰巨，我们一定要认真对待。

例 要想完成这项艰巨的工作，我们大家要共同努力。

搭配 任务 / 工程 / 工作 + 很艰巨

辨析 （1）艰巨 vs. 艰苦（471），见“艰苦”。
（2）艰巨 vs. 重大（1234），见“重大”。

471. 艰苦 jiānkǔ 形. hard; difficult

例 一些乡村小学的环境很艰苦，教学设施很差。

例 一想起以前艰苦的日子，她就忍不住流眼泪。

搭配 环境 / 生活 / 条件 + 很艰苦

联想 艰苦奋斗（282）、艰难（tough; hard）

辨析 艰苦 vs. 艰巨

“艰巨”常指任务、工程或工作难度大、不容易完成，如：艰巨的任务 / 工程 / 工作。“艰苦”一般指生活或者环境条件不好，让人身体上受苦，如：艰苦的生活 / 环境 / 地区（216）。

472. 兼职 jiānzhí 动（离合）. hold two or more posts concurrently 名. part-time job

动 例 他一边在大学学汉语，一边兼职做英语老师。

动 例 上大学期间，为了赚生活费，他在广告公司兼过职。

名 例 最近实在太忙了，我决定辞掉兼职，专心做好本职工作。

联想 兼任

473. 捡 jiǎn 动. pick up

例 奶奶慢慢弯下腰，把帽子捡了起来。

例 我们把球踢到院子外面去了，麻烦你帮忙捡一下。

例 我刚才在教室里捡到 100 元钱，请问是哪位同学丢的？

搭配 捡 + 一下 / 一趟 / 一回 / 一次

捡 + 起来 / 回来 / 上来 / 过来

捡 + 到 + 处所，如：捡到盒子里

捡 + 给 + 某人，如：把球捡给我

联想 拿、取、拾（pick up）、掏（take out）

题 **请选出正确答案：**这时候，老人笑着解释说："剩下的那只鞋无论多么好，多么贵，多么适合我穿，可对我来说已经没有一点儿用处了。我把它扔了出去，就有人可能 ______ 到一双鞋子，说不定他还可以穿呢。" （样卷-48）

A 捡　　B 选　　C 买　　D 换

这里"扔"和"捡"是一组（1290）相对（1031）的动作。老人把鞋"扔了出去"，就有人可能会"捡到"，所以应该选 A。

474. 剪刀 jiǎndāo 名. scissors

例 明天上课要学习剪纸，老师让我们每人准备一把剪刀。

搭配 一把 + 剪刀

联想 剪子 = 剪刀，剪纸、剪指甲（nail）

475. 简历 jiǎnlì 名. résumé; curriculum vitae

例 尽管我们以前没见过面，但我已经从你的简历里基本了解你了。

例 听说这家大公司在招聘员工，我打算去投（send; deliver）一份简历。

搭配 一份 + 简历

投 / 发 / 递交 / 提交 + 简历

联想 简介

476. 简直 jiǎnzhí 副. simply; at all

例 这两兄弟简直长得一模一样。

例 听到这个消息，大家高兴得简直说不出话来。

辨析 简直 vs. 几乎 vs. 完全

“简直”“几乎”都是副词，“完全”也有副词用法。不同的是：①“简直”主观（1243）强调两种情况相似（1033）程度（122）很高，语气较夸张（564），只出现在主语后，如：爸爸不让他玩网络（969）游戏，这简直像要了他的命一样。常用于否定（289）形式（1066）或表示消极（1045）意义（1121）的句子中，如：我简直不知道该说什么才好；屋子（1001）里简直乱得像个垃圾场。②“几乎”不常用于口语，它只是陈述（state）客观（557）事实（863），没有夸张的语气，表示“接近（499）、差点儿”，既可用在主语前，也可用在主语后，如：这场交通事故（accident）几乎（口语中用“差点儿”）要了他的命；几乎（口语中用“差不多”）班里的所有人都知道这件事。③“完全”做副词时只能用在主语后，一般用于陈述客观事实，表示“全部、全然（completely）”，可用于肯定形式，也可用于否定形式，如：同学们完全同意班长的看法；他的感冒完全好了；我完全看不懂这本书。“完全”也可主观强调两种情况相似程度很高，此时与“简直”的用法基本（438）相同，如：这个老师不是在上课，完全 / 简直是在表演。“完全”还可做形容词，表示“齐全（complete）、不缺少”，如：我觉得没有完全的自由（1278），就没有完全的幸福。

477. 建立 jiànlì 动. build; found; establish

例 他们俩早在十多年前就建立起了深厚的友谊。

例 我始终认为，夫妻关系应该建立在信任的基础上。

搭配 建立 + 友谊 / 关系 / 感情 / 国家

建立 + 起 / 起来

建立在……的基础上

辨析 建立 vs. 成立（113）

“成立”的对象（240）主要是具体（531）的机构（institution）或组织（1293），如：成立了一家公司 / 一个组织 / 一个小组。“建立”的对象范围（268）更广一点儿，可以是具体的，也可以是抽象（137）的，如：建立了一家公司 / 密切（642）的联系 / 相互的信任（1060）/ 深厚的感情。

478. 建设 jiànshè 动. construct; build

例 这座城市建设得很漂亮。

例 我们不仅要重视经济建设，还应该重视文化建设。

搭配 建设 + 城市 / 农村（684）/ 经济

联想 建造

479. 建筑 jiànzhù 名. building

例 西安有许多有名的古代建筑。

例 这座建筑的风格与周围别的建筑不同。

搭配 一座 + 建筑

古老的 / 独特（232）的 / 高大的 / 优美（1142）的 + 建筑

联想 楼、建筑物、建筑群、建筑学

480. 健身 jiànshēn 动. keep fit; build up one's body

例 她有每天健身的习惯，所以身材保持得很好。

例 他每天晚上不是在健身房健身，就是在宿舍上网。

联想 健身操（callisthenics）、健身房

481. 键盘 jiànpán 名. keyboard

例 这台电脑的键盘坏了，需要换一个新的。

联想 琴键、键盘乐器（1163）

J

482. 讲究 jiǎngjiu
动. be particular about; pay attention to
形. exquisite; tasteful
名. careful study

动 例 我同屋很讲究卫生，每天都把宿舍打扫得干干净净的。

形 例 她今天要去参加招聘会，所以穿得很讲究。

名 例 参加宴会时的着装是有很多讲究的。

题 **请选出与试题内容一致的一项：** 筷子是中餐最主要的进餐用具，在使用上也有很多讲究。用餐过程中，如果说话，不要将筷子随便晃动，也不要用筷子敲打碗、盘子以及桌面，更不能用筷子指点他人；暂时离开时，要把筷子轻轻放在桌子上或餐盘边，不能插在饭碗里，而且尽量不要发出响声。　(H51001-65)

A 使用筷子没太多讲究　　B 说话时敲筷子不礼貌

C 筷子不能放在桌面上　　D 用筷子敲碗可以表示高兴

文中说使用筷子有很多讲究，所以 A 不对。吃饭时如果说话，不要用筷子敲碗，所以 D 不对，B 正确。暂时离开时，要把筷子放在桌子上或盘子边，所以 C 不对。正确答案为 B。

483. 讲座 jiǎngzuò 名. lecture

例 上周末我们学校邀请李教授做了一场讲座。

例 今晚有一个关于中国茶文化的讲座，你要不要去听听？

搭配 一场 / 一个 + 讲座

做 / 开 / 办 / 听 + 讲座

辨析 讲座 vs. 演讲（1092），见“演讲”。

484. 酱油 jiàngyóu 名. soy (sauce)

例 您好，能把那瓶酱油递给我吗？

搭配 一瓶 / 一袋 + 酱油

买 / 打 (buy) + 酱油

联想 调料 (seasoning)、糖、盐、醋 (170)、辣椒 (569)

485. 交换 jiāohuàn 动. exchange; interchange; swap

例 他们俩在会议中场休息时互相交换了名片。

例 两个公司的总经理针对这次合作问题交换了意见。

搭配 交换 + 礼物 / 戒指（506）/ 纪念品 / 意见

辨析 交换 vs. 交流

“交换”与“交流”都指双方（890）拿出自己的东西给对方（238），但“交换”后面大多是具体名词，如：交换物品 / 位置（985），少数情况下也有抽象名词，如：交换意见和看法；“交流”后面一般用抽象名词，如：交流经验 / 思想（898）/ 意见和看法。

486. 交际 jiāojì 动. socialize; associate

例 他喜欢待在家里，不喜欢出去交际。

例 有的人交际能力很强，有的人却不善于交际。

辨析 交际 vs. 交往（487），见“交往”。

487. 交往 jiāowǎng 动. associate (with); contact

例 你们俩是什么时候开始交往的？

例 他不喜欢太过热闹的环境，也不太喜欢跟人交往。

搭配 跟 / 和 / 与 / 同 + 某人 + 交往

辨析 交往 vs. 交际

“交际”多指比较抽象的人与人的交往，主要用语言在社交场合进行，一般没有确定（771）的对象，如：交际能力 / 活动。“交往”主要指具体的人与人的往来，用行为（1063）在生活中进行，对象一般是确定的，主语可以是交往中的双方，如：他们两人交往了十几年了；也可以是交往中的一方，采用“A + 跟 / 和 / 与 / 同 + B + 交往”这一结构，如：我跟 / 和 / 与 / 同他交往了五年了。“交往”后面还可以加补语，如：我们从上大学开始，一直交往到现在，未来（983）打算一直交往下去。“交际”没有这个用法。

488. 浇 jiāo 动. water; pour liquid on

例 妈妈正在花园里浇花呢。

例 昨天我刚一出门，大雨就从头顶浇下来了。

搭配 浇 + 水 / 花 / 地

联想 泼（splash）、泼冷水（dampen the enthusiasm of）

辨析 浇 vs. 洒（799），见“洒”。

489. 胶水 jiāoshuǐ 名. glue

例 这瓶胶水已经干了，不能用了。

例 爸爸用胶水把邮票粘贴在信封上。

J

490. 角度 jiǎodù 名. ① angle ② point of view; perspective

例 请你计算一下这两条直线之间的角度有多大。

例 看问题的角度不同，得出的结论也就不同。

例 从娱乐的角度来看，这个节目还不错。

题 **请选出与试题内容一致的一项：**沙漠中，两个迷路的人都只剩下半瓶水了。悲观者绝望地说：“完了，只剩下半瓶水了！”乐观者却高兴地说：“有半瓶水就有希望！”结果，悲观者倒在了离水源仅有百步的地方；乐观者却凭着半瓶水，终于走出了沙漠。很多时候，仅仅是换一种心情，换一个角度，便可以从困境中走出来。（H51003-63）

A 沟通比努力更重要　　B 悲观者还剩一瓶水

C 他们看问题的角度不同　　D 真理掌握在少数人手中

同样只剩下半瓶水，两个人的反应（265）却完全不同，说明他们看问题的角度不同。正确答案为 C。

491. 狡猾 jiǎohuá 形. cunning; sly

例 一般人们都认为狐狸（fox）很狡猾，牛很老实。

例 一看到狡猾的敌人又要逃跑，他赶紧追了上去。

辨析 狡猾 vs. 聪明

“聪明”是褒义词，用于称赞（109）别人，如：这孩子真聪明，才四岁就能认这么多字。“狡猾”是贬义词，用于批评和抱怨（29），如：狡猾的狐狸趁（106）我们不注意的时候又把鸡给偷（944）走了。

反义 老实（578）

492. 教材 jiàocái 名. textbook; teaching material

例 我们两个班使用的教材不同。

例 我昨天在网上买了一套教材，应该过两天就到了。

搭配 一本 / 一套（922）+ 教材

493. 教练 jiàoliàn 名. coach; trainer

例 学习开车时，教练对我们要求很严格。

例 健身教练会给学员安排合理、有效的健身课程。

494. 教训 jiàoxùn 动. teach sb a lesson 名. lesson

动 例 有一次我自己去河里游泳，一进家门就被爸爸教训了一顿。

名 例 你应该好好找一下失败的原因，总结经验，吸取教训，争取下次做得更好。

搭配 教训 + 孩子 / 敌人（213）

接受 / 吸取（1010）+ 教训

深刻（827）的 / 很大的 + 教训

一些 / 一点儿 + 教训

联想 教育

辨析 教训 vs. 经验

“教训”和“经验”都指从过去的实践（852）中得到的对未来有帮助的知识，不同的是：①“教训”主要指从错误或失败中得到的知识，如：历史的教训告诉我们不能再犯（commit）同样的错误。“经验”主要指从成功中得到的知识，如：我们既要学习别人的经验，也要自己积累经验。②“经验”的常见搭配有：工作 / 学习 / 生活经验，宝贵（20）/ 丰富的经验，积累 / 总结 / 介绍经验，一些 / 一点儿经验。“教训”的常见搭配请见上文。③“教训”经常做动词，如：儿子做了错事，爸爸教训了他一顿（244）。“经验”很少做动词，做动词时表示“经历”的意思，如：他是第一次经验 / 经历这样的事情。

495. 阶段 jiēduàn 名. stage; phase

例 这个工程的第一阶段已经顺利完成了。

例 学习汉语时，初级阶段是非常重要的，大家一定要重视。

搭配 初级（145）/ 中级 / 高级（314）/ 最后 / 重要 + 阶段

496. 结实 jiēshi 形. ① strong; tough ② solid; sturdy; durable

例 这个孩子高高壮（strong）壮的，长得很结实。

例 这个椅子不太结实，你坐的时候小心点儿啊。

搭配 身体 / 肌肉（437）/ 牙齿（1089）/ 家具 + 很结实

J

497. 接触 jiēchù 动. make contact with; get in touch with

例 他五年前第一次接触汉字时就产生了强烈的兴趣。

例 留学生在课余时间多跟中国人接触有助于提高汉语水平。

例 这种颜料（pigment）一接触到空气就会变色。

搭配 接触 + 病人 / 同事 / 社会

跟 / 和 / 与 / 同 + 某人 + 接触

接触 + 到

辨析 接触 vs. 打交道（177）

“接触”和“打交道”都有“接近、了解和交往”的意思。不同的是：①“接触”多用于书面语，可以带宾语，对象可以是人也可以是物，如：老师建议他多跟中国人接触；他没接触过乐器。“打交道”多用于口语，表示跟人、动物或机构进行交际、来往和联系，不能带宾语，通常（940）用在“A + 跟 / 和 / 与 / 同 + B + 打交道”这一结构中，如：我从来没跟他们打过交道；他常常和熊猫打交道，很了解它们的脾气。主语也可以是打交道的双方，如：我们两家公司经常打交道。②“接触”和“打交道”带时量补语时结构也不同，一个是“接触了一段时间”，另一个是“打了一段时间的交道”。

题 请选出正确答案：

女：一年中你有五六个月在外地跑，真是太辛苦了。

男：还行，可以接触、采访各种各样的人，也挺有意思的。

问：男的最可能是做什么的？（H51002-11）

A 司机　　B 记者　　C 医生　　D 售票员

男的可以接触和采访（74）各种各样的人，应该选 B。

498. 接待 jiēdài 动. receive; play host to sb

例 我们准备在二楼会议室接待客人。

例 今天我们学校要接待一个外国代表团。

搭配 接待 + 代表团 / 参观团 / 游客 / 客人 / 来宾

联想 接见、招待（1189）

辨析 接待 vs. 招待，见“招待”。

499. 接近 jiējìn 动. come close; approach

例 现在时间已经接近中午了，你们吃了饭再走吧。

例 老师说他现在的汉语水平已经接近 HSK 5 级水平了。

搭配 接近 + 某人 / 傍晚（14）/ 终点（terminal point）

500. 节省 jiéshěng 动. save; use sparingly

例 这样安排工作可以节省时间和劳动力。

例 为了节省体力，爬山时速度不要太快。

搭配 节省 + 时间 / 金钱 / 力气 / 体力

联想 省、节约、节食（be on a diet）

辨析 节省 vs. 节约 vs. 省

“节省”“节约”和“省”都指不浪费或少浪费。不同的是：“节省”多指某个人或小范围群体的具体行为，后面一般是名词，如：节省时间 / 金钱 / 体力。“节约”经常用于大范围群体的行为，后面可以是名词或动词，如：节约能源（677）/ 资源（1271）/ 用水 / 用电。“节约”也可以指人们的习惯和行为方式，如：大家要养成节约的好习惯；提倡（927）节约，反对浪费。“省”多用于口语，基本上跟“节省”意思一样，只是后面大多跟单音节词，如：省钱、省时、省力、省电、省事（不费事）、省心〔少操心（82）〕。“省”还有“减去”的意思，如：这两个字在这句话里不能省。

501. 结构 jiégòu 名. structure; construction

例 这个房屋的内部结构设计得非常完美。

例 这篇论文的结构有点儿问题，你再改改吧。

J

502. 结合 jiéhé 动. combine with

例 你能结合你的实际情况，谈谈你对这个问题的看法吗？

例 我们在学习理论时应该结合实践，这样才能更好地理解理论。

辨析 结合 vs. 联合（599），见“联合”。

503. 结论 jiélùn 名. conclusion

例 事实证明，科学家们得出的这个结论是可靠的。

例 现在我们对这件事情还没有清楚而全面的了解，不能轻易下结论。

搭配 下 / 得出 + 结论

可靠（552）的 / 不可靠的 / 正确的 / 错误的 + 结论

504. 结账 jiézhàng 动（离合）. settle accounts; pay up

例 先生，请您到一楼总服务台结账。

例 老板，麻烦结一下账，一共多少钱？

联想 付账、付款、买单 / 埋单（pay the bill）、账单

505. 戒 jiè 动. give up

例 抽烟有害健康，你还是早点儿戒了吧。

搭配 戒 + 烟 / 酒

联想 放弃、戒除

506. 戒指 jièzhi 名. ring (on the finger)

例 她特别珍惜她的结婚戒指，因为对她来说，这只戒指与别的戒指意义不同。

搭配 一只 / 一枚（a measure word used in connection with coins, stamps, rings, etc.）/ 一个 / 一对 + 戒指

联想 婚戒、项链（1039）、耳环（250）、首饰（jewels）

507. 届 jiè 量. session; class (for meetings, graduating classes, etc.)

例 这届运动会是我们学校第十五届运动会。

例 我不是本届毕业生，而是 2019 届毕业生。

508. 借口 jièkǒu
名. excuse; pretext
动. use as an excuse / a pretext

名 例 失败以后别找借口，继续努力才是最好的选择。

动 例 小张总是借口生病不去上班，最后被老板炒鱿鱼了。

搭配 一个 + 借口
找 + 借口
借口 + 生病 / 有事

辨析 借口 vs. 理由（589）vs. 原因 vs. 道理，见“理由”。

509. 金属 jīnshǔ 名. metal

例 铁是一种常见的金属。

例 贵重的金属有金、银等。

联想 钢铁（312）、黄金（423）、白银

510. 尽快 jǐnkuài 副. as soon as possible

例 学校要放假了，我得尽快把这些手续办完。

例 要是决定去西安旅行的话，就要尽快买票了，最近票很不好买。

511. 尽量 jǐnliàng 副. to the best of one's ability

例 请各位发言尽量简短，不要说得太长。

例 明天七点出发，请大家尽量早点儿到。

例 爸爸昨天上了夜班，现在还在睡觉，我们尽量不要去打扰他。

搭配 尽量 + 保持（21）/ 避免（42）/ 减轻 / 控制（561）

联想 尽快、尽早

512. 紧急 jǐnjí 形. urgent; pressing

例 这件事情很紧急，你抓紧时间去办。

例 领导们正在讨论是否需要采取紧急措施。

例 他刚刚发生了交通事故，医生正在对他进行紧急治疗。

搭配 紧急 + 情况 / 措施（173）/ 状态（1262）/ 任务 / 出口（141）/ 通道
紧急 + 治疗（1227）/ 抢救（rescue）/ 降落 / 集合（444）

513. 谨慎 jǐnshèn 形. prudent; cautious

例 出门在外，谨慎一点儿总是好的。

例 他是个做事谨慎的人，应该不会犯这样的错误。

联想 谨小慎微（overcautious）

辨析 谨慎 vs. 小心

“小心”做形容词时意思与“谨慎”基本相同，如：他做事很小心 / 谨慎。不同的是：①“小心”的口语色彩（801）比“谨慎”要浓，所以书面语和正式场合多用“谨慎”，口语中多用“小心”。②“小心”还可以做动词，表示“注意、当心（199）”，如：刚下完雪，你走路小心一点儿。“谨慎”没有这个用法。

J

514. 尽力 jìnlì 动（离合）. try one's (very) best; do all one can

例 请您放心，我会尽力做好这项工作。

例 只有尽力去追求自己的梦想，人生才不会有遗憾。

例 他觉得只要尽了力，就算没得第一名也很有成就感。

联想 尽力而为（do one's best）、尽心尽力、物尽其用（make the best use of everything）

515. 进步 jìnbù 动. improve; make progress 形. progressive

动 例 谦虚使人进步，骄傲使人落后。

动 例 社会的进步离不开教育的发展。

形 例 他的观念比较落后，不能接受一切进步的思想。

搭配 取得 / 不断（63）/ 共同 + 进步

明显（654）的 / 很大的 / 一点一滴（211）的 + 进步

进步 + 思想 / 人士（personage）

反义 退步（958）、落后（625）

516. 进口 jìnkǒu 动. import

例 中国每年要从国外进口大量的玉米。

联想 进口额（volume of import）

反义 出口

517. 近代 jìndài 名. modern times

例 她选择了中国近代史作为自己的硕士专业。

例 他是中国近代著名的政治家、思想家、教育家。

联想 古代（343）、现代（1025）、当代（contemporary era）

518. 经典 jīngdiǎn 形. classical; (of matters) typical and influential
名. classic

形 例 老师推荐的这些电影都很经典，回去慢慢看吧。

形 例 这位作家的经典作品已经被翻译成许多国家的语言了。

名 例 这是一本文学经典，值得仔细阅读。

辨析 经典 vs. 古典（344）

“经典”和“古典”都是“具有权威性（authority）、典型性（typicality）、能够成为典范（model）”的意思。不同的是，“古典”的事物（864）多是古代流传（614）下来的，如：古典哲学（1194）/ 音乐 / 舞蹈（dance）；“经典”的事物多是影响很大的、有代表性的，不一定是古代的，如：经典电影 / 小说。

519. 经商 jīngshāng 动（离合）. engage in commercial activities

例 他从小跟着叔叔经商，现在是个很有经验的商人。

例 我准备先在外企工作几年，存点儿钱，再自己创业（start a business）、经商。

例 他以前经过商，现在在一所学校当老师。

联想 商品（813）、商务（814）、商业（815）

辨析 经商 vs. 经营（520），见“经营”。

520. 经营 jīngyíng 动. ① run; operate; engage in
② offer for sale; sell

例 这对老夫妻在胡同口经营着一家小店。

例 那家商店专门经营各种日用品。

搭配 经营 + 商店 / 公司 / 工厂（325）

经营 + 文具（991）/ 丝绸（894）/ 粮油

联想 营业（1130）

辨析 （1）经营 vs. 经商

①“经营”指管理或销售（1047），是一种行为，后面带名词性宾语，表示经营的对象，如：经营饭店 / 文具。“经商”指从事（166）商业活动，是一种工作，后面不带宾语，如：他经商多年，经验很丰富。②“经营”是普通动词，“经商”是离合动词，如：他十年前经过商，如今（795）在报社（28）工作；你怎么也经起商来了？

（2）经营 vs. 贸易（633），见“贸易”。

J

题 请选出正确答案：不到最后一刻，千万别放弃。最后得到好东西，不是幸运，有时候，必须有前面的苦心经营，才有后面的偶然相遇。

最后一段（这段话）主要想告诉我们： (H51003-74)

A 偶然有其必然　B 生命在于运动　C 性格决定命运　D 命运掌握在自己手里

“后面的偶然（690）相遇”是指“最后得到好东西”。看上去是偶然得到，其实是因为前面必须经历的“苦心经营”（艰苦努力）。文中“必须有……，才有……”是条件复句，与“只有……，才……”相同。答案为A。

自 测

一 选词填空。

A 家庭　B 家务　C 嘉宾　D 借口　E 假设

1. 夫妻双方都要承担（　　）责任。
2. 错了就错了，别找（　　），应该找找犯错的原因。
3. 现在请今天晚会的（　　）上台发言。
4. 有时候做（　　）活儿也是很愉快的事情。
5. （　　）快速浏览一个网页需要6秒，那么浏览100个网页需要多长时间？

A 假装　B 戒　C 艰巨　D 艰苦　E 兼职

6. 虽然有些乡村小学的学习条件比较（　　），但孩子们还是很好学。

7. 我暑假不回家了，准备去公司（　　）做销售。
8. 这个任务很（　　），你要有思想准备。
9. 爷爷心脏不好，医生让他一定要（　　）酒。
10. 他不是（　　）听不懂，是真的不懂。

A 简直　B 讲究　C 进口　D 交换　E 接待

11. 她们俩好得（　　）像亲姐妹一样。
12. 现在是中场休息，下一场双方要（　　）场地。
13. 我们受到了主人的热情（　　），感觉像回到自己家一样。
14. 老师教育学生要（　　）方式方法，不能只是命令、责备。
15. 这些商品（　　）时都需要在海关交税。

A 交往　B 浇　C 角度　D 经典　E 教训

16. 这本管理学教材很（　　），很多学校都在使用。
17. 聪明的人总是善于从失败中吸取（　　）。
18. 院子里的花草需要每周（　　）一次水。
19. 你换个（　　）看问题，也许会得到不一样的结论。
20. 我们俩已经（　　）八年了。

二 完成句子。

21. 我们　行为　坚决　这种　反对　违法　________________
22. 请你　假如　有什么　我　不对　做得　原谅　________________
23. 通知　如果　会议　时间　要尽快　大家　有变化　________________
24. 请大家　迟到　不要　尽量　________________
25. 当时　来不及　情况　你　十分　紧急　告诉　________________

三 请结合下列词语（要全部使用），写一篇 80 字左右的短文。

节省　尽量　经商　教训　经营

____

____

第9天

521—585

学习重点

1. 65个词语

2. 重点词语：居然　具体　决心　绝对　开放　靠　控制　口味

521. 精力 jīnglì 名. energy; vigor

例 这几周我哪儿也不去，准备集中精力复习考试。

例 妈妈劝他不要把时间和精力浪费在电脑游戏上。

搭配 花 / 有 / 集中（446）/ 浪费 + 精力
精力 + 很好 / 旺盛（vigorous）

J

题 **请选出与试题内容一致的一项：** 要想提高睡眠质量，须注意入睡的时间。能取得较好睡眠质量的入睡时间是晚上 9 点到 11 点、中午 12 点到 1 点半、夜里 2 点到 3 点半。这时人体精力下降、反应减慢、情绪低下，利于人体进入甜美的梦乡。（H51001-62）

A 中午不适合睡眠　　B 每天必须睡够 8 个小时
C 入睡时间影响睡眠质量　　D 早睡觉有利于身体健康

“要想提高睡眠质量，须注意入睡的时间”，说明入睡时间会影响睡眠质量，所以正确答案是 C。

522. 精神 jīngshén	名.	① spirit; mind; consciousness ② essence; gist
jīngshen	名.	vigor; energy
jīngshen	形.	① vigorous; lively ② smart; cute

名 例 阅读可以丰富人们的精神（jīngshén）生活。

名 例 你大概给我们讲一下这次会议的精神（jīngshén）吧。

名 例 我昨天没睡好，今天没有什么精神（jīngshen）。

形 例 你能不能精神（jīngshen）点儿？不要总是睡不醒的样子。

形 例 昨天他穿着西服、打着领带，看上去精神（jīngshen）极了。

联想 物质（1008）

反义 疲劳（704）

题 **请选出正确答案：** 楼上新买了一架钢琴，我们家便多了一些不安静，尤其在休息的时候，再好听的钢琴声也只能是噪音。太太的精神一直不太好，现在睡觉时间更少了。两个月后，看着太太黄黄的脸，我决定到楼上说说这件事。

为什么太太睡觉的时间越来越少了？ (H51002-87)

A 楼上不安静　B 她喜欢听钢琴曲　C 她的精神不太好　D 她弹琴的时间很长

"太太（913）的精神一直不太好"，表明（51）"精神不好"是一直存在（172）的事实（863），而不是引起"睡觉时间更少了"这个变化的真正原因，所以 C 不对。"楼上新买了一架钢琴，我们家便（45）多了一些不安静……现在睡觉时间更少了"表明"睡觉的时间越来越少"是因为楼上新买了钢琴，很不安静，所以选 A。B 和 D 在文中没有提到。

523. 酒吧 jiǔbā 名. bar

例 下班后他们常在酒吧聚会。

搭配 泡（kill time）+ 酒吧

联想 x 吧：水吧、网吧

咖啡馆

524. 救 jiù 动. ① rescue; save ② save from; relieve (distress, etc.)

例 有个人落水了，大家快去救救他！

例 老张家着火了，村民们都赶去他家救火。

联想 救命、救灾、救急、救死扶伤、救苦救难

525. 救护车 jiùhùchē 名. ambulance

例 如果有人需要急救，可以打 120 电话叫救护车。

联想 消防车（fire engine）、警车

526. 舅舅 jiùjiu 名. uncle; mother's brother

例 外婆从小教我妈妈和舅舅画画和弹钢琴。

联想 叔叔、舅妈、姨妈（maternal aunt）、姑姑（341）

527. 居然 jūrán 副. to one's surprise; unexpectedly

例 半年没见，他的汉语居然这么好了！

例 我们都没想到，他们两个性格完全不同的人居然成了好朋友。

辨析 居然 vs. 竟然

“居然”和“竟然”都是副词，表示没有想到会出现某（664）种行为（1063）、状态（1262）或事情，如：这么难的一道题，她居然 / 竟然五分钟就做出来了。不同的是，“居然”的语气（1152）更加强烈（739），表示说话人非常吃惊，可以用在主语前，也可以用在主语后，如：我实在没想到，今天的婚礼（430），居然他来了 / 他居然来了。“竟然”的语气较轻，只能放在主语后，如：他没有车，竟然走着来了。

题 请选出正确答案： 男：打印机好像坏了，我按半天了，一直没反应。
女：昨天刚修的，居然又坏了？真耽误事，我看看。
问：女的对什么感到奇怪？ （H51003-8）

A 又没纸了 B 方案没通过 C 电脑中病毒了 D 打印机又坏了

对话中男的说“打印机好像坏了……”，女的说“昨天刚修的，居然又坏了？”。“居然”表明女的没想到打印机又会坏，感到非常奇怪、意外（1120），所以正确答案为 D。

528. 橘子 júzi 名. tangerine

例 我们买了几斤橘子去看望生病的朋友。

529. 巨大 jùdà 形. huge; tremendous

例 这是个巨大的工程，需要花好几年才能完工。

例 他今天取得的巨大成就与他平时的努力是分不开的。

搭配 巨大的 + 声音 / 影响 / 胜利（837）/ 挑战（939）/ 勇气（1138）

辨析 巨大 vs. 了不起（604）vs. 伟大（979），见“伟大”。

530. 具备 jùbèi 动. have; possess

例 这位成功的企业家身上具备许多别人没有的优点。

例 教师不仅要掌握多方面的专业知识，还需要具备一定的教学专业技能。

搭配 具备 + 条件 / 能力 / 资格（1268）

531. 具体 jùtǐ 形. specific; concrete

例 你在这家公司具体负责什么工作？

例 你能不能把这场车祸的经过向警察说得更具体一点儿？

搭配 具体 + 计划 / 方法 / 任务 / 情况 / 日期（791）

反义 抽象（137）

题 请选出正确答案：

女：经理，今年公司什么时候组织集体体检呢？

男：可能安排在九月了，只是还没确定具体哪天。

问：体检的事怎么样了？（H51002-13）

A 取消了　　B 推迟了　　C 换别的地方了　　D 还没定具体日期

男的说体检“可能安排在九月了，只是还没确定（771）具体哪天”，可以知道体检还没确定具体日期，所以正确答案是 D。

532. 俱乐部 jùlèbù 名. club

例 为了认识更多跟我一样的摄影爱好者，我参加了这个摄影俱乐部。

搭配 足球 / 会员 / 老年 + 俱乐部

一家 + 俱乐部

533. 据说 jùshuō 动. it is said (that)

例 据说今年冬天气温比往年高，但我怎么觉得比去年还冷呢。

例 据说考试成绩优秀、行为表现良好的学生可以获得国家奖学金。

联想 听说

534. 捐 juān 动. donate; contribute

例 我们将自己的旧衣物都捐给了灾区的人民。

例 老教授向学校捐出了自己多年的存款，用于修建（build）新的图书馆。

联想 捐款、捐献、捐赠（contribute as a gift）、捐助

535. 决赛 juésài 名. finals

例 没想到我们学校的女篮竟然打进了全国总决赛。

例 今晚八点，法国足球队与意大利足球队进行决赛。

联想 半决赛、四分之一决赛

536. 决心 juéxīn

名. determination; resolution

动. be determined (to do sth)

名 例 妹妹下定决心要考上全国最好的大学。

动 例 他决心在一年内提高自己的中文水平，要能听得懂中文广播，看得懂中文电影。

J

搭配 下 / 下定 / 有 + 决心

辨析 决心 vs. 决定

“决心”表示为了某个目的而定下的坚持不变的意愿，愿望（1162）非常强烈，如：他决心要实现（854）自己的梦想（639），无论发生什么都不会放弃。“决定”表示对一件事做出主张（1248），愿望没有“决心”强烈，如：他决定留在学校工作。

537. 角色 juésè 名. role; part

例 她在这部戏里扮演（act as）主要角色。

例 王经理有丰富的职场经验，在这次谈判中扮演了非常重要的角色。

联想 主角、配角

题 完成句子：令人佩服　她　把握　对　角色　的　(H51003-94)

“对角色”组成（1291）介词词组，做“把握（11）”的定语，组成“对角色的把握”，接受“她”的限制（1028），组成多层定中短语“她对角色的把握”，在句中做主语。兼语词组“令人佩服（697）”做谓语。所以答案为：她对角色的把握令人佩服。

538. 绝对 juéduì

副. absolutely; definitely

形. absolute

副 例 你的电脑我检查过了，绝对没问题了。

副 例 老李绝对可靠，你就放心把事情交给他去办吧。

形 例 他觉得员工的工资分配不可能达到绝对的公平。

形 例 他说话太绝对了，而且认为自己的观点一定是对的。

反义 相对（1031）

539. 军事 jūnshì 名. military affairs

例 弟弟对军事很感兴趣，常常收看军事节目。

搭配 军事 + 设施（821）/ 训练（1086）/ 思想（898）/ 院校

联想 军事家、军官、军人、军车、军训、军队（army）

540. 均匀 jūnyún 形. even; well-distributed

例 孩子睡着了，发出均匀的呼吸声。

例 服务员把汤均匀地分到每位客人的碗里。

搭配 均匀 + 分布（277）/ 呼吸（404）/ 喷洒 / 涂抹（apply; smear）

辨析 均匀 vs. 平均（718），见“平均”。

K

541. 卡车 kǎchē 名. lorry; truck

例 在中国，如果只有 C1 类的驾照不能开大卡车。

联想 客车、货车、面包车

542. 开发 kāifā 动. develop; open up; exploit

例 这片空地还没有被开发，还是原来的样子。

例 他们研究所开发出了一种新技术，还没有投入使用。

搭配 开发 + 产品（91）/ 土地（949）/ 资源（1271）/ 智力（intelligence）

543. 开放 kāifàng 动. ① (of a flower) come into bloom ② open 形. optimistic; sanguine

动 例 春天来了，公园里百花开放，游客成群。

动 例 中国从 1978 年开始改革开放。

动 例 今天因为特殊原因，博物馆不对外开放。

形 例 他的思想很开放，很多一般人接受不了的观念他都能接受。

搭配 花儿 + 开放
图书馆 / 公园 / 国家 / 政策 （policy） + 开放
思想 / 性格 + 很开放

544. 开幕式 kāimùshì 名. opening ceremony

例 上海电影节的开幕式将于本周六晚举行。

例 今年许多留学生都参加了学校运动会的开幕式。

反义 闭幕式

K

545. 开水 kāishuǐ 名. boiled water

例 我去烧一壶开水，一会儿客人来了好喝茶。

例 服务员，我不习惯喝温开水，请给我换一杯冰水好吗？

联想 热水、温水、凉水、冷水、冰水

546. 砍 kǎn 动. ① cut; chop ② cut (down / off)

例 他砍掉了一棵窗前的树，让阳光能够照进屋里来。

例 游客要求旅行社从日程安排中砍去一些消费项目。

辨析 砍 vs. 切（745），见“切”。

547. 看不起 kànbuqǐ 动. look down upon

例 自以为聪明的人常常看不起别人，觉得别人都不如他。

例 这位作家在获奖后说，他要感谢所有看不起他的人，要感谢他成长路上的“敌人”。

辨析 看不起 vs. 轻视（753），见“轻视”。

反义 看得起

548. 看望 kànwàng 动. call on; visit

例 他们夫妻俩每周末都会带着孩子去看望父母。

例 听说张老师生病住院了，我们打算周五去看望他。

搭配 看望 + 老同学 / 老朋友 / 病人 / 长辈（1185）

辨析 看望 vs. 看

“看望”就是“看”的意思。不同的是：①“看望”比“看”更正式，多用于书面语和正式场合（occasion），如：看望他 / 父母 / 病人 / 长辈。“看望”在口语中常用作“看”，如：看你 / 他 / 父母 / 病人 / 长辈 / 他朋友。②“看”除了有“看望”的意思，还有别的意思，如：看书 / 电影 / 电视 / 病 / 医生。

549. 靠 kào 动. ① lean against ② depend on ③ get close to; stand by the side of

例 打扫街道的阿姨累了，就坐在台阶上靠着一棵大树休息。

例 在家靠父母，出门靠朋友。

例 请问您想要靠窗的座位还是靠过道的座位？

联想 靠近、靠边

辨析 靠 vs. 凭（720），见“凭”。

550. 颗 kē 量. [usu for things small and roundish]

例 人最可贵的是保持一颗善良的心。

例 课间休息时，老师给同学们每人发了几颗巧克力。

搭配 一颗 + 心 / 种子（seed）/ 牙齿（1089）/ 糖

辨析 颗 vs. 棵

“颗”多用作小而圆（1161）的东西的量词，如：一颗花生（412）。“棵”多用作植物的量词，如：一棵大树 / 小草。

551. 可见 kějiàn 连. it is thus clear that; that proves

例 他的汉字写得很漂亮，可见他平时花了不少时间练习。

例 他走路时听中文音乐，在宿舍看中文电影，连洗衣服时都在听中文广播，可见他是下定决心要学好中文了。

552. 可靠 kěkào 形. ① (of people) reliable; trustworthy ② authentic and reliable

例 大家都喜欢跟老实可靠的人做朋友。

例 你这个消息可靠吗？会不会是听错了？

搭配 某人 / 朋友 + 很可靠

质量 / 数据（886）/ 说法 + 很可靠

553. 可怕 kěpà 形. fearful; terrible

例 很多动物并不像人们想象的那么可怕。

搭配 可怕的 + 人 / 梦 / 动物 / 事情 / 地震（219）

联想 可爱、可恨、可敬、可靠、可怜、可气、可笑、可喜、可悲、可惜、可疑、可恶（hateful）

K

554. 克 kè 量. gram

例 你知道现在一克黄金多少钱吗？

联想 两（1 两 =50 克）、斤（1 斤 =500 克）、公斤（1 公斤 =1000 克）、千克（1 千克 =1 公斤）

555. 克服 kèfú 动. ① overcome; conquer ② restrain; put up with (hardships, inconveniences, etc.)

例 只要有克服困难的勇气，我们就一定能解决这个难题。

例 这家旅馆的条件很差，大家今天就克服一晚吧。

搭配 克服 + 缺点 / 毛病（630）/ 消极（1045）情绪（757）

556. 刻苦 kèkǔ 形. hardworking; assiduous

例 我们要刻苦工作，但同时也要懂得享受生活。

例 他很刻苦，晚上经常学习到深夜，同学们都很佩服他。

搭配 刻苦 + 学习 / 工作 / 训练 / 钻研（study intensively）

557. 客观 kèguān 形. ① impersonal; unbiased ② objective

例 经历了更多事情以后，他看问题比以前客观多了。

例 做任何事都应该尊重客观规律，否则很可能会失败。

搭配 客观的 + 态度 / 报道（26）/ 观点（356）

客观地 + 分析（280）/ 评价（719）

客观 + 事物（864）/ 条件 / 原因 / 现实（1026）

反义 主观（1243）

558. 课程 kèchéng 名. course; curriculum

例 下学期的课程已经安排好了，你们可以上网查一查。

例 这是我们这学期最重要的一门课程，大家一定要认真对待。

搭配 课程 + 大纲 / 安排 / 设计（820）/ 内容

联想 课程表

559. 空间 kōngjiān 名. space; room

例 这套公寓本来空间挺大的，但是装修完以后显得有点儿小了。

例 每个人都需要有自己的私人空间。

例 如果能去这个单位工作，那你以后的发展空间会很大。

联想 时间、空间站

题 请选出正确答案：

女：我喜欢他的这个设计方案，把阳台和卧室打通，这样空间一下子大了许多。

男：没错，这样卧室面积大了，采光也更好了。那我们就按照这个方案装修吧。

问：他们准备怎么装修？ (H51003-9)

A 换一种风格　B 换新的地毯　C 扩大餐厅的面积　D 打通阳台和卧室

女的说“把阳台（1094）和卧室（999）打通，这样空间一下子大了许多”，男的同意女的的说法，决定“按照这个方案（270）装修（1260）”，所以应该选 D。

560. 空闲 kòngxián

形. ① idle; free
② not occupied or used

名. spare time

形 例 他利用空闲时间自学了象棋。

形 例 所有的房间都堆满了东西，只有这一个房间是空闲的。

名 例 她喜欢把书放在可以随手拿到的地方，一有空闲就拿来反复阅读。

561. 控制 kòngzhì 动. control; dominate

例 我们应该学会控制和管理自己的情绪。

例 这种药可以有效控制病情，减轻病人的痛苦。

搭配 控制 + 某人 / 温度 / 体重

严格 / 得到 / 难以 / 失去（839）+ 控制

辨析 控制 vs. 掌握（1187），见“掌握”。

K

562. 口味 kǒuwèi 名. ① flavor of food ② one's taste / liking

例 你烤的面包口味真不错！

例 这道菜的油和辣椒都太多了，不合我的口味。

例 这首歌的音乐风格很对我的口味，所以我连续听了好几遍。

辨析 口味 vs. 味道

“味道”和“口味”都可以指吃的、喝的在味觉上给人留下的印象，如：这个菜味道 / 口味不错；我喜欢甜和酸这两种味道 / 口味。不同的是：①“味道”还可以指气味（smell），如：房间里有一种奇怪的味道，你闻（995）到了没有？②“口味”还可以指人对味道的喜好，如：我的口味比较淡（197），不喜欢味道太重的菜。③“口味”还可以表示人对书、节目、电影、娱乐（1150）等的爱好，如：这本书不合我的口味，没意思。

题 **请选出与试题内容一致的一项：** 按照饮食特点分，中国主要有四大菜系，即川菜、鲁菜、淮菜和粤菜。当然，其中最有名的还是大家熟悉的川菜。川菜的突出特点是麻和辣，最正宗的川菜是成都和重庆两地的菜肴。如今川菜馆早已遍布世界各地，受到了人们的广泛欢迎。（H51002-63）

A 川菜口味清淡　　B 重庆菜属于川菜

C 中国菜的特点是麻和辣　　D 成都和重庆两地才有川菜

文中说“川菜的突出（948）特点是麻（producing a burning sensation to the taste）和辣”，所以 A 和 C 不对。“最正宗（genuine）的川菜是成都和重庆两地的菜肴”表明其他地方也有川菜，只是没有成都和重庆的正宗，所以 D 不对。正确答案是 B。

563. 夸 kuā 动. ① praise ② exaggerate

例 大家都夸这家餐厅的菜味道很好。

例 他说话可真夸张，这点儿小事被他夸得比天还大。

联想 夸大、夸口（boast）、夸海口（boast wildly）、夸张（564）、夸大其词（exaggerate too much）

564. 夸张 kuāzhāng 形. overstated; exaggerated

例 我不喜欢这个演员，他的表演太夸张了。

例 网络上关于这件事的报道是有点儿夸张，但不算太过分。

565. 会计 kuàijì 名. ① accounting ② accountant

例 学会计专业的大学毕业生很好找工作。

例 从经济管理学院毕业后，他当了一名会计。

例 王会计，经理说想看看公司今年的总账和会计记录。

联想 会计师

566. 宽 kuān 形. ① wide; broad ② generous

例 自从这条马路被加宽了，堵车就没有那么严重了。

例 我觉得这件事可以从宽处理，给他们一次改正的机会。

联想 宽广、宽松

反义 窄（1179）

567. 昆虫 kūnchóng 名. insect

例 花园里住着各种各样的昆虫。

搭配 一只＋昆虫

联想 蝴蝶（410）、蜜蜂（643）、蚊子（mosquito）、苍蝇（fly）、蟑螂（cockroach）、虫子

568. 扩大 kuòdà 动. extend; expand

例 因为这种商品的销量很好，厂家决定扩大生产。

例 这个消息如果在网络上传播，就会迅速扩大影响。

搭配 扩大 + 面积（645）/ 规模（371）/ 范围（268）/ 市场（861）

反义 缩小

L

569. 辣椒 làjiāo 名. hot pepper; chili

例 湖南人和四川人都爱吃辣椒。

联想 胡椒（pepper）、花椒（Chinese prickly ash）、麻辣、酸辣

570. 拦 lán 动. block; bar; hold back

例 这条路被拦起来了，只有行人可以通过。

例 他决定离开家去外地工作，父母都拦不住他。

辨析 拦 vs. 挡（200）

“拦”指主观上阻止（1289），常常是故意的，如：他拦住我，不让我走。“挡”指客观上阻止，常常是无意的，如：一座大山挡在我们面前；树叶挡住了阳光。

571. 烂 làn 形. ① rotten; decayed ② soft; mushy ③ worn-out; torn

例 这些树上的果子再不摘下来就要烂了。

例 奶奶牙不好，牛肉需要煮烂一点儿。

例 这是我最喜欢的一条裙子，穿烂了也舍不得扔。

572. 朗读 lǎngdú 动. read loudly and clearly

例 谁愿意朗读课文的第一段？

例 请大家把这篇文章有感情地朗读出来。

辨析 朗读 vs. 阅读 vs. 念（681），见“念”。

573. 劳动 láodòng 动. work; labor

例 农夫们正在菜园里愉快地劳动。

例 每年五月一日劳动节全国都会放假。

搭配 体力 / 脑力 / 家务（457）+ 劳动
辛苦的 / 艰苦（471）的 + 劳动

574. 劳驾 láojià 动（离合）. excuse me; may I trouble you (to do sth)

例 劳驾，请把这杯水递给您旁边的女士。

例 劳您驾，请让一让，您挡着路了。

575. 老百姓 lǎobǎixìng 名. common people

例 普通老百姓最关心的就是衣食住行。

例 老百姓都盼望着国家富强，生活一天比一天好。

576. 老板 lǎobǎn 名. boss

例 老板说了，节假日加班工资会增加一倍。

例 老板，请给我来一碗小份的牛肉面，不要放辣椒。

联想 员工（1158）

577. 老婆 lǎopo 名. wife

例 那个戴蓝色帽子的女人就是我们老板的老婆。

联想 夫人（wife; Madame）

辨析 老婆 vs. 妻子 vs. 太太，见“太太”。

578. 老实 lǎoshi 形. ① honest; frank ② well-behaved; well-disciplined

例 他是个很老实的人，从来不说假话。

例 老实说，我认为这不是一个很好的投资项目。

例 这只小狗自从来我们家以后一直很老实，既不乱叫也不乱跑。

辨析 老实 vs. 诚实

① “老实”有“诚实”的意思，如：说话很老实 / 诚实；还可以表示听话、守

L

规矩（369），不做不好的事情，如：老实待着，哪儿也别去。②“老实”多用于口语，“诚实”可用于口语和书面语。③“老实”有时是褒义词，有时也略带贬义，如：做人应该老实一点儿，但也不能太老实了；他这个人太老实了，总是被人欺负（bully），被人利用（596）。“诚实”是褒义词，如：你是一个诚实的孩子，我很喜欢你。

579. 老鼠 lǎoshǔ 名. mouse; rat

例 为什么动画片里的老鼠都很可爱，而生活中的老鼠都那么可怕呢？

搭配 一只 / 一群（773）+ 老鼠

580. 姥姥 lǎolao 名. (maternal) grandmother

例 北方话里把妈妈的妈妈叫作“姥姥”，南方话叫“外婆”。

联想 姥爷、外公（961）、外婆

581. 乐观 lèguān 形. optimistic; hopeful

例 乐观的人在遇到困难时常常表现得更积极。

例 这家互联网公司的竞争力很强，经营前途很乐观。

搭配 乐观的 + 人 / 精神 / 态度

反义 悲观（31）

582. 雷 léi 名. thunder

例 这里的夏天经常打雷下雨。

例 昨晚打了一夜的雷，孩子们都吓坏了。

例 这位老板做事总是雷声大、雨点小，远大的计划经常说完就忘了。

联想 雷雨、闪电（808）、雷电

583. 类型 lèixíng 名. type; kind; sort

例 您想买哪种类型的车？我可以给您介绍介绍。

例 他们俩完全是两种类型的人，一个很活泼，另一个却很安静。

联想 种类（1233）、体型、题型

辨析 类型 vs. 种类，见“种类”。

584. 冷淡 lěngdàn 形. ① indifferent; cold ② slack; sluggish

例 她表面上对人有点儿冷淡，其实是个内心很温暖的人。

例 最近生意有点儿冷淡，他每天下午早早就关门休息了。

搭配 表情（52）/ 声音 / 态度 / 关系 / 气氛（730）+ 很冷淡

生意 + 很冷淡

反义 热情

585. 厘米 límǐ 量. centimeter

例 我需要一个 60 厘米长、60 厘米宽的画框（picture frame），你们商店有吗？

联想 米（1 米 =100 厘米）、分米（1 分米 =10 厘米）、千米（1 千米 =1000 米）、公里（1 公里 =1 千米）、里（1 里 =500 米）、长度、高度、宽度

自 测

一 选词填空。

A 居然　　B 类型　　C 空闲　　D 精力　　E 精神

1. 刚开始学汉语不用急着写汉字，先集中（　　）练习发音。
2. 她今天的穿着比以前讲究，看起来（　　）多了。
3. 他们准备把工厂里（　　）的设备卖给别的企业。
4. 大家都知道这个消息，你（　　）不知道？
5. 我很喜欢这种（　　）的电影，已经看了很多部了。

A 具备　　B 具体　　C 据说　　D 捐　　E 决心

6. 你有（　　）通过自己的努力考出好成绩吗？
7. 你的（　　）任务就是调查我们的产品在这个地区的销售情况。
8. 大家（　　）的每一笔钱我们都仔细登记下来了。
9. （　　）今年下半年全国的房价会比去年同期下降一些。
10. 他们的孩子从小就（　　）音乐方面的才能。

A 角色	B 绝对	C 开发	D 开放	E 均匀

11. 她在单位是老师，在家是母亲，两种（　　）她都做得很好。
12. 他的建议（　　）没错，我百分之百赞成。
13. 今年这个地区的降水量分布不太（　　）。
14. 这是我们公司最新（　　）的产品，欢迎各位顾客选购、试用。
15. 虽然学校放假了，但图书馆照常对师生（　　）。

A 看不起	B 空间	C 客观	D 拦	E 冷淡

16. 他决定要做的事情，谁也（　　）不住。
17. 她今天对我态度很（　　），是不是我哪里让她不高兴了？
18. 每个人都有自己的长处，不要轻易（　　）别人。
19. 专家认为这个计划是违反自然界的（　　）规律的。
20. 他认为自己在这家公司已经没有太多发展（　　）了，所以正在考虑换一个工作。

二 完成句子。

21. 充满　任何　自信　时候　都会　孩子　乐观的　在　__________
22. 很老实　骗人的　不会　他　做事　__________
23. 很可靠　产品　公司　的　这家　质量　__________
24. 巨大的　飞机　发出了　飞过去时　声音　__________
25. 电影　口味　我的　这部　对　很　__________

三 请结合下列词语（要全部使用），写一篇 80 字左右的短文。

据说	夸	空闲	角色	口味

____

____

____

____

____

____

第10天

586—650

学习重点

1. 65 个词语

2. 重点词语：理由　立刻　利用　连忙　连续　陆续
满足　面对　面临

L

586. 离婚 líhūn 动（离合）. divorce

例 跟丈夫离婚后，她一个人自由自在，过得很好。

例 他两年前离了婚，现在有了新的女朋友。

搭配 跟 / 和 / 与 / 同 + 某（664）人 + 离婚

联想 订婚、结婚

587. 梨 lí 名. pear

例 忽如一夜春风来，千树万树梨花开。

联想 苹果、香蕉、橘子（528）、葡萄

588. 理论 lǐlùn 名. theory

例 专家们提出了一种新的经济理论。

例 只有与实践相联系，理论才更容易理解和学习。

联想 实践（852）、理论性

589. 理由 lǐyóu 名. reason

例 我们没有理由不参加这次大会。

例 我认为这件事他有充分的理由拒绝你。

搭配 充分（132）的 / 充足（sufficient）的 / 合理（392）的 + 理由

有 / 没有 + 理由

辨析 理由 vs. 原因 vs. 借口（508）vs. 道理（207）

①"理由"指主观（1243）上为证明某种做法或说法的正确性、合理性而列举（list）出来的一些道理，如：请你说说你这么做的理由。"原因"指客观（557）上存在（172）的引起某事发生的条件，如：高速公路关闭（354）的原因是雾（1009）太大了；我们应该找出这件事发生的原因。"借口"指主观上为了让别人相信做某事是应该的、合理的而强行（force）找出的理由，很可能是假的，如：不要以工作忙为借口而不锻炼身体（可能工作并不忙）。"道理"强调（738）事物（864）的客观规律（370），如：科学道理。也可以表示事情或论点的根据，如：家长教育孩子要摆（12）事实（863）、讲道理，以理服人；他说的话很有道理。②"借口"是贬义词，如：你不要为自己做的错事找借口。"理由""原因"和"道理"都是中性词。③"借口"可以做动词，如：他借口工作忙而不锻炼身体。"理由""原因"和"道理"都没有动词用法。

题 请选出正确答案：孔子是中国古代很有学问的人。有一次，他在路上遇到两个小孩儿在争论，就走上前去问他们原因。一个小孩儿说："我认为太阳刚出来时离我们比较近，而到了中午，太阳就离我们远了。但是他觉得不对。"孔子很有兴趣地问道："你们能说说自己的 ______ 吗？"那个小孩儿说："太阳刚出来的时候很大；到了中午，它就变小了。这说明太阳刚出来时离我们近，中午离我们远。"（样卷-50）

A 态度　　B 理由　　C 机会　　D 思想

这里孔子应该是让孩子们说说自己有这样的观点（356）的主观原因，所以正确答案为B。

L

590. 力量 lìliàng 名. ① physical strength ② power; force

例 这个小孩儿的力量大得惊人。

例 家人的支持是一种强大的精神力量，鼓励我不断前进。

辨析 力量 vs. 力气

①"力量"有"力气"的意思，表示身体肌肉（437）的能力，如：力量 / 力气很大、有力量 / 力气。但可以说"花力气"，不能说"花力量"。②"力量"还可以指精神（522）上、抽象（137）的能力，如：知识就是力量；这次比赛让我们感受（309）到了集体（445）的力量。"力气"没有这个用法。

591. 立即 lìjí 副. immediately; promptly

例 已经到时间了，我们立即出发。

例 药瓶上写着：如果用药后感觉不适，请立即停止服用（take）此药。

辨析 立即 vs. 马上 vs. 立刻（592），见"立刻"。

592. 立刻 lìkè 副. right away; at once

例 太极拳老师让大家立刻到操场集合。

例 接到家里的电话后，他立刻就回家了。

辨析 立刻 vs. 立即 vs. 马上

"立即""马上"和"立刻"都表示从某时开始，在很短的时间内去做某事。不同的是：①"立即"多用于书面语，比较正式，如：立即行动（1061）/ 处理

(148) / 通知。② "立刻"可用于书面语，也可用于口语，如：立刻行动起来。③ "马上"多用于口语，很多时候可以与"立刻"互换，如：我立刻 / 马上去地铁站接他；请大家稍等一下，王经理立刻 / 马上就到。但是，如果"马上"表示说话人认为时间很短，而实际上时间比较长，则（1176）不能与"立刻"互换，如：我已经大学三年级了，马上就要毕业了；离春节还有一个多月，马上就要过年了；你儿子长得真快，马上就要跟你一样高了。这些句子里的"马上"都不能换成"立刻"。

593. 利润 lìrùn 名. profit

例 现在经营这种商品的利润很大。

例 他们靠销售进口产品获得了一大笔利润。

搭配 一笔 + 利润

获得 / 赚取 + 利润

利润 + 很大 / 很小 / 很多 / 很少

594. 利息 lìxī 名. interest

例 你知道贷款时怎么计算还款利息吗？

例 把这些钱存进银行，一年的利息大概有几千元。

搭配 存款 / 贷款（187）/ 定期（dated）/ 活期（current）+ 利息

联想 利率

595. 利益 lìyì 名. interest; benefit

例 你不能为了追求个人利益而损害公共利益。

例 不要只根据眼前的利益来做决定，应该考虑长远的利益。

搭配 巨大（529）的 / 长远的 / 共同的 + 利益

经济 / 个人（320）/ 国家 / 公共 + 利益

联想 受益（benefit from）、收益（income）

辨析 利益 vs. 好处

"利益"多用于书面语，一般是比较抽象的，前面不能加数量短语。"好处"多用于口语，一般是比较具体（531）的，前面可以加数量短语，如：这样做有一个好处：可以练习你的汉语听力。在结构（501）"A + 对 + B +（没）有 + 好处"中，"好处"不能换成"利益"。

596. 利用 lìyòng 动. ① use; make use of ② take advantage of; exploit

例 我们每天利用下午下课后的时间跟老师学习中国画。

例 有的人利用手中的权力为自己获取利益。

辨析 （1）利用 vs. 应用（1133），见“应用”。

（2）利用 vs. 使用

“利用”和“使用”都有“用”的意思。不同的是：①“利用”强调让事物发挥（255）作用，让它对自己有利（1148）。宾语可以是事物，也可以是属于（883）人的某些东西，如：利用时间 / 自然资源（1271）/ 我们的优势（1143）。②“利用”还有用某种手段（means）让人或事物为自己服务的意思，此时“利用”是贬义词，如：利用别人 / 别人的信任（1060）；他利用了朋友的感情。③“使用”的宾语一般是具体事物，很少是人或者属于人的某些东西，是中性词，如：使用工具（327）/ 方法 / 资金（1269）。

597. 连忙 liánmáng 副. hastily; hurriedly

例 看见客人来了，他连忙站起来迎接。

例 走着走着，突然下起雨来，我连忙从背包里拿出雨伞。

辨析 （1）连忙 vs. 赶紧（306）vs. 赶快（307）

“赶快”和“赶紧”都有抓紧（1253）时间做某事的意思，都是副词，做状语，很多时候两个词可以互换。不同的是：①“赶紧”比“赶快”更快一点儿，所以在“一 V1 就 V2（了）”结构中，V2 前面一般用“赶紧”，如：公共汽车一来他就赶紧跳了上去。②“赶快”可以做谓语，“赶紧”不能，如：飞机就要起飞了，你赶快一点儿！③表示愿望（1162）时，多用“赶快”，如：他希望赶快休假，去海边好好放松一下。

“连忙”和“赶紧”“赶快”的区别是：①“连忙”不能用在祈使句中，“赶紧”“赶快”可以用在祈使句中，如：赶紧 / 赶快给家里打个电话！②“连忙”一般用于过去发生的事情，不能用于将来发生的事情。“赶紧”“赶快”既可用于过去发生的事情，也可用于将来发生的事情，而且“赶快”多用于将来的事情，如：我听了他的话，连忙 / 赶紧 / 赶快拿出一百块钱给他；下个月我要赶紧 / 赶快开始准备考研了。

（2）连忙 vs. 急忙（442）vs. 匆忙（162）vs. 赶紧

①如果不强调原因，只说做某事时间紧、心里急、动作快，通常（940）在动词前面用“匆忙”“匆匆忙忙”和“急急忙忙”，如：我看见他匆忙 / 匆匆忙忙 / 急

急忙忙跑进了教室。“匆忙”“匆匆忙忙”和“急急忙忙”还可做补语，如：他走得很匆忙 / 匆匆忙忙的 / 急急忙忙的。②如果要强调因为某个原因而做某事时间紧、心里急、动作快，用“急忙”“连忙”和“赶紧”。它们都是副词，放在动词前面，并且只能放在主语后面，如：听见有人敲门，他急忙 / 连忙 / 赶紧去开门。③“赶紧”可以用在祈使句中，如：电话响了，你赶紧去接一下。“急忙”“连忙”和“匆忙”都不能用在祈使句中。

L

598. 连续 liánxù 动. go on continuously

例 他已经连续几天熬夜加班了。

例 作为一名优秀的驾驶员，他已经连续二十年没有出过交通事故（accident）了。

搭配 连续 + 工作 / 出差 / 发生 / 失眠（838）

联想 连续剧

辨析 连续 vs. 继续 vs. 持续（127）vs. 陆续（619），见“陆续”。

599. 联合 liánhé 动. unite; ally (with)

例 我们可以联合别的公司一起来做这个公益宣传活动。

例 我们需要联合全体同学一起向学校反映这个问题。

辨析 联合 vs. 结合（502）

“联合”和“结合”都有两个主体合起来的意思。不同的是：①“结合”的主体可以是人，也可以是事物，如：他觉得人与人之间都是为了利益而互相结合；理论结合实践。“联合”的主体通常是人或者人所（909）在的群体，如：我们要为了共同的目标（666）而联合起来；我们部门（72）联合其他部门一起举办了这个活动。②“结合”还可以指两人成为夫妻，如：他俩的结合得到了亲朋好友们的祝福（1251）。“联合”没有这个用法。

600. 恋爱 liàn'ài 动. be in love
名. love; courtship

动 例 他俩恋爱了，班里同学竟然都不知道。

名 例 你跟你女朋友是从什么时候开始谈恋爱的？

搭配 跟 / 和 / 与 / 同 + 某人 + 恋爱

恋爱 + 关系 / 对象（240）/ 经验 / 双方（890）

601. 良好 liánghǎo 形. good; fine

例 他手术以后恢复情况良好，很快就出院了。

例 她希望孩子能够从小养成良好的学习习惯。

联想 优秀、合格、差

题 **完成句子**：良好的　她　教育　受过　（样卷-94）

“她”做主语；“受过”做谓语；“良好的”做定语，与名词“教育”组成（1291）定中短语“良好的教育”，做宾语。所以正确答案是：她受过良好的教育。

602. 粮食 liángshi 名. grain; cereals

例 这个国家的对外贸易主要是粮食出口。

例 今年雨水很少，看来粮食产量要下降了。

搭配 生产（831）/ 浪费 / 爱惜（4）+ 粮食

603. 亮 liàng 形. bright; light 动. shine; lighten

形 例 屋子里的灯很亮。

动 例 教室里亮着灯，还有学生在学习呢。

动 例 早上六点以后，天就慢慢亮起来了。

反义 暗（9）、黑

604. 了不起 liǎobùqǐ 形. amazing; terrific

例 不要取得了一点点成绩就觉得自己很了不起。

例 他是一位了不起的企业家，七十多岁了还要重新创业（start a business）。

辨析 了不起 vs. 巨大 vs. 伟大（979），见“伟大”。

题 **请选出正确答案**：周宏是一位普通的技术员，但是他非常懂得怎样鼓励别人。他女儿小时候特别不喜欢数学，所以数学成绩很差。有一天，周宏给女儿出了 10 道题，结果女儿竟然做错了 9 道。周宏并没有生气，而是对女儿大加称赞：“这么难的题目，你竟然也能做对？我小时候可是一道都做不出啊！”第二天晚上，周宏特意准备了 10 道难度降低了的题目，再让女儿做，结果一下做对了 5 道。他又鼓励女儿说："天哪，你真是太 ______ 了！一天之内，你可以进步这么大！" (H51003-56)

A 专心　　B 意外　　C 不要紧　　D 了不起

本文讲的是周宏如何（794）鼓励女儿学习数学，他总是对女儿大加称赞（109），所以这里选 D 最好。

605. 列车 lièchē 名. train

例 在火车上，列车员一般会卖一些零食和饮料。

例 从成都开往拉萨的列车已经进站，请乘客们准备上车。

搭配 一趟 / 辆 + 列车

606. 临时 línshí 副. at the time when sth happens; at the last moment 形. temporary; provisional

副 例 公司临时通知他去参加一个电话会议。

副 例 你今天晚上应该把明天开会要用的文件准备好，别临时找不到。

形 例 这件事情发生后，有关部门立即采取了临时措施，第一时间解决问题。

搭配 临时 + 通知 / 准备 / 改变 / 取消（762）

临时 + 政府（1211）/ 演员 / 负责人

辨析 临时 vs. 暂时

"临时"和"暂时"都可以表示某个行为（1063）存在的时间短，如：我想临时 / 暂时借用一下公司的车；学校让李老师临时 / 暂时代替（186）王老师给我们上课。不同的是：①"临时"可以表示事先（865）没有计划、没有安排，快到事情发生的时候或事情已经发生了才去做某事，如：你应该早点儿做打算，不能临时再去想办法，那样就来不及了。此句中的"临时"不能换成"暂时"。②"临时"侧重表示非正式、非固定（349）的，和"正式"相对（1031），如：这只是一个临时方案（270），正式方案需要等开完大会才能确定（771）。"暂时"侧重表示时间很短，和"长久"相对，如：失败只是暂时的，只要坚持下去，我们最后一定会成功。

607. 灵活 línghuó 形. ① nimble; quick-witted ② flexible; elastic

例 小王聪明能干、头脑灵活，大家都很喜欢他。

例 我们要灵活运用在课堂上学到的知识。

搭配 脑子 / 身体 / 手脚 + 很灵活
方法 / 政策（policy）/ 时间 + 很灵活
灵活 + 运用（1167）/ 处理 / 安排

608. 铃 líng 名. bell

例 放学铃已经响过了，你怎么还不走？

例 请大家在听讲座的时候关掉自己的手机铃声。

609. 零件 língjiàn 名. part; component

例 我们公司想从海外购买一批机器零件。

例 这个相机坏了，需要换个新的零件。

搭配 一个 / 一套（922）/ 一批（701）+ 零件
买 / 换 / 安装（7）/ 修理 + 零件

联想 零钱、零食（610）

610. 零食 língshí 名. snack

例 这个孩子特别爱吃零食，总是一边写作业一边吃。

例 学校小卖部里有很多零食，你去看看有没有你喜欢的那种。

611. 领导 lǐngdǎo 动. lead 名. leader

动 例 在张主任的领导下，我们项目组顺利完成了多个艰巨的任务。

名 例 领导临时给我们分配了好几个任务，周末又要加班了。

辨析 领导 vs. 指导（1218），见“指导”。

题 请选出正确答案： 男：这次的调查报告是由你来写吗？
女：领导安排我和小张写，我俩一人负责一部分。
问：调查报告由谁来写？ （样卷-10）

A 我　B 领导　C 小张　D 小张和我

女的说“领导安排我和小张写”，所以不是领导自己写，而是“我”和小张两个人写，答案为 D。

L

612. 领域 lǐngyù 名. field; domain

例 这位教授是我国经济领域的知名专家。
例 物理学不是我的研究领域，所以我无法回答这个问题。

613. 浏览 liúlǎn 动. glance over; browse

例 我每天早上只花五分钟浏览一下新闻头条，并不仔细阅读每条消息。
例 每天人们都在用电脑和手机浏览各种网站，人人都在享受信息时代的好处。

614. 流传 liúchuán 动. spread; hand down

例 这个古老的故事一直流传到现在。
例 过了不久，这个笑话就在村子里流传开了。
例 两千多年来，这些神话故事一直在我国民间（folk）流传着。

615. 流泪 liúlèi 动（离合）. shed tears

例 听了这个故事的人都会难过、流泪。
例 我到现在还无法忘记当年妈妈流着泪跟我们告别的画面。
联想 流汗、流血

616. 龙 lóng 名. dragon

例 中国人称自己是龙的传人。
例 在窗口前买票的人排成了长龙。
搭配 一条 + 龙

617. 漏 lòu 动. ① leak ② miss; leave out

例 一下雨屋顶就漏水，等天晴了得找人来修理修理。

例 你这里写漏了一个字，赶快补上。

搭配 漏 + 水 / 风 / 油 / 雨

漏了 + 一个字 / 一个人 / 一道手续（872）

618. 陆地 lùdì 名. (dry) land

例 恐龙曾经是陆地上最大的动物。

例 在海上漂（piāo，float）了几个月，在见到陆地的那一刻，他激动极了。

搭配 一片（706）/ 一块 + 陆地

619. 陆续 lùxù 副. one after another; in succession

例 晚上七点左右，参加舞会的客人们都陆续来了。

辨析 陆续 vs. 连续 vs. 继续 vs. 持续

“持续”和“连续”都表示某种行为或状态（1262）在一个特定（specific）的时间段内不停止，如：大雨持续 / 连续下了两天。不同的是：①“持续”表示完全没有中断（break off）过，可以用“持续 + 了 + 时量补语”，也可以用“持续 + 动词 + 了 + 时量补语”，如：战争（1184）持续了两年；战争持续打了两年。“连续”不能直接加“了 + 时量补语”，只能说“连续 + 动词 + 了 + 时量补语”，即：战争连续打了两年。②“连续”既可表示完全没有中断过，也可表示过了一段时间又重复（134）发生，如：他连续两年得了游泳冠军（360）；这里几年内连续发生了三次火灾。这两句中的“连续”都不能换成“持续”。③“继续”强调某行为接着进行，没有特定的时间段，如：中午雨停了一会儿，下午又继续下了起来。④“陆续”是副词，也可以说成“陆陆续续”，用在动词前面表示某个行为在不同的时间点先后发生。“陆续”的行为主体一般不止（more than）一个，如：快上课了，同学们陆续走进教室；村民们的新房子都建好了，大家陆续搬了进去。“陆续”的行为主体也可以只有一个，如：这些年我陆续去了中国的很多地方。

620. 录取 lùqǔ 动. enroll; recruit

例 真没想到，他也被这家公司录取了。

例 即使这所大学没有录取你，你也不要放弃，明年还有机会。

联想 录用

题 完成句子：他　被　录取　了　那所名牌大学　(H51003-96)

从"被"可以判断此句是个被动句。动词是"录取"，"他"是"录取"的受事，"那所名牌（650）大学"是"录取"的施事，"了"与"录取"组成"录取了"表示完成。按照"受事 + 被 + 施事 + 动词短语"的被动句结构，答案应该是：他被那所名牌大学录取了。

L

621. 录音 lùyīn 动（离合）. record 名. sound-recording

动 例 您要找的那位主持人正在录音室里录音呢，请您稍等一下。

动 例 专家的发言我们已经录了音，回去再好好学习一下。

名 例 请同学们下课后多听课文录音，多读几遍课文。

搭配 播放 / 放 / 听 + 录音

联想 录音机、录音笔、录音房、录音员、录音师

622. 轮流 lúnliú 动. take turns; do sth in turn

例 请同学们一人一句轮流读课文。

例 在旅途中，我和朋友们轮流开车，一人开两个多小时。

623. 论文 lùnwén 名. thesis; paper

例 你的毕业论文题目定了吗？准备研究哪方面的问题？

搭配 一篇 + 论文

写 / 发表（251）/ 修改（1076）+ 论文

硕士 / 博士 / 学期 / 学术（1082）+ 论文

624. 逻辑 luójí 名. logic

例 这道数学题要求学生有较强的空间逻辑思维（thinking）能力。

例 请注意你论文的逻辑性，每一步论证（expound and prove）都要符合逻辑。

搭配 符合 / 不合 / 缺乏（770）+ 逻辑

625. 落后 luòhòu

形. underdeveloped; backward
动（离合）. fall behind

形 例 这个地区的生产力还很落后，比东部城市差很多。

动 例 离比赛结束还有三分钟，现在红队落后蓝队五分。

动 例 她已经很努力了，可这次考试还是落了后，因此非常难过。

反义 进步（515）

M

626. 骂 mà 动. scold; swear (at)

例 远亲不如近邻，你怎么能这么骂邻居呢！

例 不管怎么样，骂人都是不对的，你应该向她道歉。

搭配 把 + 某人 + 骂了一顿（244）

627. 麦克风 màikèfēng 名. microphone

例 节目主持人把麦克风递给了想提问的观众。

搭配 一支 / 一个 + 麦克风

联想 话筒 = 麦克风

628. 馒头 mántou 名. *mantou* [a kind of staple food made from flour]

例 我觉得食堂里做的馒头比包子好吃。

例 你喜欢吃白面馒头还是玉米面馒头？

联想 饺子、面条儿

629. 满足 mǎnzú

动. ① be content (with); be satisfied (with)
② meet; satisfy

例 他不满足于现在已有的成绩，决心继续努力，追求更大的成就。

例 老板答应我们，一定会尽量满足员工们对工资的要求。

搭配 满足于 + 现状（present situation）/ 已有的成绩

满足 + 要求 / 条件 / 愿望 / 需要

联想 满足感、心满意足

辨析 满足 vs. 满意

①“满足”可以表示心里觉得某种状态已经足够了，不再有进一步的需求(requirement)，此时后面通常不带宾语，如：这次考试只要能及格（440）我就满足了。如果“满足”后面直接带宾语，如：满足要求 / 条件 / 愿望 / 需要，此时的“满足”是使动用法，表示使宾语达到（175）让人满足的程度（122）。②“主语 + 满足 + 于 + 宾语”结构相当（1030）于“主语 + 对 + 宾语 + 感到满足”，如“我们不要只满足于完成简单的任务”的意思是“我们不要只是对完成简单的任务感到满足”。前一句一般用于书面语，后一句用于书面语、口语都可以。③“满意”表示心里认为某种状态不错，达到了事先期望（expect）的标准，如：学生们的作业做得很好，老师很满意。“满意”的常用结构是“主语 + 很 / 不 + 满意 + 宾语”，如：他很 / 不满意这份工作。也可以用于“主语 + 对 + 宾语（+ 感到）+ 很 / 不 + 满意”，如：经理对他的表现（53）（感到）很 / 不满意。

题 **请选出正确答案：** 有家体育场为满足球迷看球的需要，把球场内观众的座位从 8 万个增加到了 12 万个。观看球赛的人多了，体育场的收入也增多了。……

体育场现在有多少个座位？　　　　（样卷-43）

A 4 万　　B 8 万　　C 10 万　　D 12 万

体育场为了满足球迷（760）看球的需要增加了座位，把座位从以前的八万个增加到十二万个，所以答案为 D。

630. 毛病 máobìng

名. ① breakdown; disorder
② disease; illness
③ bad habit; defect; fault

例 这台自动取款机出毛病了，你换一台取钱吧。

例 王阿姨心脏有点儿毛病，所以就提前退休了。

例 这孩子的毛病是上课不专心，经常开小差（be absent-minded）。

辨析 毛病 vs. 缺点

“毛病”和“缺点”都可以表示人的性格和习惯中不好的地方，不同的是：①“毛病”更口语化，常指比较小的缺点，如：他这人最大的毛病就是老爱迟到。“缺点”比较正式，指不完善（964）的地方，程度较重，可用于书面语和口语，如：我们与人交往（487）时不要只看到别人的缺点，还要看到别人的优点。

②“毛病”还可以表示机器（436）、设备（819）等的故障（breakdown），还能指疾病（disease），如：路上汽车出了点儿毛病，所以他们来晚了；他胃（986）疼的老毛病又犯（suffer recurrence）了。“缺点”没有这些意思。③“毛病”和“缺点”的搭配也不同，常说“犯 / 出 / 有 / 改毛病”“有 / 改缺点”。

631. 矛盾 máodùn 名. conflict; contradiction 形. contradictory; conflicting

名 例 据说这两家人的矛盾很深，也不知道是什么事情引起的。

形 例 同意还是不同意，他现在心里很矛盾。

搭配 产生（92）/ 引起 / 解决 / 避免（42）+ 矛盾

联想 自相矛盾（be self-contradictory）

632. 冒险 màoxiǎn 动（离合）. take a risk (of doing)

例 年轻人大多喜欢冒险，而很多年纪大的人则喜欢安稳的生活。

例 你为这件事已经冒过一次险，不能再去冒险了。

联想 危险、风险（286）

633. 贸易 màoyì 名. trade

例 我们公司十年前就开始跟这家外企有贸易往来了。

例 他打算先在中国学习三年汉语，然后回国从事对外贸易方面的工作。

联想 生意、商业（815）、经商（519）

辨析 贸易 vs. 经营（520）

“贸易”和“经营”都是商业行为。不同的是，“经营”主要指卖出，一般是小规模（371）、近距离的，可以带宾语，如：他经营日用品（792）；这家商店主要经营电脑。“贸易”同时指买进和卖出，一般是大规模、远距离的，不带宾语，如：这家公司是搞（315）国际贸易的；两国之间有密切（642）的贸易往来。

634. 眉毛 méimao 名. eyebrow

例 他扬（raise）起眉毛看着大家，得意极了。

例 我太太画眉毛都画了半天了，我快等得不耐烦了。

联想 扬眉吐气（feel proud and elated）

M

635. 媒体 méitǐ 名. medium

例 今天全国各大媒体都报道了这场大地震的消息。

搭配 一家 + 媒体

纸质 / 网络（969）/ 电视 / 新闻 + 媒体

联想 多媒体

M

636. 煤炭 méitàn 名. coal

例 最近人们发现那片村庄的地下有丰富的煤炭资源。

例 现在，这里的人做饭都不烧煤炭，改烧天然气（natural gas）了。

联想 石油（petroleum）、太阳能、风能、水能

637. 美术 měishù 名. fine arts; arts

例 他是一名漫画家（cartoonist），也是一位美术老师。

例 我妹妹在美术学院不是学中国画专业，而是学服装设计专业。

联想 艺术、武术（1005）、学术、技术

638. 魅力 mèilì 名. charm; enchantment

例 我们的文学课老师是一位很有魅力的老太太。

例 学习写毛笔字以后，我越来越能感受到汉字书法（calligraphy）的魅力了。

639. 梦想 mèngxiǎng 名. dream; cherished desire 动. dream of

名 例 我相信通过努力就可以实现自己的梦想。

动 例 她从小就梦想成为乒乓球世界冠军。

辨析 梦想 vs. 理想 vs. 幻想（421）vs. 想象（1037），见“想象”。

题 **请选出正确答案**：……然而，当人们果真富有了，却发现自己根本无法去实现这些梦想——理由永远只有一个：“没时间！”不少高收入的人，几乎都是工作狂。为什么人们富裕后却不能实现梦想？（样卷-89）

A 不愿工作了　　B 时间太紧张　　C 身体不好了　　D 不再年轻了

文中说人们无法实现（854）梦想的理由是没时间，所以答案为 B。

640. 秘密 mìmì
名. secret
形. secret; confidential

名 例 讲信用的人都会为朋友保守（keep）秘密。

形 例 那份秘密文件被老板锁在保险柜中了。

反义 公开（331）

题 完成句子：秘密　　属于　　每个人　　都有　　自己的　　（H51003-93）

"每个人"做主语，"都有"做谓语，"秘密"做宾语，可以组成句子"每个人都有秘密"。动词"属于"与代词"自己"可以组成述宾词组"属于自己"。"属于自己的"可以做定语，与名词"秘密"组成定中词组"属于自己的秘密"，做句子的宾语。所以答案为：每个人都有属于自己的秘密。

641. 秘书 mìshū 名. secretary

例 总经理的秘书小王刚毕业不久，还有点儿缺乏工作经验。

例 秘书工作对你来说太容易了，老板想给你安排一些更有挑战性的工作。

642. 密切 mìqiè 形. intimate; close

例 他们俩是邻居，又是同班同学，所以关系很密切。

例 要想顺利完成这个项目，就需要每个同事之间的密切配合。

搭配 密切 + 配合（698）/ 注意 / 联系 / 相关（1032）

联想 紧密

643. 蜜蜂 mìfēng 名. bee; honeybee

例 阳台上五颜六色的花儿引来了一大群蜜蜂。

搭配 一只 / 一群（773）+ 蜜蜂

644. 面对 miànduì 动. face; confront

例 每次面对考官，他都紧张得说不出话来。

例 你必须要学会自己面对人生道路上的种种挑战。

搭配 面对 + 某人 / 现实（1026）/ 问题 / 形势（1067）/ 困难 / 失败 / 危险

辨析 面对 vs. 面临（646），见"面临"。

题 **请选出与试题内容一致的一项：** 煤和石油目前仍然是人类使用的最重要的能源，然而煤和石油的大量使用，也对地球环境造成了严重的破坏。为了改善我们的环境，寻找新的绿色能源已经成为我们面对的新问题。（样卷-62）

A 环境破坏得到缓解　　B 煤、石油对环境的影响不大

C 人类已经找到了新的绿色能源　　D 煤、石油目前对人类仍然很重要

文中说“煤和石油的大量使用，也对地球环境造成（1175）了严重的破坏（723）”，所以 B 不对。“寻找（1084）新的绿色能源（677）已经成为我们面对的新问题”，所以 C 不对。A 在文中没有提到。文中说“煤和石油目前（668）仍然是人类（781）使用的最重要的能源”，所以答案为 D。

M

645. 面积 miànjī 名. area

例 这座建筑的占地面积大约有 1000 平方米。

例 为了不让这种病在学生中大面积流行，学校准备提前放寒假。

646. 面临 miànlín 动. be faced with

例 所有员工都没想到公司会面临如此严重的资金问题。

搭配 面临 + 问题 / 形势 / 困难 / 挑战（939）/ 变化 / 矛盾

辨析 面临 vs. 面对

“面临”是客观上遇到问题、困难等，含有被动（passive）遇见的意思，如：公司面临破产（722）。“面对”指主观上有勇气（1138）、想办法去解决遇到的问题、困难等，含有主动（1242）应对（respond）的意思，如：积极面对挑战。

题 **请选出正确答案：** 人为什么会做梦，梦有什么意义，人类思考了近千年也还没有找到答案。但是人们相信一些常见的梦包含着特别的意义。例如，我们梦见要出门远行，要乘坐飞机、火车或者其他交通工具，但是却晚了一点儿，没有赶上。这种梦代表你错过了人生的一次机会。当人们面对重要的选择而犹豫的时候，常做这种梦。再有，有时候我们会梦见参加考试，可是却发现自己根本读不懂考试的题目。这种梦说明你正 ______ 挑战，但是你还没有做好准备。（H51002-52）

A 面临　　B 逃避　　C 参考　　D 承担

这里指遇到了挑战，但是还没有准备好，所以不能选 B。C 和 D 后面不能搭配“挑战”，所以答案为 A。

647. 苗条 miáotiao 形. (of women) slender; slim

例 她皮肤微黑，身材苗条，看起来非常健康。

例 不是只有苗条的人才美。有的人身材微胖，但身体健康、充满自信，也很美。

648. 描写 miáoxiě 动. describe; depict

例 这次考试的作文是让我们描写自己的一个梦，以及这个梦反映出的心理活动。

辨析 描写 vs. 叙述（1078），见“叙述”。

题 **请选出与试题内容一致的一项：**长期以来，鲨鱼一直被电影、电视和书籍描写为海洋中的可怕杀手，它凶猛、恐怖，威胁着海洋中一切生物的生命。难道鲨鱼真的那么可怕吗？科学家发现，地球上大约有370多种鲨鱼，大部分鲨鱼对人类有益无害。只有少数鲨鱼，如“大白鲨”，才会伤害人类。（H51001-66）

A 鲨鱼不会伤害人类　　B 地球上有上千种鲨鱼

C 大部分鲨鱼对人类有害　　D 鲨鱼没有人们想象的那么可怕

文中说少数鲨鱼会伤害（812）人类，所以A不对。“地球上大约有370多种鲨鱼”，所以B不对。“大部分鲨鱼对人类有益无害”，所以C不对。文中说鲨鱼被电影、电视和书籍描写得很可怕（553），可是科学家发现只有少数鲨鱼才会伤害人类，所以答案为D。

649. 敏感 mǐngǎn 形. sensitive

例 他是个敏感的孩子，跟他说话时要注意语气。

例 这个话题在我们家属于敏感话题，千万不要在我父母面前谈论。

联想 过敏（381）

650. 名牌 míngpái 名. famous brand

例 她这个人很讲究，喜欢背名牌包、戴名牌表。

例 你看她的衣服、包、鞋子，全身上下都是名牌。

搭配 名牌 + 服装（292）/ 商品（813）/ 大学

自 测

一 选词填空。

A 力量　　B 理由　　C 利润　　D 落后　　E 利益

1. 请你给大家说说这样做的（　　）是什么。
2. 你放心吧，我们会尽一切（　　）来完成这项任务。
3. 我们的车开得比较快，他们的车（　　）了一点儿。
4. 这种商品的（　　）不大，所以很多商家都不愿意卖。
5. 我们在工作中最好不要只追求最大的（　　），而应该寻找工作带给我们的乐趣。

A 流传　　B 临时　　C 浏览　　D 连续　　E 连忙

6. 那个孕妇差点儿摔倒了，大家（　　）去扶她。
7. 她已经（　　）在电脑前工作 20 个小时了。
8. 由于天气原因，他们（　　）决定推迟比赛时间。
9. 请大家快速（　　）一下这份文件，然后我们开个短会。
10. 梁山伯与祝英台的故事在中国（　　）很广，可以说是家喻户晓。

A 满足　　B 敏感　　C 矛盾　　D 毛病　　E 面对

11. 他对这种气味很（　　），一闻就会打喷嚏。
12. 我们不要（　　）于一时的小成绩，而要有比较长远的追求。
13. 你这个丢三落四的（　　）真该改改了。
14. 你说的话前后（　　），我越听越糊涂。
15. 你应该（　　）现实，不要总是逃避。

A 秘密　　B 梦想　　C 面临　　D 描写　　E 魅力

16. 富有（　　）的领导者总能让全体员工团结在自己的周围。
17. 每个人都有自己的（　　），但真正实现的人却不多。
18. 这是我跟他的（　　），你就别再打听了。
19. 我们现在（　　）的最大问题是公司的人事管理问题。
20. 这个短篇小说（　　）了二十世纪中国东部一个小城里老百姓的生活。

二 完成句子。

21. 请各位　就好　稍等　立刻　一下　饭 ____________________

22. 街上的　陆续　开门　小商店　了 ____________________

23. 国际贸易　相关　国际形势　与　密切 ____________________

24. 需要　出　我的　修理　手机　毛病　一下　了 ____________________

25. 利用　环球旅行的　各种各样的　了解　文化　他　了　机会

____

三 请结合下列词语（要全部使用），写一篇 80 字左右的短文。

梦想　满足　力量　面对　魅力

____

____

____

____

____

____

第11天

651—715

学习重点

1. 65 个词语

2. 重点词语：明确　明显　目标　哪怕　难怪　年代　偶然　盼望　批准

651. 名片 míngpiàn 名. business card

例 您好！这是我的名片，以后保持联系。

例 他一边做自我介绍，一边递上自己的名片。

搭配 个人（320）/ 企业（728）/ 公司 / 城市 / 国家 + 名片

收到 / 交换（485）/ 设计（820）+ 名片

M

652. 名胜古迹 míngshèng gǔjì places of historic interest and scenic beauty

例 西安是著名的旅游城市，有很多名胜古迹。

例 中国的兵马俑、长城、故宫等都是世界闻名（be well-known）的名胜古迹。

搭配 参观 / 游览（1147）/ 保护 / 破坏（723）+ 名胜古迹

联想 名山大川（famous mountains and great rivers）、风景名胜

653. 明确 míngquè 动. clarify; make clear
形. clear and definite

动 例 公司今天召开了年会，明确了明年的目标和任务。

形 例 学校为学生制定了明确的培养目标。

搭配 明确 + 目标（666）/ 方向 / 态度

明确地 + 表示 / 说明 / 要求 / 提出 / 指出

辨析 明确 vs. 清楚

“明确”比“清楚”更正式，多用于书面语；“清楚”可用于书面语和口语。两个词的意思和用法也不同。①“明确”做动词时表示使对象（240）清晰（clear）、确定（771），如：明天我们开个会，明确一下每个人的工作任务；做形容词时指目标、态度等清晰、确定，如：他对这件事的态度很明确——坚决（467）不同意。②“清楚”做动词时有“了解、知道”的意思，如：我真不清楚他为什么要这样做。“明确”没有这样的意思。“清楚”做形容词时形容（1065）事物（864）容易让人了解、辨认（recognize），如：这封信是很久以前写的，上面的字都不清楚了。“清楚”也可以指对事物的了解很清晰，比如：在做这个项目（1040）的过程中，小王的头脑一直很清楚，知道什么时候该做什么事。“清楚”常用作结果补语，如：说 / 听 / 写 / 想 / 弄清楚。“明确”没有这个用法。

654. 明显 míngxiǎn 形. obvious; evident

例 在老师和同学们的帮助下，这学期他取得了明显的进步。

例 春天到了，白天明显地开始变长了。

搭配 明显的 + 影响 / 错误 / 事实（863）/ 效果 / 变化

明显地 + 表现（53）/ 看到 / 增加 / 改变

联想 显而易见

辨析 明显 vs. 显然（1022），见“显然”。

题 **请选出正确答案：**……房子、车子的压力对于“80 后”的影响越来越明显。前两年，很少有“80 后”会为了公司的薪水、福利等斤斤计较，他们关注工作环境更多。但现在，不少“80 后”在办公室里的话题就是围着“钱”打转转。……

“80 后”的压力主要来自哪里？ (H51002-73)

A 收入　　B 婚姻　　C 年龄　　D 情感

题中说房子、车子的压力对“80 后”的影响越来越明显，现在他们的话题（417）总是关于“钱”，所以“80 后”的压力主要来自收入，应该选 A。

M

655. 明星 míngxīng 名. star

例 他是一位足球明星。

例 那位电影明星有很多粉丝（fans）。

搭配 电影 / 影视 / 体育 + 明星

联想 影星、歌星、球星

656. 命令 mìnglìng 名. order; command; instructions 动. order; command

名 例 他们一接到命令就出发了。

动 例 父母不应该命令孩子什么都听他们的。

搭配 发出 / 接受 / 服从（obey）/ 传达（transmit）/ 执行（execute）+ 命令

657. 命运 mìngyùn 名. destiny; fate

例 他想通过自己的努力改变命运。

例 每个人都应该关心国家的命运和前途。

搭配 人类（781）的 / 国家的 / 自己的 / 个人的 + 命运

掌握（1187）/ 决定 + 命运

M

658. 摸 mō 动. ① feel; touch ② try to find out; fish for

例 妈妈用温暖的手轻轻摸着孩子的头。

例 他把手伸进衣服里，摸出来一根笔。

搭配 摸 + 不着 / 得到 / 到了 / 出来

联想 抚摸（stroke; caress）

659. 模仿 mófǎng 动. copy; imitate

例 这种鸟会模仿人说话，非常有意思。

例 这个小姑娘特别喜欢模仿妈妈，妈妈说什么、做什么她都要学一下。

660. 模糊 móhu 形. blurred; vague

例 书有些破旧，上面的字已经变得模糊了。

例 昨晚睡觉的时候，我模糊地听见外面有人说话。

搭配 眼睛 / 声音 / 形象（1068）/ 认识 + 很模糊

联想 模糊不清

反义 清楚

661. 模特儿 mótèr 名. model

例 这个女孩儿的理想是当一名时装模特儿。

例 她去年参加了模特儿比赛，获得了第一名的好成绩。

联想 车模、手模

662. 摩托车 mótuōchē 名. motorbike

例 我想骑摩托车去旅行，肯定比开车有意思多了。

例 他是一位摩托车手，经常参加摩托车比赛。

663. 陌生 mòshēng 形. unfamiliar; strange

例 虽然他们是第一次见面，但彼此一点儿也不觉得陌生。

例 妈妈告诉她，不要随便跟陌生人说话。

搭配 陌生的 + 地方 / 城市 / 国家 / 环境

反义 熟悉

664. 某 mǒu 代. certain; some

例 某公司生产的一种健身产品在市场上很受欢迎。

例 虽然我们今天离别了，但是将来也许还会在某个地方相遇。

搭配 某 + 年 / 月 / 一天

某个 + 时间 / 地点

某些 + 事 / 原因

题 **请选出与试题内容一致的一项：** 古时候，某人想向一个财主借牛，于是派人给财主送去一封借牛的信。财主正陪着客人聊天儿，他怕客人知道自己不识字，便假装在看信。他一边看，一边不住地点头，然后抬头对来人说："知道了，过一会儿我自己去好了。" (H51002-64)

A 财主家没牛　B 财主没看懂信　C 信写得很简单　D 财主亲自把牛给送去了

根据上文可知，财主因为不识字，根本（324）没看懂那封信，不知道那个人不是请他去，而是要借他家的牛，所以答案是 B。

665. 木头 mùtou 名. wood; log

例 这个碗是木头做的，不容易摔坏。

例 爷爷用木头给小孙子做了一辆玩具自行车。

搭配 一段 / 一根（323）+ 木头

木头 + 桌子 / 房子

砍（546）/ 削（whittle）+ 木头

联想 木材、树木

666. 目标 mùbiāo 名. objective; target

例 一年内发表十篇文章，这个目标对我来说太高了。

例 做事情首先要有明确的目标，然后再根据这个目标制定详细的计划。

搭配 学习 / 工作 / 人生（783）/ 军事（539）/ 管理 + 目标

确定 / 实现（854）/ 达到（175）+ 目标

M

辨析 目标 vs. 目的

“目标”和“目的”都表示想要达到的标准或结果，但词义和用法有一些不同。①“目标”多指具体（531）、明确的、带有某种标准的目的，强调（738）行为（1063）想要达到的标准，常跟“远、近、高、低、大、小”等词搭配，如：咱们先定个小目标吧，这周做完两套（922）HSK 模拟题。“目的”表示想要达到的情况或想要得到的结果，比如：他来中国的目的是研究中国文化。②“目标”比较具体，通常（940）是可以按计划、按步骤（71）一点点完成的，比如：他的目标是明年通过 HSK 5 级考试，所以从今天开始，他要每天学习 30 个生词。“目的”比较抽象（137），不能按计划、按步骤一点点完成，比如：我学习太极拳（912）的目的是锻炼身体。③“目标”还能指射击（822）、攻击（attack）或寻求的对象，比如：鹰（eagle）发现了目标，马上冲（130）下来，一下就抓（1252）住了兔子（952）。“目的”没有这样的用法。

题 **请选出正确答案：**……青年恍然大悟。回去后，他把计划中所列的目标去掉了许多，只留下最近的几个，同时利用业余时间学习各种专业知识。几年后，他的目标基本上都实现了。只有删繁就简，从最近的目标开始，才会一步步走向成功。万事挂怀，只会半途而废。另外，我们只有不断地捡拾“柴”，才能使人生不断加温，最终让生命沸腾起来。

上文主要想告诉我们什么？ (H51002-82)

A 目标要实际　B 应多听意见　C 要敢于挑战　D 要珍惜时间

文中提到，他去掉了许多目标，只留下最近的几个，几年后这些目标基本（438）上都实现了，所以应该选 A。

667. 目录 mùlù 名. contents; catalogue

例 要想了解一本书的内容，可以先查看一下目录。

搭配 查 / 编写 + 目录

图书 / 杂志 / 论文（623）+ 目录

668. 目前 mùqián 名. now; present moment

例 这是目前最火的网络游戏。

例 他已经习惯了目前的状态，不愿意做出改变。

例 他对自己目前的工作很不满意，希望能到一家更好的公司工作。

搭配 目前的 + 问题 / 情况 / 形势（1067）/ 状况（1261）/ 状态（1262）

题 请选出正确答案：

男：已经一个多小时了，我们还要等多久？

女：因为有大雾，所有航班目前都不能起飞。耽误了您宝贵的时间，非常抱歉！

问：女的为什么要表示抱歉？（H51003-10）

A 迷路了　B 迟到了　C 交通拥挤　D 飞机没按时起飞

上面的对话中，女的说“因为有大雾（1009），所有航班目前都不能起飞”，所以答案为 D。

N

669. 哪怕 nǎpà 连. even though

例 哪怕不睡觉，我也要做完今天的作业。

例 我们不能轻易放弃。哪怕不成功，也要尽最大努力去做。

搭配 哪怕……都 / 也 / 还……

辨析 哪怕 vs. 即使

“哪怕”和“即使”都表示假设（462）和让步（make a concession）。不同的是：①“哪怕”多用于口语，“即使”多用于书面语。②“哪怕”既可以用在前面的分句里，也可以用在后面的分句里，比如：哪怕会失败，我们也要努力去试一下；只要努力过，哪怕失败了也不会后悔。而“即使”一般只用在前一个分句里，比如：即使眼睛看不见了，她也积极、乐观（581）地面对（644）生活。

670. 难怪 nánguài 副. (it's) no wonder 动. be understandable

副 例 她是新同学，难怪大家都不认识她。

动 例 这也难怪，他刚到这个城市，对这儿还不太熟悉。

辨析 难怪 vs. 怪不得（353）

“难怪”和“怪不得”都有副词和动词两种用法。做副词时，都表示明白了原因，对后面所（909）说的情况不觉得奇怪，另一个分句通常由“原来”引出原因，如：难怪 / 怪不得她的电话总是打不通，原来她换号码了。做动词时，都表示可以原谅和理解，不必责怪（blame），如：这也难怪 / 这也怪不得她，毕竟（41）她刚来这儿，还不了解情况。不同的是：①“难怪”既用于口语，也用于书面语，而“怪不得”一般只用于口语。②“难怪”做动词时，后面一般不带宾语，如：这也难怪，她毕竟是个孩子，想法不成熟（115）也是很正常的。“怪不得”做动词时，后面必须有宾语，比如：这也怪不得她，她毕竟是个孩子，想法不成熟也是很正常的。

671. 难免 nánmiǎn 形. unavoidable; hard to avoid

例 他刚开始在国外生活，很多地方不习惯是难免的。

例 由于准备时间较短，讲座中难免会有些错误，请大家多多批评。

搭配 难免 + 出错 / 出问题 / 造成（1175）误会

联想 免不了

672. 脑袋 nǎodai 名. head

例 他双手抱着脑袋，低着头想：“我该怎么办呢？”

例 我家的小狗很可爱，圆圆的脑袋上有一对长长的大耳朵。

辨析 脑袋 vs. 头

“脑袋”和“头”在表示身体部位（part; position）的时候意思一样。不同的是：①“脑袋”用于口语，比如：这个孩子身子很瘦小，却长着一颗（550）大大的脑袋。“头”既可以用于口语，也可以用于书面语，比如：呀！你头上有一只蜜蜂（643）！举头望明月，低头思故乡。②“脑袋”和“头”分别（276）可以跟其他词组合（1292），表达（49）不同的意义（1121），不能互换，如：你可得当心（199），这可是掉脑袋的事〔“掉脑袋”表示“被砍头”，意思是做这件事会被判处死刑（be sentenced to death）〕；这件事让他很头疼（形容这件事很麻烦）。③“头”读成儿化的“头儿”，表示“领导（611）、负责人”，比如：他是我们公司的头儿。“脑袋”没有这个用法。

673. 内部 nèibù 名. inside; the internal part

例 这本书只能在学校内部使用。

例 他们公司在进行内部改革。

搭配 国家 / 家庭（456）/ 社会 / 房屋 + 内部

内部 + 原因 / 关系 / 活动 / 组织（1293）

674. 内科 nèikē 名. internal medicine

例 他是医学院的研究生，专门研究心内科。

例 这位内科医生很有名，很多病人都专门来找她看病。

搭配 中医 / 神经（nerve）/ 心 / 消化（1044）+ 内科

联想 外科、妇科、儿科、骨科、五官（five sense organs）科、康复科、检验（test; examine）科、放射（radiate）科

675. 嫩 nèn 形. tender; delicate

例 春天来了，树上长出了很多嫩叶。

例 这个饭店的海鲜很有名，特别是鱼，做得又香又嫩。

联想 柔嫩、细嫩、白嫩、娇嫩、水嫩、滑嫩、鲜嫩、嫩绿

反义 老

676. 能干 nénggàn 形. capable; competent

例 她从小就很能干，在学校里一直都是班长。

例 他学习努力、聪明能干，是个非常优秀的学生。

677. 能源 néngyuán 名. energy resources

例 电是一种重要的能源，人类的生活离不开电。

搭配 节约 / 开发（542）+ 能源

联想 新能源、能源法

678. 嗯 ǹg 叹. [expressing agreement]

例 A：听说你下周就要回国了？

B：嗯，是的，下星期五的机票。

例 A：这次考试怎么样？考得不错吧？

B：嗯，还行吧。

679. 年代 niándài 名. ① decade of a century ② age; time

例 那种短裙是从二十世纪六十年代开始流行的。

例 由于年代久远，墙上的字已经模糊了。

搭配 九十 / 战争（1184）/ 和平（398）+ 年代

六十年代初、八十年代末

辨析 年代 vs. 时代（846）vs. 时期（849），见“时期”。

680. 年纪 niánjì 名. age

例 他年纪虽小，但办事认真仔细，让人很放心。

例 爷爷虽然年纪大了，但跟我们年轻人有很多共同语言。

搭配 上了年纪、一大把年纪、年纪轻轻的

辨析 年纪 vs. 年龄

“年纪”和“年龄”都表示生存（live）的年数。不同的是：①“年纪”一般只用于人或拟人（personification）的事物，如：奶奶 / 树爷爷的年纪。“年龄”可用于人、动植物、天体（celestial body）等，如：树 / 地球的年龄。②“年龄”后面可以直接跟名词，如：年龄条件 / 优势（1143），而“年纪”不行。③在问人的岁数时，“年纪”一般用于中老年人，如：老人家，您多大年纪了？“年龄”没有这样的限制（1028）。④“年纪”多用于日常（788）口语，如：上了年纪、一大把年纪、年纪轻轻的。在这些表达里，“年纪”都不能换成“年龄”。“年龄”既可以用于日常口语，也可以用在正式场合（occasion）中，如：请在这张表上填写您的姓名和年龄。

题 请选出正确答案：

男：奶奶，爷爷年轻时就喜欢钓鱼吗？

女：他年轻时喜欢运动，爱打篮球、踢足球，现在年纪大了，才开始喜欢上钓鱼。

问：爷爷年轻时喜欢什么？（H51002-8）

A 读书　　B 养花　　C 体育运动　　D 文学艺术

上面的对话中，女的说爷爷“年轻时喜欢运动，爱打篮球、踢足球”，所以答案是 C。

681. 念 niàn 动. ① read (aloud) ② study; attend school

例 上课的时候，老师经常让我们一起念课文。

例 近年来，越来越多的父母送孩子去国外念书。

搭配 念 + 课文 / 句子

大声 / 小声 / 轻轻 + 念

念 + 书 / 大学 / 中学 / 小学

辨析 （1）念 vs. 读

“念”和“读”意思很接近（499），后面都可以直接加名词，如：念 / 读书、念 / 读大学 / 中学 / 小学。不同的是，“念”是要发出声音的，如：请大家跟我一起念生词。“读”既可以发出声音，也可以不发出声音，如：他正在安安静静地坐在那儿读一本小说。

（2）念 vs. 朗读（572）vs. 阅读，见“朗读”。

682. 宁可 nìngkě 副. (would) rather; better

例 他说他宁可不休息，也要完成今天的工作。

例 他生气了，宁可被雨淋（drench）着，也不用女朋友的雨伞。

搭配 宁可……也不……

宁可……也要……

与其……宁可……

683. 牛仔裤 niúzǎikù 名. jeans

例 他上身穿着一件白衬衫，下身穿着一条牛仔裤。

例 昨天我在商场买了一条牛仔裤，穿着既漂亮又舒服。

联想 牛仔服、牛仔裙、牛仔帽、美国西部牛仔

684. 农村 nóngcūn 名. the countryside; rural area

例 改革开放以来，中国农村发生了巨大的变化。

例 现在农村的生活比以前好多了，很多家庭都住进了新房、开上了新车。

搭配 农村 + 地区（216）/ 姑娘（342）/ 经济 / 教育经费（fund）/ 劳动力

联想 新农村

685. 农民 nóngmín 名. peasant; farmer

例 我从小在农村长大，父母都是农民。

联想 农民工

686. 农业 nóngyè 名. agriculture

例 他打算去英国留学，学习农业经济管理。

搭配 农业 + 人口（780）/ 科学技术 / 生产（831）/ 发展 / 大国 / 税（891）

联想 工业（329）、商业（815）、工商业、手工业、建筑业、行业（387）

687. 浓 nóng 形. ① (of gases and liquids) concentrated; dense; thick; strong ② (of degree or extent) great; strong; intense

例 这杯茶太浓了，喝了以后晚上会睡不着觉。

例 听完讲座以后，大家的学习兴趣更浓了，也更加努力了。

联想 浓厚、浓烈、浓重、浓度

反义 淡（197）

688. 女士 nǚshì 名. (a polite term for a woman, married or unmarried) madam; lady

例 这家公司的老板是一位五十来岁的女士。

联想 男士、女士优先（lady first）

O

689. 欧洲 Ōuzhōu 名. Europe

例 明年秋天她要去欧洲学习旅游管理。

例 欧洲有很多美丽的城市，有时间的话你一定要去看看。

联想 亚洲、非洲、澳洲、美洲、北美洲、南美洲、拉丁美洲

690. 偶然 ǒurán 形. accidental 副. accidentally; once in a while

形 例 一次偶然的机会，她认识了服装模特儿林丽丽。

副 例 每个人的成功都不是偶然取得的，而是长期努力和坚持的结果。

搭配 偶然 + 情况 / 事故（accident）/ 现象（1027）/ 因素（1123）

偶然 + 发现 / 出现 / 遇到

辨析 偶然 vs. 偶尔

“偶然”和“偶尔”意思相近，都表示某种现象或者情况不常发生或者很少见。不同的是：①“偶然”强调不是必然（39）的、通常的情况，跟“必然”相对（1031），如：这件事不是偶然的，早晚会发生。“偶尔”表示次数少，跟“经常”相对，如：他常常写小说，偶尔也写写诗（841）。②“偶然”常做形容词，如：这只是一个偶然的现象；那是个偶然事件（incident）。“偶尔”常做副词，放在动词前面，如：这个地区偶尔会下雪。

反义 必然

题 **请选出与试题内容一致的一项：**最好的东西，往往是偶然得来的。……不到最后一刻，千万别放弃。最后得到好东西，不是幸运，有时候，必须有前面的苦心经营，才有后面的偶然相遇。

根据上文，偶然得来的东西：（H51003-74）

A 显得不真实　B 很快就会失去　C 可能是最好的　D 不见得是好的

从上面一段文字（994）中的第一句话“最好的东西，往往是偶然得来的”可以知道，偶然得来的东西有可能就是最好的，所以答案是C。

P

691. 拍 pāi 动. ① clap; pat; tap ② take (a picture); shoot

例 妈妈轻轻拍着孩子的头说：“别害怕，有我在呢。”

例 周末出去逛街的时候，我随手拍了不少街景的照片。

搭配 拍＋手 / 脑袋

拍＋照片 / 电影 / 电视剧

联想 拍摄、拍照

692. 派 pài 动. dispatch; assign; send

例 公司决定派他去海外工作，可能要去两三年。

例 今天晚上六点我派车去接您，我在饭店等您。

搭配 派 + 人 / 车

联想 外派、分派

693. 盼望 pànwàng 动. hope for; look forward to

例 冬天到了，孩子们都盼望着快点儿下雪。

例 小张今天下午终于收到了他盼望已久的足球票。

搭配 急切（eager）地 / 热切地 / 焦急（anxious）地 + 盼望

一直 / 苦苦 + 盼望

辨析 盼望 vs. 希望

“盼望”和“希望”都表示心里想要达到某个目的，或者想要出现某种情况。不同的是：①“希望”比“盼望”使用范围（268）广，程度（122）较轻。“盼望”是热切地期待（724）、等待（209），程度比“希望”更深。②“希望”可以对别人，也可以对自己，如：我希望自己能变得更加强大；老师希望他能够更加努力一些。“盼望”不能对自己。③“希望”可用于句首，如：希望我们能早日相见。“盼望”没有这种用法。④“希望”还可以做名词，如：他是全家唯一（977）的希望。“盼望”只是动词，没有名词用法。

694. 培训 péixùn 动. train (technical personnel, etc.)

例 暑假期间，学校组织学生参加了英语培训。

例 教师是个专业性很强的职业，只有经过培训才能从事教学工作。

搭配 组织 / 参加 + 培训

培训 + 班 / 课程（558）

辨析 培训 vs. 训练（1086），见“训练”。

695. 培养 péiyǎng 动. ① cultivate; culture (microorganisms) ② train; develop; educate

例 这种物质是用来培养细菌（germ）的。

例 人的性格可能不会改变，但习惯是可以培养的。

例 家长应该培养孩子的自信心，让孩子成为一个乐观、积极的人。

搭配 培养 + 细菌

培养 + 人才（779）/ 感情 / 习惯

696. 赔偿 péicháng 动. compensate

例 商场的地太滑，王奶奶摔伤了腿，于是要求商场赔偿。

例 他把从图书馆借的书弄丢了，图书馆让他付赔偿金。

搭配 赔偿 + 损失（907）

赔偿 + 金 / 费 / 费用

697. 佩服 pèifú 动. admire

例 他学习努力，成绩优秀，我们全班同学都很佩服他。

例 她记忆力很好，不管是什么，看一眼就能记住，我非常佩服她。

搭配 十分 / 令人 + 佩服

佩服 + 极了 / 得很

题 完成句子：他的　　佩服　　勇气　　很让我　　(H51002-96)

"他的"后面应该是名词，可组成（1291）"他的勇气（1138）"。"让我"后面应该接动词或者形容词，在这里可跟动词"佩服"组成"很让我佩服"。按照"人 / 事物 + 使 / 令 / 派 + 名 / 代 + 动（+ 宾）"这个句型，答案是：他的勇气很让我佩服。

698. 配合 pèihé 动. cooperate; coordinate

例 我们应该支持和配合班长的工作。

例 这个工作需要大家互相配合才能完成。

搭配 配合 + 警察 / 学校 / 这次行动（1061）

配合 + 一下 / 一次 / 一回

699. 盆 pén 名. pot; tub; basin

例 我家窗台上放着几盆花，开花的时候特别漂亮。

例 昨天我去超市买了一个花盆，可是回来的路上就给摔坏了。

搭配 一盆 + 水 / 花

联想 盆景（miniature trees and rockery in a pot）、盆地（basin）、盆栽（grow in a pot）植物

700. 碰 pèng 动. ① meet; run into ② knock (against); bump

例 早上我在教学楼里碰见了王老师，还跟她聊了两句。

例 弟弟吃饭的时候不小心把碗碰掉了。

搭配 碰 + 见 / 到 / 上

联想 碰杯、碰头

P

辨析 碰 vs. 撞（1263）

“碰”和“撞”意思相近，都表示运动着的人或物体跟别的人或物体突然地快速接触（497）在一起，但两个词的程度和用法有区别。①“撞”的程度比“碰”更严重，比如：小男孩儿跑得太快了，一不小心撞到了墙（740）上，把头弄伤了。②“碰”有时表示主体可以控制（561）方向和力度的行为，如：他用手指（873）轻轻碰了一下那个开关。“撞”没有这个意思。③“碰”可以是约定的，也可以是偶然的，比如：我跟朋友约好了，下午三点在学校西门碰面；我在学校西门碰到了他和他女朋友。“撞”一般用于偶然的事情或行为，比如：他小时候第一次逃课去网吧就被爸爸撞见了，被爸爸批评了一顿（244）。

701. 批 pī 量. batch; lot; group; pile

例 今年我们学校来了一批外国留学生。

例 商店运来了一批水果，很快就卖完了。

搭配 一批 + 游客 / 文件（990）/ 货物 / 设备（819）

702. 批准 pīzhǔn 动. ratify; approve

例 他想请假提前回家，可是经理没有批准。

例 公司批准了我的辞职申请，下个月我就要走了。

搭配 批准 + 计划 / 申请

辨析 批准 vs. 同意

“批准”和“同意”的意思都是对别人的意见、建议或请求（758）表示赞成（1172），但意义和使用对象有区别。“批准”指上级（higher authority）对下级的建议、要求或者计划、方案（270）表示许可（permit），一般是一种行政（administration）行为，如：学校批准了我的出国申请。“同意”的意思是对某种主张（1248）表示相同的意见，既可用于上下级，也可用于同级，比如：她终于同意跟我结婚了；老板（576）同意我休息一个星期。

703. 披 pī 动. drape over one's shoulder

例 出门前，妈妈拿出一件雨衣披在我的身上。

例 房间里，一位披着漂亮长发的姑娘正在打电话。

搭配 披着 + 头发 / 衣服 / 毛巾

704. 疲劳 píláo 形. tired; fatigued

例 对我来说，听音乐是消除（eliminate）疲劳的最好方式。

例 医生说他的病是过度（excessive）疲劳造成的，让他好好休息一段时间。

搭配 感到 / 觉得 / 减轻 / 消除 + 疲劳

705. 匹 pǐ 量. ① [for mules, horses, etc.] ② [for rolls of cloth or silk]

例 弟弟在墙上画了几匹马，画得还挺像的。

例 奶奶早上去商店买了一匹布，准备给小孙女做一条裙子。

联想 单枪匹马（all by oneself; single-handed）

706. 片 piàn 量. ① slice; tablet, etc. ② [of land, field, waters, etc.]

例 每天下午四点我都要喝上一杯咖啡，吃两片面包。

例 图书馆前边是一片绿油油的草坪（lawn）。

搭配 一片 + 雪花 / 云

一片 + 草地 / 雪地 / 森林 / 海

707. 片面 piànmiàn 形. uneven; lopsided; unequal; unfair

例 如果我们只是片面地追求快，有可能达不到目的。

例 有人认为电脑可以完全代替人脑，这种看法是片面的。

搭配 片面地 + 强调 / 理解 / 认为

片面的 + 看法 / 思想（898）/ 观点（356）/ 理论（588）

反义 全面（768）

708. 飘 piāo 动. float (in the air); drift; flutter

例 蓝蓝的天空上飘着几朵白云。

例 前面走过来一位长发飘飘的美女，让人忍不住多看几眼。

联想 飘动、飘落、飘摇、飘洒

709. 拼音 pīnyīn 名. Pinyin

P

例 开学第一周，老师教我们学习汉语拼音。

例 我还不会使用拼音输入法，你能教教我吗？

搭配 拼音 + 文字 / 字母（1280）

联想 拼读、拼写

710. 频道 píndào 名. channel

例 我哥哥最喜欢看体育频道的节目。

例 我不喜欢看这个节目，换一个频道可以吗？

搭配 电视 / 广播 / 音乐 / 新闻 + 频道

换 / 调 + 频道

711. 平 píng 形. flat; level

例 路又直又平，所以车开得很平稳。

例 他们住在山区，道路不平，行走不便。

搭配 放 / 摆（12）/ 压 / 端（carry）+ 平

712. 平安 píng'ān 形. safe and sound; free from danger

例 祝你一路平安！

例 坐了三天两夜的火车，我终于平安到家了。

搭配 一路 / 旅途 / 一生 + 平安

平安 + 到达（205）/ 脱险（escape danger）

联想 平安喜乐、平安无事、和平、安宁（peaceful; tranquil）

辨析 平安 vs. 安全

“平安”和“安全”意思相近，都表示没有危险、不出事故，如：病人平安 / 安全度过（233）了危险期。不同的是：① “平安”强调安稳、平静（717），指没有危险和不顺心的事情出现，一般不是人的努力所能控制的，多用于有可能出现危险的旅途、环境、事情的过程等，使用范围比“安全”小，如：祝你一路平安；孩子生下来了，母子平安。“安全”强调不会有危险或者事故，使用范围比“平安”大，可用于生产、交通、生命、财产（73）、居住（reside）环境、领土（territory）等各方面，属于（883）人可以控制的因素，如：最近一直下雪，路面湿滑（415），你们开车要注意安全；军人要保卫（defend）国家安全。②“平安”比“安全”更多用于重叠（repeat）形式（1066），如：妈妈希望她能平平安安地回家。

题 请选出正确答案：

男：车快开了，我要上车了。

女：好，祝你一路平安。到了以后给我来电话。

问：他们最可能在哪儿？（样卷-14）

A 车站　　B 学校　　C 医院　　D 机场

上面的对话中，男的说：“车快开了，我要上车了。”由此可知，他们最可能在车站，所以答案是A。

713. 平常 píngcháng

形. ordinary; common
名. normal times

形 例 老师说的话很平常，道理却很深刻。

名 例 我对电影不太感兴趣，平常很少看。

搭配 平常的 + 事情 / 工作 / 日子（793）

事情 / 长相（appearance）+ 很平常

联想 平常心

辨析 平常 vs. 通常，见“通常”。

714. 平等 píngděng 形. equal

例 法律面前人人平等，任何人都不能搞特殊。

例 教师应该平等、公正（fair）地对待每一个学生。

例 以前男人和女人的社会地位是不平等的。

搭配 男女 / 人人 + 平等

平等的 + 机会 / 地位（218）/ 权利（767）/ 待遇（188）

715. 平方 píngfāng 量. square meter

例 中国的陆地面积大约是 960 万平方千米。

例 这套房子只有 60 多平方米，住不下我们一家四口。

自测

一 选词填空。

A 陌生　B 模糊　C 明确　D 平安　E 难怪

1. 要想获得成功，需要（　　）自己的目标，并付出艰苦的努力。
2. 为了实现自己的梦想，他只身一人来到了这个（　　）的地方。
3. 他地位虽高，但待人接物却很平易近人，（　　）大家都非常敬爱他。
4. 协议书不宜用圆珠笔写，因为圆珠笔写的字年深月久容易（　　），看不清楚。
5. 听说家乡发生了地震，我很担心，不知家里是否一切（　　）。

A 平常　B 疲劳　C 培养　D 模仿　E 批准

6. 他去年就申请加入这个组织，可是一直没有被（　　）。
7. 一百多年来，这所大学（　　）了很多优秀的人才。
8. 要想通过 HSK 考试，（　　）就得多读、多写、多练。
9. 为了按时完成毕业论文，他从早到晚都在图书馆查资料，从来不知道（　　）。
10. 写作的时候不要总是（　　）别人，要有自己的特点和风格。

A 明显　B 目标　C 哪怕　D 难免　E 能干

11. 既有能力又会做事，这些年轻人真是太（　　）了！
12. （　　）最终失败了，只要努力过就不会后悔。
13. 为了治病，他吃了很多药，但感觉效果并不（　　）。
14. 人的一生（　　）犯错，但知错必改才能得到原谅。
15. 我的（　　）是考上博士，毕业以后当大学老师。

A 年代　B 年纪　C 宁可　D 偶然　E 盼望

16. 我母亲虽然（　　）大了，却还保持着锻炼身体的良好习惯。
17. 上个世纪七十（　　）中期，这里曾发生过一次大地震。
18. 我（　　）骑自行车去学校，也不愿意开车，因为路上太堵了。
19. 那天在家找东西时，我（　　）发现了他很久以前写给我的信。
20. 圣诞节快到了，孩子们都（　　）着圣诞老人带来的礼物。

二 完成句子。

21. 不许　命令　小偷　警察　动　______________________
22. 他　工作　对自己　很不满意　目前的　______________________
23. 保险公司　将　造成的　损失　赔偿　暴雨　______________________
24. 天然气　一种　能源　是　清洁　______________________
25. 直播　体育频道　正在　比赛　足球　______________________

三 请结合下列词语（要全部使用），写一篇 80 字左右的短文。

明确　命运　平常　目标　哪怕

____
____
____
____
____
____

第12天

716—780

学习重点

1. 65 个词语
2. 重点词语：平静　迫切　期待　期间　强调　强烈
   悄悄　缺乏　确认

716. 平衡 pínghéng

动. balance; bring into equilibrium; maintain equilibrium
形. balanced

动 例 在企业管理中，要注意平衡各方面的利益。

形 例 小男孩儿走着走着失去了平衡，一下子摔倒在地上。

形 例 看到那些没有她努力的人都比她考得好，玛丽心里很不平衡。

搭配 保持（21）/ 失去（839）+ 平衡

收支（income and expenses）/ 产销 + 平衡

联想 平衡木（balance beam）

P

717. 平静 píngjìng 形. calm; tranquil

例 听了老师的话，我的心情久久不能平静。

例 我父母退休后回到乡下，过起了平静的田园生活。

搭配 心情 / 语气（1152）+ 很平静

保持 / 难以 / 无法 / 不能 + 平静

平静 + 下来

联想 风平浪静、平心静气

辨析 平静 vs. 安静

“平静”和“安静”都有“安宁（tranquil）、平和”之意，但词义有不同的地方。“平静”主要指人的心情、表情（52）没有不安（61）和紧张，环境和局势（situation）没有动荡（turbulent）和动乱，如：战争（1184）过后，这里的生活又恢复（428）了平静。“安静”常指环境或人的状态（1262），主要指没有声音，如：放假后学生们都回家了，校园里很安静；所有人都安安静静地坐在那儿，等着陈教授的到来。

718. 平均 píngjūn

形. average; equal
动. equalize; average; go fifty-fifty

形 例 这几个班的学生数量不太平均，还得重新分配一下。

动 例 十箱苹果重 100 斤，平均每箱苹果重 10 斤。

搭配 平均 + 分配（278）/ 发展

平均 + 工资 / 人口（780）/ 身高 / 寿命（875）

联想 平均值（mean value）、平均数

辨析 平均 vs. 均匀（540）

“均匀”与“平均”都可以形容（1065）事物（864）在数量、质量、力量（590）、时间等方面分配或分布（277）相等（be equal），但词义重点有所（909）不同。① “均匀”强调（738）分布或分配在各部分的数量基本（438）相同，多用于人口、雨水、颜色、声音、呼吸（404）等，如：这个国家的人口分布不均匀；他的呼吸很均匀。“平均”强调各部分完全一样，没有轻重或多少的区别，多与“分配、发展、数量”等词组合（1292），如：把十个苹果平均分给五个人，每个人有几个？② “平均”还可以用作动词，表示将总数按等份均匀计算（447），如：10 袋水果重 40 千克，平均每袋重 4 千克。

719. 评价 píngjià

动. judge; appraise; evaluate
名. judgment; appraisal; evaluation

动 例 评价历史人物的时候，要考虑到他们当时所处的时代。

名 例 大家对他的评价是幽默、热心。

名 例 希望大家对这件事做出公正（fair; just）的评价。

搭配 评价 + 某（664）人 / 某事 / 某个作品（1298）

做出 / 给出 + 评价

评价 + 很高 / 很低 / 很好 / 很差

720. 凭 píng

介. on the basis of; according to
动. depend on; rely on

介 例 如果你从不帮助别人，凭什么要求别人帮助你？

介 例 他凭着自己的努力和坚持，终于获得了成功。

动 例 这件事能不能办成，就全凭你了。

搭配 凭 + 运气（1165）/ 能力 / 经验 / 感觉 / 印象 / 想象（1037）

辨析 凭 vs. 靠（549）

“靠”和“凭”做动词时都有“依靠（count on）”的意思，如：我们能否成功就全靠 / 凭你了。不同的是：① “靠”比“凭”的使用范围（268）大，如“在家靠父母，出门靠朋友”中的“靠”就不能换成“凭”。② “靠”做动词时还有“接近（499）”的意思，如：靠马路的房间、靠门的位置（985）。“凭”没有这个用法。③ “凭”做介词时引出允许行为（1063）发生的凭据，如：请大家凭票上车 / 进场 / 购物。“靠”没有这个用法。

Q

721. 迫切 pòqiè 形. urgent; pressing

例 现在人类迫切需要解决全球的环境污染问题。

例 马上就要毕业了，他迫切地希望找到一份满意的工作。

搭配 迫切地 + 要求 / 期待（724）/ 希望

迫切的 + 心情 / 愿望（1162）

联想 迫不及待

722. 破产 pòchǎn 动（离合）. go bankrupt; go broke

例 这家公司由于经营管理不善（bad; ill），去年底宣布破产了。

例 由于糟糕的天气，我们的旅行计划一次又一次地破了产。

搭配 公司 / 企业（728）/ 老板（576）/ 计划 / 阴谋（conspiracy）+ 破产

题 **完成句子**：破产的　危险　工厂　面临　那家　（样卷-97）

量词“家”后边应接名词“工厂（325）”，组成（1291）“那家工厂”。“破产的”应该放在名词“危险”前面做定语，组成“破产的危险”。动词“面临（646）”后面一般跟“危险”“困难”“考验（test; trial）”等抽象（137）名词，在这里可组成“面临破产的危险”。按照“人 / 事物 + 谓语动词 + 宾语”的结构（501），组成的句子应该是：那家工厂面临破产的危险。

723. 破坏 pòhuài 动. destroy; do damage to

例 战争使这个地区遭受（suffer）了严重的破坏。

例 地球是人类的家园。如果地球被破坏了，我们该去哪里？

搭配 破坏 + 环境 / 生态（ecology）/ 大自然 / 文物（cultural relic）/ 感情

联想 破坏性

Q

724. 期待 qīdài 动. look forward to; expect

例 对于这次聚会，同学们已经期待很久了。

例 我们期待着读者对这本书提出宝贵的意见。

搭配 迫切 / 热切 + 期待

极大的 / 长久的 + 期待

期待 + 已久

辨析 期待 vs. 等待（209）

"期待"和"等待"都有"等"的意思，都多用于书面语。不同的是：①"期待"表达（49）一种希望、期盼，但经常无法确定（771）是否能得到想要的结果，如：我期待着充满（133）希望的明天。"等待"的人、事物或者情况一般是已经约好的、确定的，并且通常（940）是会有结果的，只是时间早晚的问题，如：傍晚（14），妈妈做好了饭菜等待儿子回家吃饭。②"等待"一般是被动（passive）地等着，不采取（75）任何主动（1242）行动（1061），对象（240）可以是所希望达到（175）、实现（854）的，也可以不是，如：生命最后的几天里，她一动不动地躺在床上，等待着死亡（die）。"期待"一般是抱着期望（expect）的心情等着，对象多是所希望达到、实现的，如：孩子一直期待着生日的到来。③"期待"可受某些程度（122）副词修饰（modify），如：家人都非常期待他早日学成归国。"等待"不能受程度副词修饰。

题 请选出正确答案：

男：你怎么了？这么高兴！

女：朋友送了我两张今晚演唱会的门票，这个演唱会我期待很久了！

问：女的是什么语气？（样卷-2）

A 吃惊　　B 遗憾　　C 兴奋　　D 难过

从对话中可以知道，女的很高兴，因为她得到了两张演唱会的门票，而这个演唱会她期待很久了，所以应该选 C。

725. 期间 qījiān 名. time; period; course

例 开会的时候，老师讲了寒假期间要注意哪些安全问题。

例 考试期间，请大家不要使用手机、电脑等电子产品。

搭配 在……期间

节日 / 活动 / 实习（853）/ 住院 / 生病 / 会议 + 期间

726. 其余 qíyú 代. the rest; all the other persons / things

例 我现在的主要任务是学习，其余的事情以后再说。

例 她给自己买了几条围巾，其中有一条是红色的，其余都是蓝色的。

搭配 其余的 + 学生 / 东西 / 部分

辨析 其余 vs. 其他

“其余”和“其他”都是代词，都既可指人又可指事物，但意义（1121）有一些不同。“其他”的意思是“另外的”，如：除了工资，我没有其他收入。“其余”指剩下的所有人或物，强调“剩余”的意思，如：他每个月的工资只花一半，其余的都存起来了。

Q

727. 奇迹 qíjì 名. miracle; wonder

例 中国的万里长城是世界著名的建筑奇迹。

例 爱能创造奇迹。经过妻子五年的细心照顾，昨天他终于醒过来了。

搭配 出现 / 创造（155）+ 奇迹

伟大（979）的 + 奇迹

728. 企业 qǐyè 名. enterprise

例 他在这所大学学习企业管理专业。

例 他想知道这个地区有哪些有名的中小企业。

搭配 企业 + 文化 / 精神（522）/ 信息 / 培训（694）

国有 / 私营 / 家族 + 企业

联想 企业家

729. 启发 qǐfā 动. enlighten (sb on sth); inspire

例 听了王教授的讲座以后，我深受启发。

例 当我们为写作烦恼的时候，老师启发我们：“生活是写作的源泉（fountain source）。”

搭配 启发 + 学生 / 读者

受到 / 深受 + 启发

联想 启发性、启发式教学

730. 气氛 qìfēn 名. atmosphere; air

例 昨天的晚会气氛非常热烈，会场上笑声不断。

例 为了活跃气氛，老师组织大家做了一个小游戏。

搭配 气氛＋融洽（harmonious）/ 热烈（777）/ 紧张

轻松的 / 愉快的 / 紧张的＋气氛

731. 汽油 qìyóu 名. gas; gasoline

例 请问，今天的汽油价格是多少？

例 她不知道这辆车应该加哪种汽油。

联想 加油、燃油、石油（petroleum）

732. 谦虚 qiānxū 形. modest

例 中国人一般会谦虚地回应别人的赞美。

例 他谦虚好学，从不骄傲自满（self-satisfied）。

搭配 谦虚的＋人 / 态度 / 品质（character）

谦虚地＋说 / 回答 / 表示

联想 虚心（1077）

反义 骄傲

733. 签 qiān 动. sign

例 如果对合同没有疑问，请在最后一页签上您的名字。

例 经过一周的谈判，他们公司终于跟那家法国公司签下了这份贸易合同。

搭配 签＋协议（agreement）/ 合同（393）

联想 签名、签字、签字笔

734. 前途 qiántú 名. future; prospect

例 他辞职了，因为他觉得这份工作没有发展前途。

例 为了孩子能有一个光明的前途，父母付出了很多时间、金钱和精力。

搭配 有 / 没有＋前途

美好的 / 光明（363）的＋前途

联想 前途无量（have boundless prospects）

Q

735. 浅 qiǎn 形. ① shallow ② (of colors) light

例 这个湖（lake）面积虽然很大，但湖水很浅。

例 那条裙子是那种不深不浅的粉色，颜色很好看。

联想 肤浅（superficial）、粗浅（shallow）、浅显（plain）、浅薄（superficial）、目光（sight）短浅

反义 深

736. 欠 qiàn 动. owe; be behind with

例 都好几年了，朋友欠她的钱还一直没还。

例 他的手机欠费停机了，我联系不上他。

例 我不喜欢麻烦别人，主要是不想欠人家人情。

搭配 欠 + 钱 / 费 / 人情 / 一个道歉

联想 借钱、还钱

737. 枪 qiāng 名. gun; rifle

例 警察命令他不准开枪。

例 在那张老照片里，爷爷穿着军装，手里还拿着一把枪。

搭配 开 / 打 + 枪

一支（1214）/ 一把 / 一杆（a measure word for a long and thin cylindrical object）+ 枪

联想 手枪、枪手（gunner）、武器（weapon）、弹药（ammunition）

738. 强调 qiángdiào 动. emphasize; stress

例 放假前，老师反复跟我们强调假期要注意安全。

例 会议开始前，校长强调了这次大会的重要意义。

搭配 特别 / 专门 / 反复（264）/ 重点 + 强调

强调 + 指出

联想 加强

739. 强烈 qiángliè 形. intense; strong

例 他从小就对画画有强烈的兴趣。

例 姐姐喜欢安静，妹妹活泼好动，姐妹俩的性格形成了强烈的对比。

搭配 强烈的 + 阳光 / 好奇心 / 兴趣 / 对比（236）/ 感情

辨析 强烈 vs. 激烈（439）vs. 热烈，见“热烈”。

740. 墙 qiáng 名. wall

例 她卧室的墙上挂着一张非常特别的画。

例 据说每天靠墙站立几分钟可以达到锻炼身体的目的。

搭配 一面 / 一堵（a measure word of walls）+ 墙

联想 城墙、墙头草（grass atop a wall swaying in the wind—a person who follows the crowd）

741. 抢 qiǎng 动. ① snatch; grab; rob ② vie for; compete for

例 这个孩子总爱抢别人的东西，别的小朋友都不愿意跟他一起玩。

例 在中国，朋友们一起吃饭的时候，大家经常会抢着付钱。

搭配 抢 + 东西 / 钱 / 球 / 票 / 红包（red packet）

联想 抢购、抢救（rescue）

742. 悄悄 qiāoqiāo 副. quietly

例 他趁老师不注意，悄悄地走出了教室。

例 春天到了，墙角的桃树悄悄地开花了。

搭配 悄悄地 + 说 / 离开 / 打听（179）

联想 悄悄话

辨析 悄悄 vs. 偷偷

“悄悄”和“偷偷”都是副词，都表示行动不让别人发现。但“悄悄”强调没有声音或者声音很低，让别人不容易听见，比如：她压低了声音悄悄地和我说话。“偷偷”强调行动避开他人，让别人不容易发现，比如：他俩背（30）着父母偷偷地谈起了恋爱（600）。

题 **请选出与试题内容一致的一项：**打开电脑，浏览网站，每天人们都在享受信息时代的好处。但是小心，在你轻轻点击鼠标的过程中，无处不在的网络病毒可能已经悄悄进入你的电脑系统中了，有些病毒甚至连杀毒软件都无法将它们删除。（样卷-64）

A 鼠标带有病毒　　B 电脑对人体有害

C 上网要小心病毒　　D 杀毒软件破坏了电脑系统

文中说“但是小心……网络（969）病毒（55）可能已经悄悄进入你的电脑系统（1014）中了”，说明答案为 C。病毒是从网络进入电脑的，而不是鼠标（884）带有的，所以 A 不对。文中说“有些病毒甚至连杀毒软件（797）都无法将它们删除（807）”，而不是说“杀毒软件破坏了电脑系统”，D 不对。B 在文中没有提到。

Q

743. 瞧 qiáo 动. look; see

例 瞧，他们来了！

例 那边好像出什么事了，我们去瞧瞧吧。

辨析 瞧 vs. 看

“瞧”和“看”意义基本相同，但语体（type of writing）和用法有一些不同。①“瞧”用于口语，有北方方言（dialect）色彩（801），正式场合（occasion）只用“看”，不用“瞧”。“看”可用于书面语和口语。②用“瞧”可以使语言显得（1021）生动（832）、有趣，如：您瞧瞧，多好的苹果啊！③“瞧”的时间比“看”的时间短，“看”的视线（line of vision）比“瞧”更直接，如：他瞧了我一眼，然后不高兴地把头转了过去；昨天我哪儿也没去，一直在家里看书。④“看”的使用范围更广，一般可以代替（186）“瞧”，但“瞧”很多时候不能代替“看”，如：看起来要下雨了；看电影 / 电视 / 书 / 朋友。

联想 瞧不起、瞧得起、小瞧

744. 巧妙 qiǎomiào 形. clever; ingenious; skillful

例 这个广告语设计得太巧妙了！

例 老师非常巧妙地回答了我的问题。

搭配 巧妙的 + 做法 / 回答 / 设计（820）/ 方法

巧妙地 + 结合（502）/ 安排

745. 切 qiē 动. cut; slice

例 她切了一盘水果招待客人。

例 那个女孩儿虽然只有七岁，但已经学会切菜做饭了。

搭配 切 + 水果 / 肉 / 菜 / 蛋糕 / 面包

联想 削（whittle）、砍（546）、剁（chop）

辨析 切 vs. 砍

“砍”指用刀或斧子（axe）花很大力气将东西分开，但不要求刀或斧子的落点准确，如：砍树 / 柴（firewood）。“切”常指用刀把东西分成小部分，不用花很大力气，但要求刀的落点准确，如：切面包 / 菜 / 西瓜。

746. 亲爱 qīn'ài 形. dear; beloved

例 在国外学习期间，我非常想念亲爱的家人们。

例 母亲节那天，她送给妈妈一张卡片，上面写着：“亲爱的妈妈，我爱你！”

搭配 亲爱的 + 同学 / 朋友 / 老师 / 家人

联想 敬爱

747. 亲切 qīnqiè 形. ① intimate; warm; affectionate ② cordial; kind; affable

例 家乡的一草一木都让他感到非常亲切。

例 开学第一天，老师走进教室，亲切地向同学们问好。

联想 亲切的 + 问候（998）/ 关怀（show loving care）/ 态度

亲切地 + 说 / 打招呼 / 交谈 / 问好 / 握手（1000）/ 拥抱（1136）

748. 亲自 qīnzì 副. personally; in person

例 老板说了，这件事必须由他亲自处理。

例 昨天我父亲亲自下厨，给我做了一顿饭。

搭配 亲自 + 解决 / 体验（934）/ 下厨

联想 亲手、亲眼、亲耳

辨析 亲自 vs. 亲身

“亲自”和“亲身”都有“自己直接（做某事）”的意思，但意义和用法有一些区别。①“亲自”一般表示做这件事的人身份（826）比较高，做这件事体现

（933）了对有关的人和事的重视，如：校长非常关心我们，亲自去机场接我们。“亲身”强调是自己去体验、去感受（309），与做这件事的人的身份无关，如：作家只有亲身感受现实（1026）生活，才能写出好的作品。②“亲自”是副词，只能用在动词前，如：亲自参加 / 出席（144）。“亲身”是形容词，可以用在抽象名词前，如：这是我的亲身感受 / 体会（931）/ 经历。

Q

749. 勤奋 qínfèn 形. diligent; industrious

例 他是一个勤奋好学的年轻人。

例 勤奋不一定会成功，但成功却永远需要勤奋。

搭配 勤奋地 + 学习 / 工作

勤奋的 + 学生 / 员工（1158）/ 企业家

750. 青 qīng 形. blue; green

例 超市里的青苹果比红苹果便宜一些。

例 她穿了一条青色的裙子，显得皮肤很白。

联想 青天、青菜、青草

751. 青春 qīngchūn 名. youth

例 青春是人的一生中最美好的一段时光（times; days）。

例 年轻人应该把握住自己的青春时代，趁年轻多学一些东西。

搭配 青春 + 活力（vigor）/ 时光 / 岁月（years）/ 偶像（idol）

752. 青少年 qīngshàonián 名. teenagers

例 他们正在做一个青少年每天上网时间的调查。

例 兴趣爱好对青少年的健康成长有重要的影响。

753. 轻视 qīngshì 动. look down upon

例 要是轻视了安全工作，就有可能发生危险。

例 虽然他刚参加工作，但你不应该因为他年轻就轻视他。

搭配 轻视 + 别人 / 对手（239）

联想 看不起（547）、瞧不起

辨析 轻视 vs. 看不起

“看不起”与“轻视”的意义基本相同，但不同的是：①“看不起”主要是认为某个对象价值（464）低而不尊重，如：不要看不起任何工作，每一份工作都值得被尊重。“轻视”主要表示因为不重视某个对象而不认真对待（237），如：比赛的时候不能轻视对手。②“看不起”多用于口语，“轻视”多用于书面语。

反义 重视

754. 轻易 qīngyì
副. lightly; rashly
形. easy; without difficulty

副 例 在没有认真考虑之前，不要轻易做出任何决定。

副 例 她轻易放弃了这样一个好机会，大家都觉得非常可惜。

形 例 成功不是轻易得到的，而是长期的努力和坚持换来的。

搭配 轻易 + 改变 / 接受 / 相信 / 同意

755. 清淡 qīngdàn 形. (of food) not greasy or strongly flavored

例 中国南方一些地区的菜口味很清淡。

例 医生建议他多吃清淡的食物，少吃油腻（greasy）、不好消化的东西。

搭配 味道 / 口味（562）/ 口感 / 饮食（diet）+ 很清淡

清淡 + 可口（delicious）

联想 淡而无味、平淡（insipid）、平淡无奇

反义 油腻

756. 情景 qíngjǐng 名. scene; sight

例 你还记得我们第一次见面时的情景吗？

例 在这部电影里，我们可以看到二十世纪七八十年代的日常生活情景。

搭配 具体（531）/ 生活 + 情景

757. 情绪 qíngxù 名. mood

例 保持愉快的情绪对身体健康很有好处。

例 听了大家的劝说以后，他的情绪好多了。

搭配 控制（561）/ 调整（938）/ 改善（299）/ 影响 + 情绪

乐观（581）的 / 悲观（31）的 / 积极的 / 消极（1045）的 / 稳定（997）的 + 情绪

情绪 + 变化 / 激动

758. 请求 qǐngqiú
动. ask; request
名. request

动 例 不管他怎么请求，她都无法原谅他。

名 例 我有个小小的请求，希望您能够答应。

搭配 请求 + 帮助 / 原谅

一再（1107）/ 再三（1169）+ 请求

答应（174）/ 拒绝 + 某人的 + 请求

辨析 请求 vs. 要求

“请求”和“要求”做动词时，都表示提出某种愿望，希望得到满足（629）；做名词时，都指所提出的愿望。不同的是：①“请求”强调提出某种需要，请对方（238）同意，如：我请求他帮我一个忙。“要求”强调向对方提出愿望或条件，希望对方能做到，如：总经理要求员工不断（63）学习新技术。②“请求”常用于下级对上级（higher authority），有时候也用于同级之间。而且用“请求”的时候，态度是尊敬（1296）、谦卑（humble）、有礼貌的，如：孩子请求妈妈给他一块糖。“要求”常用于上级对下级，态度是严肃（1091）的，如：老师要求我们按时完成作业。“要求”有时也可用于同级或者对自己，如：你不要总是要求别人，你也要严格要求自己，把自己的事情做好。

759. 庆祝 qìngzhù 动. celebrate

例 热烈庆祝绿源公司成立十五周年！

例 除夕夜里，大家聚在一起庆祝新年的到来。

例 在庆祝王教授八十大寿的宴会上，所有学生都祝他老人家健康、长寿。

搭配 庆祝 + 节日 / 生日 / 开业

庆祝 + 活动 / 大会

共同 / 举杯 + 庆祝

辨析 庆祝 vs. 祝贺

“庆祝”和“祝贺”都可用于对某人或某事表示喜悦（joyous）和祝福（1251），但两个词的使用对象和意义有所不同。“庆祝”是为共同的喜事而举办某些活动以表示高兴或者纪念（452），庆祝的事情一般与自己有关，如：校庆那天，学校举办了丰富多彩的庆祝活动。“祝贺”是对别人的成功、喜事等表示高兴和祝福，祝贺的事情一般跟自己没有关系，如：祝贺你们赢得了比赛；这次考试小丽获得了全班第一名的好成绩，我真心地向她表示祝贺。

760. 球迷 qiúmí 名. (ball game) fan

例 他是一个球迷，只要有足球比赛他都会看。

例 球迷们都聚在机场，准备迎接他们喜爱的球星。

联想 足球迷、篮球迷、歌迷、舞迷、影迷、戏迷、棋迷、财迷

761. 趋势 qūshì 名. trend; tendency

例 改革开放以来，中国经济的发展趋势越来越好。

例 近些年来，世界各国的人口老龄化趋势越来越明显。

搭配 大 / 新 / 总的 / 必然（39）/ 主要 / 历史 + 趋势

762. 取消 qǔxiāo 动. cancel

例 由于天气的原因，他们取消了这次旅行。

例 听说你们周六晚上的活动被取消了，怎么回事啊？

搭配 取消 + 计划 / 资格（1268）/ 会议 / 活动 / 交易（deal; trade）

题 请选出正确答案：

男：我以为你早该到了，怎么现在才到？

女：别提了！本来我连飞机票都买好了，可是因为大雾，航班取消了，我只好坐火车过来了。

问：女的为什么来晚了？（H51001-16）

A 车坏了　　B 没赶上火车　　C 没买到机票　　D 航班取消了

从上面的对话可以知道，女的没按时到达（205）的原因是“因为大雾（1009），航班取消了”，所以她只好改坐火车。答案是 D。

763. 娶 qǔ 动. marry (a woman)

例 马克娶了一个中国太太。

例 他希望 35 岁之前能娶妻生子。

反义 嫁（466）

764. 去世 qùshì 动. (of grown-ups) die; pass away

例 他奶奶两年前去世了。

例 你们听说了吗？老王的父亲昨天突然去世了。

辨析 去世 vs. 死

“去世”和“死”都表示生命结束和消失（1046），但二者的使用对象、感情色彩和语体色彩不同。“去世”只能用于人，有对死者的尊重之意，经常用在正式语体中。“死”既可用于人也可用于其他生命体，是中性词，没有对死者的尊重之意，可用于口语和书面语，如：门前那棵老树死了。

Q

765. 圈 quān 名. circle; ring
动. ① encircle; enclose ② mark with a circle

名 例 为了锻炼身体，她每天都要在操场上跑几圈。

动 例 他太太在家门前圈出一块地，种上了各种蔬菜。

动 例 请把写错的字圈出来。

搭配 朋友 / 文化 / 社会 / 生物（organism）/ 学术（1082）+ 圈

圈 + 起来 / 出来

联想 光圈、圆圈、圈套（trap）、绕（775）圈子、可圈可点（praise-worthy）

766. 权力 quánlì 名. power; authority

例 在这家公司里，他父亲的权力最大。

例 我认为人生最大的幸福是健康，金钱和权力不一定能给人带来幸福。

搭配 国家 / 最高 + 权力

掌握（1187）/ 夺取（take by force）+ 权力

权力 + 机关（body; organ）/ 部门（72）

联想 大权在握

辨析 权力 vs. 权利（767），见“权利”。

767. 权利 quánlì 名. right

例 每个人都有权利选择自己想要的生活。

例 在中国，每个公民（citizen）都享有受教育的权利。

搭配 政治（1212）/ 基本 / 个人（320）+ 权利

平等（714）的 / 特殊（924）的 + 权利

享有 / 失去 / 剥夺（deprive）+ 权利

联想 责任、义务（1118）

辨析 权利 vs. 权力

“权力”主要指主体有支配（dominate）和控制其他人和事物的力量，如：私人（896）企业的老板有招聘和解雇（dismiss; fire）员工的权力。“权利”属于（883）法律上的概念（303），指主体依法行使（exercise; perform）的权力和应该享受（1035）的利益（595），如：每个孩子都有接受教育的权利。

768. 全面 quánmiàn 形. overall; comprehensive

例 作为一名教师，应该全面了解自己的学生。

例 他们的学习计划看起来很简单，内容却很全面。

搭配 全面 + 了解 / 思考（897）/ 分析（280）/ 负责 / 发展 / 实现 / 考察（inspect; observe and study）

反义 片面（707）

769. 劝 quàn 动. try to persuade; advise

例 妈妈劝她不要熬夜，早点儿睡觉。

例 他妻子总是劝他戒烟，可是他就是戒不掉。

联想 劝说、劝告、劝解、劝慰、好言相劝

770. 缺乏 quēfá 动. lack; be short of

例 他刚参加工作，缺乏经验是难免的。

例 他们夫妻之间缺乏信任，总是互相猜疑。

搭配 缺乏 + 理解 / 关心 / 知识 / 信心 / 自信 / 安全感

辨析 缺乏 vs. 缺少

“缺乏”和“缺少”都是动词，都表示由于没有或者数量不够而不能满足需求（requirement），但是两个词也有一些不同之处。① “缺乏”比“缺少”程度更深，强调极少或者没有，宾语多是抽象事物，宾语前面一般不用数量短语指出具体的数量，如：缺乏理解 / 自信 / 安全感。②“缺少”语义较轻，多指数量上少一些，有时也指没有，一般用于具体的可以计数的人或者事物，宾语前面可出现数量短语，如：缺少专业人员（786）/ 资金（1269）/ 一套（922）设备（819）。“缺少”有时也可用于抽象事物，这时可以跟“缺乏”互换，如：缺少 / 缺乏经验、缺少 / 缺乏机会。③“缺乏”前面可以加程度副词“很、非常、十分”等，如：这个地区（216）食物（857）和药品都很缺乏。“缺少”没有这样的用法。

Q

题 请选出正确答案：……狐狸缺乏母性，常和子女们争食。当母狐狸发现食物时，为了能得到较多的食物，它往往会发出一种虚假的警告信号，故意把小狐狸们吓跑，然后自己第一个冲向食物。……

根据上文，可以知道母狐狸： （H51003-85）

A 动作很灵活　　B 吓跑了敌人　　C 有时会骗小狐狸　　D 获得了人们的同情

文中说母狐狸会“发出一种虚假（false）的警告（warn）信号（1059），故意把小狐狸们吓跑”。从“虚假”一词可以看出，母狐狸“有时会骗小狐狸”，所以选 C。母狐狸吓跑的是小狐狸，不是敌人（213），所以 B 不对。A 和 D 文中没有提到。

771. 确定 quèdìng

动. determine; define
形. definite; certain

动 例 马上就放假了，可他回国的日期还没有确定下来。

形 例 生活中有很多不确定的事情。

搭配 确定 + 时间 / 目标（666）/ 方向

确定的 + 内容 / 原则（1160）

联想 不确定性

辨析 确定 vs. 确认（772），见“确认”。

题 请选出正确答案：

男：和出版社合作的事儿，交给谁去办比较好？

女：要我说的话，恐怕没有比刘洋更合适的人了吧。

男：你确定？你觉得她合适？

女：是的，我确定。她来公司都快五年了，我了解她的能力。

问：根据对话，可以知道什么？ （H51001-28）

A 刘洋缺少勇气　　　　B 资金比较紧张

C 女的很了解刘洋　　　D 他们在出版社工作

女的很肯定地说，她确定刘洋适合做这件事，因为她很了解刘洋的能力，所以答案为C。

772. 确认 quèrèn 动. affirm; confirm

例 张校长能出席明天的会议吗？你们再跟他确认一下吧。

例 这次事故（accident）中部分死者的身份还没有得到确认。

搭配 确认 + 消息 / 身份 / 地位（218）/ 问题

得到 / 无法 + 确认

辨析 确认 vs. 确定

“确认”和“确定”做动词时都表示“使……明确（653）”，都常用于书面语，但是两个词也有一些不同的地方。①“确认”只做动词，表示明确地承认（120）某事或某信息，一般是主体跟与这件事有关的其他人一起进行，如：我想再（跟你）确认一下，你的电话号码和电子邮箱是正确的吧？“确定”做动词时，表示明确地肯定某事或者把某事定下来，可以是主体自己进行的，也可以是主体跟其他人一起进行的，如：我可以确定，这个名单是假的；我们今天只是〔跟选手（contestant）〕确认一下参赛名单上的个人信息，参赛名单明天才能最后确定下来。②“确定”还可做形容词，如：这次出差你到底能不能去？请给我一个确定的答复（answer）。“确认”没有这个用法。

773. 群 qún 量. group; herd; flock

例 会议结束后，他跟着一群人走出了大厅。

例 阳光下，一群牛羊正在草地上悠闲（leisurely）地吃草。

搭配 一群 + 人 / 孩子 / 马 / 牛 / 羊 / 蜜蜂（643）

联想 三五成群

R

774. 燃烧 ránshāo 动. burn

例 汽油燃烧的时候千万不能用水来灭（put out）火。

例 昨天我开车回家的时候，路上有一辆公交车突然燃烧起来了。

联想 着火、灭火、灭火器、消防车（fire engine）、消防员

775. 绕 rào 动. ① move round ② make a detour; bypass

例 地球在自转的同时也绕着太阳公转。

例 动物园附近的停车场不好找，我们绕了好几圈才找到。

联想 绕口令（tongue twister）

776. 热爱 rè'ài 动. love ardently; have a deep love for

例 他非常热爱自己的工作。

例 这首诗表达了作者对大自然的热爱之情。

搭配 热爱 + 祖国（motherland）/ 家乡（458）/ 农村（684）/ 和平（398）/ 教育事业（career）

辨析 热爱 vs. 爱

“热爱”和“爱”都是动词，都指对人或事物非常喜爱，但两个词也有一些不同的地方。①“热爱”是“热烈地爱”，程度比“爱”更深，一般用于书面语。“爱”既可用于书面语，也可用于口语。②“热爱”的对象大多是国家、工作、事业、生活等，一般不是具体的人和物，如：她是一个热爱生活的人。“爱”的对象既可以是抽象的事物，也可以是具体的人和物，如：我爱我的祖国 / 我的孩子 / 我的小狗。

777. 热烈 rèliè 形. warm; enthusiastic; animated

例 热烈庆祝北京大学建校 125 周年。

例 昨天我去参加朋友的婚礼，现场的气氛非常热烈。

搭配 热烈 + 欢迎 / 祝贺 / 讨论

热烈的 + 气氛 / 掌声

辨析 热烈 vs. 激烈 vs. 强烈

“热烈”“激烈”和“强烈”都是形容词，所表示的程度都很深，但三个词的使用对象不同，用法也有差异。①“热烈”强调情感和气氛，一般指人情绪高昂（high; excited）、兴奋激动或场面（occasion; scene）氛围很浓（687），如：热烈欢迎、热烈的掌声 / 气氛。②“激烈”形容动作又快速又紧张，也指说出的话很尖锐（sharp）、不客气，常形容比赛、言论（opinion on public affairs）、情绪等，如：比

赛竞争很激烈、争论（1201）得很激烈、发生激烈的争吵。③“强烈”形容人的感情、要求、主张（1248）等强而有力、程度深，如：他们强烈要求取消明天的比赛。“强烈”还可以形容光、气味（smell; scent）和色彩，如：今天外面的阳光太强烈了。

778. 热心 rèxīn 形. warm-hearted; earnest

例 她从小就关心集体，热心帮助别人。

例 作为我们班的班长，他总是热心地为大家服务。

搭配 热心的 + 读者 / 观众 / 人

热心地 + 支持 / 帮助

辨析 热心 vs. 热情

“热情”指人参与（79）活动或对待别人所表现（53）出来的热烈、积极、主动、友好的情感或态度，如：当地（198）的人们热情地接待（498）了我们；他对顾客很热情。“热心”表示一个人对别人的事情有热情、有兴趣、肯尽力（514），愿意主动去做事或者帮助别人，如：他是个热心人，很愿意帮助别人。

反义 冷淡（584）、冷漠

779. 人才 réncái 名. person of / with ability; skilled personnel

例 他是一个优秀的技术人才。

例 教师的工作目标就是为国家培养人才。

搭配 优秀 / 特殊 / 专门 / 知识型 + 人才

缺乏 / 选拔（select）/ 培养（695）+ 人才

联想 人才济济（abundance of capable people）、人才辈出（people of talent emerging in large numbers）

题 请选出正确答案：

女：你身边有计算机方面的人才吗？

男：怎么了？你们公司的小刘不是很厉害吗？

女：他上个星期辞职了，可能是自己也开公司了。

男：我帮你问问，我有一个朋友是计算机系毕业的，正在找工作。

问：关于女的，下列哪项正确？（H51002-29）

A 待遇比较低　　B 最近刚辞职

C 新开了一家公司　　D 需要计算机方面的人才

上面的对话中，女的问男的身边有没有计算机方面的人才，可以知道女的正在寻找（1084）计算机方面的人才，所以正确答案是 D。B 和 C 说的是小刘的情况，A 在文中没有提到。

780. 人口 rénkǒu 名. human population

例 中国是世界上的人口大国。

例 近年来，这个城市的人口越来越多了。

搭配 人口 + 增加 / 减少 / 政策（policy）

城市 / 农村 / 贫困（impoverished）/ 控制 + 人口

自 测

一 选词填空。

A 破坏　B 平静　C 期待　D 迫切　E 劝

1. 接到妈妈的电话后，她紧张的心情一下子就（　　）了下来。
2. 那时，国家（　　）需要大量外语方面的专业人才。
3. 大家（　　）他不要上山，可他不听，还是一个人去了。
4. 人类造成的各种污染会让地球环境遭受严重的（　　）。
5. 非常感谢您来我们公司参观，（　　）您的再次光临。

A 前途　B 热烈　C 轻易　D 强烈　E 期间

6. 昨天的讨论会上，大家都抢着发言，气氛十分（　　）。
7. 他在国外念大学（　　），只能住在很小的房子里。
8. 他的建议不合理，一提出来就遭到了大家的（　　）反对。
9. 历史和现实都告诉我们，青年一代有理想、有担当，国家就有（　　），民族就有希望。
10. 从那以后，她再也不敢（　　）相信别人的话了。

A 缺乏	B 启发	C 评价	D 强调	E 勤奋

11. 他只做自己想做的事，一点儿也不在乎别人对他的（　　）。
12. 他们公司（　　）有能力的管理人员。
13. 大自然给了我们许多（　　）。通过观察大自然，人们发明了很多有用的东西。
14. 他踏实（　　），做事认真负责，深得公司领导的信任。
15. 为了培养孩子对美的感受力，儿童图书特别（　　）画面的艺术性。

A 悄悄	B 热心	C 请求	D 燃烧	E 谦虚

16. 卖火柴的小女孩儿（　　）先生买一盒火柴。
17. （　　）使人进步，骄傲使人落后。
18. 直到现在，我还经常会想起那位曾经（　　）帮助过我的陌生人。
19. 春天到了，小草（　　）地从泥土里钻出来了。
20. 天然气（　　）的时候没有烟和灰尘，是比较清洁的燃料。

二 完成句子。

21. 利用　去企业　我　想　假期　实习　________________
22. 孩子的　妈妈　请求　拒绝　不忍心　________________
23. 学生　二十岁　不到　平均年龄　这个班的　________________
24. 热爱　他　是　年轻人　生活　的　一个　________________
25. 都　每个人　权利　有　追求　幸福　的　________________

三 请结合下列词语（要全部使用），写一篇80字左右的短文。

企业	破坏	缺乏	全面	平衡

____

____

____

____

____

____

第13天

781—845

学习重点

1. 65 个词语

2. 重点词语：人生　忍不住　日常　日期　日子　如何
善于　舍不得　生长

781. 人类 rénlèi 名. mankind; humankind

例 人类的生活离不开空气、水和阳光。

例 地球是我们人类的家园，我们要尽力保护它。

搭配 人类 + 社会 / 历史 / 发展 / 文明（992）

782. 人民币 rénmínbì 名. Renminbi (RMB)

R

例 您好，我想把美元换成人民币。

联想 欧元、美元、英镑、日元、泰铢、卢布（rouble）、越南盾

783. 人生 rénshēng 名. life

例 这部小说写出了人生的光明与黑暗。

例 老师说大学时代是人生中最重要的阶段，让我们一定要好好珍惜。

搭配 美丽的 / 美好的 / 有意义（1121）的 + 人生

人生 + 理想 / 目标（666）/ 道路 / 经历

784. 人事 rénshì 名. personnel matters

例 她在公司负责人事管理工作。

搭配 人事 + 制度（1224）/ 关系 / 变动 / 部门（72）/ 问题

联想 人事处（personnel office）、人事局、人事厅

题 请选出正确答案：

男：小姐，你好，我是来应聘的。

女：请问你叫什么名字？应聘哪个部门？

男：我叫李明，应聘销售经理。是王小姐让我下午两点半来面试的。

女：好，我带你过去。请这边走。

问：男的要应聘哪个部门？（H51002-24）

A 人事　B 销售　C 研发　D 法律

上面的对话中，男的自我介绍说“我叫李明，应聘销售（1047）经理”，因此可以确定（771）他要应聘销售部门，所以正确答案是 B。

785. 人物 rénwù 名. ① figure; personage ② person in literature; character

例 秦始皇是中国历史上的重要人物。

例 这部电视剧里的人物关系很复杂。

搭配 历史 / 伟大（979）/ 英雄（1127）/ 代表（185）+ 人物

题 **请选出与试题内容一致的一项：** 国画，又称“中国画”，是中国传统绘画。工具和材料有毛笔、墨、国画颜料、绢等，题材可分人物、山水、花鸟等。人物画所表现的是人类社会、人与人的关系；山水画所表现的是人与自然的关系，将人与自然融为一体；花鸟画则是表现大自然的各种生命与人和谐相处。 (H51002-69)

A 中国画关注人与自然　　B 国画的表现手法夸张

C 国画是传统与现代的结合　　D 山水画表现人与人的关系

文中说中国画分为三种：人物画表现（53）人类社会、人与人的关系，山水画表现人与自然的关系，花鸟画表现大自然的各种生命与人和谐（harmonious）相处（1029）。因此可以说，中国画关注人与自然的关系，正确答案是A。文中说“山水画所（909）表现的是人与自然的关系”，可知D是错误的。B和C在文中没有提到。

786. 人员 rényuán 名. staff; personnel

例 这所大学有不少高水平的研究人员。

例 参加出国培训的人员名单已经确定下来了。

搭配 技术 / 科研 / 工作 / 教学 / 有关 + 人员

题 **请选出正确答案：**

男：这个项目下个月中旬一定要全部完成，有什么问题吗？

女：没什么大问题，但是能不能给我们增加一个美编？那样会更有保证。

男：增加美术编辑人员可以，但是要注意多沟通，要提高工作效率。

女：明白，谢谢您。

问：女的需要哪方面的人员？ (样卷-26)

A 美术编辑　　B 项目管理　　C 产品推广　　D 市场销售

在上面的对话中，男的问女的在下个月中旬（1232）完成项目（1040）有什么问题，女的提出的请求（758）是“增加一个美编”，可以看出女的目前（668）需要“美编”。另外，男的回应女方的请求时说“增加美术（637）编辑（43）人员可以”，由此可以知道，女的所需要的“美编”就是“美术编辑人员”，所以正确答案是A。

R

787. 忍不住 rěn bú zhù cannot help but do sth

例 孩子看见糖果就忍不住想吃。

例 她说完那句话以后，大家都忍不住大笑起来。

搭配 忍不住 + 哭了 / 笑了 / 想问 / 想念（1036）/ 好奇（390）

题 完成句子：大笑　忍不住　起来　他　（样卷-91）

“忍不住”后面加动词性宾语“大笑”可组成（1291）“忍不住大笑”。“大笑”后面加补语“起来”，组成“大笑起来”。“他”做句子的主语。最后组成的句子应该是：他忍不住大笑起来。

788. 日常 rìcháng 形. everyday; daily

例 我刚才去超市买了一些日常生活用品。

例 大学生应该合理安排自己的日常学习和生活。

搭配 日常 + 工作 / 生活 / 用品 / 用语

789. 日程 rìchéng 名. schedule; agenda

例 经理让她准备一份会议日程表。

例 这次旅游的日程安排中，她最期待的活动就是参观兵马俑。

搭配 工作 / 比赛 / 会议 + 日程
日程 + 计划 / 安排

790. 日历 rìlì 名. calendar

例 房间的墙上挂着一本漂亮的日历。

例 他有一本日历，每天早晨他都撕下来一页。

联想 挂历（wall calendar）、台历（desk calendar）、公历（Gregorian calendar）、农历（lunar calendar）

791. 日期 rìqī 名. date

例 他身份证上的出生日期写错了。

例 会议的日期还没有定下来，等定下来以后我通知大家。

搭配 出生 / 生产（831）/ 收款 / 出版（140）+ 日期

辨析 日期 vs. 日子（793），见“日子”。

题 请选出正确答案：

男：我想确认一下，那批货后天可以送到吧？

女：是的，我们已经按照合同上要求的日期发货了，您放心，后天肯定能到。

问：女的是什么意思？（H51002-18）

A 后天发货　B 还没签字　C 刚拿到合同　D 货会按时到

女的说“已经按照合同（393）上要求的日期发货了，您放心，后天肯定能到”，所以答案为 D。

792. 日用品 rìyòngpǐn 名. daily necessities

例 我打算在网上开一家日用品商店。

例 这些箱子里装满了各种各样的日用品。

联想 毛巾、肥皂（274）、牙刷、牙膏、洗发水、沐浴露（body wash）

793. 日子 rìzi 名. ① life; livelihood ② day; date ③ time

例 他一个人生活，日子过得很苦。

例 盼着盼着，他们结婚的日子越来越近了。

例 你先好好养病，不用担心工作，过些日子我再来看你。

搭配 幸福的 / 美好的 / 平常（713）的 / 好 / 苦 + 日子

前些 / 这些 / 那些 + 日子

一段 + 日子

辨析 日子 vs. 日期

“日子”和“日期”的语体（type of writing）和感情色彩（801）不同。①“日子”用于口语，如：前些日子他住院了，昨天才出的院。“日子”还可以指对某（664）人来说有特殊（924）意义或带有感情色彩的某一天或某一段生活，如：结婚是个大喜的日子；那些难忘的日子。②“日期”是正式用语，多用于书面语，也可用于口语，表示某件事或者某个行为（1063）发生的时间，如：考试 / 回国的日期。③“日子”还有“生活”的意思，比如：他靠（549）修自行车过日子。“日期”没有这个意思。

R

题 请选出正确答案：

女：明天是咱俩的结婚纪念日，你有什么打算？

男：这么特殊的日子，我听你的安排好了。

问：明天是什么日子？（H51003-15）

A 元旦　B 国庆节　C 结婚纪念日　D 男的的生日

根据对话中的第一句话，正确答案是 C。“结婚纪念（452）日”指纪念结婚的日子。

794. 如何 rúhé 代. how

例 张经理，这件事该如何处理？

例 这篇文章讲的是如何才能保持健康。

搭配 学习 / 身体 / 情况 + 如何

如何 + 解决 / 使用 / 面对（644）

辨析 如何 vs. 怎么

“如何”和“怎么”都是疑问（1113）代词，都可以放在动词前面询问（1085）行为的方式，如：你看这件事怎么 / 如何处理（148）？不同的是：①“如何”多用于书面语或正式场合（occasion），后面的动词一般是双音节的，如：如何处理 / 教育 / 解决。“怎么”多用于口语，也可用于书面语，后面的动词可以是双音节也可以是单音节的，如：怎么处理 / 教育 / 解决 / 做 / 教 / 办。②“如何”还可以用在主语后面做谓语，等于（210）“怎么样”，如：王教授，许久没有联系了，您最近身体状况（1261）如何？“怎么”没有这个用法。③“怎么”还可以用来询问原因，等于“为什么”，如：他怎么这么晚还没回来？“如何”没有这个用法。

795. 如今 rújīn 名. nowadays; now

例 他早年在法国留学，如今是一所大学的教授。

例 这座城市建设得非常快，如今已看不出原来的面貌（appearance）了。

搭配 如今的 + 生活 / 社会 / 年轻人 / 我们

辨析 如今 vs. 现在

“如今”和“现在”都表示说话的这个时候。不同的是：①“如今”用于书面语，指目前较长的一段时间，如：二十多年前这里只是一个小渔村（fishing village），如今已经变成了一座现代化城市。“现在”比“如今”更常用，既可用于口语也可用于书面语，既可指目前较长的一段时间，也可指很短的时间，如：他现在正在读大学；我们现在开始上课。②“如今”常表示跟过去相比，情况发生了变化，如：十五年前他只是个大学生，如今已经是一位有名的学者了。“现在”所表示的情况有可能发生了变化，也可能没有变化，如：他现在还住在原来的地方。

796. 软 ruǎn 形. ① soft ② weak; feeble ③ easily influenced; indecisive

例 天气太热，巧克力都变软了。

例 地震的时候，她吓得腿都软了。

例 她的心太软了，总是别人说几句好话，她就原谅对方了。

联想 软化、软弱、心软、经济疲软

反义 硬（1134）

797. 软件 ruǎnjiàn 名. software

例 刘教授是计算机软件方面的专家。

例 一台电脑上最好只安装一个杀毒软件。

搭配 系统（1014）/ 办公 / 翻译 / 财务（financial affairs）+ 软件

软件 + 开发（542）/ 应用（1133）/ 下载（1017）/ 公司

联想 软盘、硬盘

反义 硬件（1135）

798. 弱 ruò 形. weak; feeble

例 这个孩子身体很弱，从小就经常生病。

例 这个房间信号有点儿弱，你去别的房间试试吧。

联想 弱点（weakness）、减弱、脆弱（fragile）、衰弱（feeble）、薄弱（vulnerable）

反义 强

S

S

799. 洒 sǎ 动. spill; shed; spray

例 孩子把杯子碰倒了，水洒得到处都是。

例 宴会上，她不小心把红酒洒到衣服上了。

联想 洒水车、花洒（shower head）

辨析 洒 vs. 浇（488）

“洒”是水或其他东西分散（scatter）地落下，如：房间里洒满了阳光。也可以指使水或其他东西分散地落下，如：孩子们在地上洒了一些水，不一会儿就冻（227）成冰了。“浇”指水或别的液体（liquid）落在物体上，如：大雨浇得我们全身都湿透了。也可以指让水或别的液体落在物体上，如：给花浇水、火上浇油。

800. 嗓子 sǎngzi 名. throat

例 我感冒了，头疼、发烧、嗓子疼。

例 张老师今天讲了一整天的课，觉得嗓子很不舒服。

联想 嗓子眼儿

801. 色彩 sècǎi 名. ① color ② certain thought tendency or certain sentiment

例 小孩子都喜欢看色彩丰富的图片。

例 评价别人的时候应该尽量客观，不要带有任何感情色彩。

搭配 色彩 + 丰富 / 鲜艳（1020）/ 明亮

个人（320）/ 感情 / 政治（1212）/ 主观（1243）/ 宗教（religion）+ 色彩

联想 黑、白、红、黄、绿、青（750）、蓝、紫（1272）

802. 杀 shā 动. kill

例 我不敢杀鱼，还是你来吧。

例 这种新型病毒可能会杀死大量的野生（wild）动物。

联想 杀毒、自杀、枪杀、杀害

803. 沙漠 shāmò 名. desert

例 这种植物在沙漠地区比较常见。

例 沙漠中的气候十分恶劣，很多动植物都不能在沙漠里生存（live）。

例 土地沙漠化是当今世界严重的环境问题。

搭配 一片（706）+ 沙漠

联想 沙子、沙土、沙滩（804）、沙尘暴（sandstorm）

804. 沙滩 shātān 名. sand beach

例 沙滩上有很多可爱的小鸟。

例 我们大学附近有一片美丽的沙滩。

搭配 一片 + 沙滩

沙滩 + 排球（volleyball）/ 鞋 / 椅

联想 大海、河滩

805. 傻 shǎ 形. stupid; muddle-headed

例 大家都说他傻，可我知道他并不傻。

例 他真傻，被她几句好听的话给骗了。

联想 傻子、傻瓜、犯傻、笨、愚蠢（stupid）

反义 聪明

806. 晒 shài 动. ① (of the sun) shine upon ② bask; dry in the sun

例 太阳晒得我眼睛都睁不开了。

例 一群年轻人正躺在沙滩上晒太阳。

搭配 晒 + 干 / 黑 / 伤

S

联想 防晒、防晒霜（sun cream）、防晒衣

807. 删除 shānchú 动. delete

例 手机里的照片太多了，删除一些吧。

例 他在整理电脑文件的时候，不小心把一个办公软件给删除了。

搭配 删除 + 内容 / 资料（1270）/ 文件（990）/ 消息

联想 删减、删掉、清除（clear away）

S

808. 闪电 shǎndiàn 名. lightning

例 闪电是一种常见的自然现象。

例 美国科学家富兰克林用实验证明了天上的电和地上的电是相同的，认为“闪电就是电火花”。

例 警察以闪电般的速度绕到小偷身后，一把抓住了他的肩膀。

联想 打雷（582）、刮风、下雨、下雪、起雾（1009）、闪婚

809. 扇子 shànzi 名. fan

例 她手里拿着一把漂亮的扇子。

例 广场上，一群大妈正跳着扇子舞。

搭配 扇（shān, wave）/ 摇（1098）/ 摇动 + 扇子

联想 纸扇、电风扇、扇形

810. 善良 shànliáng 形. kind-hearted; good and honest

例 她不仅长得漂亮，而且温柔善良。

例 虽然经历了很多事情，他仍然保持着一颗善良的心。

搭配 某人 / 心地（xīndì, heart）+ 很善良

联想 纯洁（pure）、真诚、正直、热情、乐观（581）、自信、耐心、宽容（tolerant）

811. 善于 shànyú 动. be good at

例 他很聪明，善于跟不同的人打交道。

例 善于学习的人往往更容易获得成功。

搭配 善于 + 交际（486）/ 发现 / 思考（897）/ 表达（49）/ 管理

题 **请选出正确答案：**……他工作三年，渐渐变得和别人不同。因为他接电话和别的同事是不同的。“没有”“不清楚”“不知道”不再是他的常用语，他会给对方提供更多的选择和更多的信息，而不是把所有的时间浪费在一个无法解决的困境中。……

三年后，他变得： (H51003-89)

A 更爱冒险了　B 喜欢追求时尚　C 很有商业头脑　D 更善于处理问题

这段话的主要意思是，遇到问题时，他“会给对方（238）提供更多的选择和更多的信息”，努力帮助别人解决问题。由此可知，他“更善于处理问题”了，所以答案为D。

812. 伤害 shānghài 动. hurt; harm

例 夫妻之间尽量不要说伤害感情的话。

例 在这段感情里，她受到了很深的伤害，再也不愿意相信任何人了。

搭配 受到 / 造成（1175）/ 故意 / 意外（1120）+ 伤害
巨大（529）的 / 严重的 / 深深的 / 永久的 + 伤害
伤害 + 眼睛 / 身体 / 别人

813. 商品 shāngpǐn 名. commodity; goods

例 这些商品不但质量好，而且价格合理。

例 这个商场很大，里面摆满了各种各样的商品。

搭配 商品 + 价格 / 经济 / 交换（485）
一件 / 一个 / 一批（701）+ 商品

联想 奖品、礼品、物品、品牌、商品房

814. 商务 shāngwù 名. business affairs

例 她在大学学的是电子商务管理专业。

例 这次我打算换一辆空间大一点儿的商务车。

搭配 商务 + 酒店 / 活动 / 合作（395）

815. 商业 shāngyè 名. business; commerce; trade

例 他在一家商业银行工作。

例 市中心有一个广场，广场的西边是一条商业步行街。

搭配 商业 + 活动 / 竞争 / 发展 / 城市 / 合同

联想 行业（387）、工业（329）、农业（686）、林业、渔业、服务业、手工业、旅游业、餐饮业、房地产业

816. 上当 shàngdàng 动（离合）. be deceived

例 她经常上当受骗，每次被骗了以后都不长教训。

例 你别想骗我，我再也不会上你的当了。

搭配 容易 / 常常 + 上当

上了 / 过 + 一次当

817. 蛇 shé 名. snake

例 蛇是一种爬行动物。

例 “打草惊蛇”的字面意思是：打的是草，却惊动了藏在草丛里的蛇。

搭配 一条 + 蛇

818. 舍不得 shěbude 动. loathe to part with; grudge

例 苹果成熟了，但果农们一个也舍不得吃。

例 在这儿生活、学习了四年，马上要回国了，我心里还真有点儿舍不得。

搭配 舍不得 + 花钱 / 离开 / 丢掉 / 放弃

819. 设备 shèbèi 名. equipment; facilities

例 最近他们公司买了一套新设备。

例 请大家爱惜语音教室的设备，不要故意损坏（damage）。

搭配 大型（183）/ 办公 / 教学 / 生产 + 设备

购买 / 安装（7）+ 设备

辨析 设备 vs. 设施（821），见“设施”。

820. 设计 shèjì 动. design; devise; plan 名. design

动 例 他们设计出了一种新型设备，能够大大提高生产效率。

名 例 这种玩具的设计非常巧妙。

搭配 服装（292）/ 课程（558）/ 艺术 / 形象（1068）/ 建筑（479）+ 设计

设计 + 方法 / 方案（270）/ 风格（283）

联想 设计师

821. 设施 shèshī 名. installation; facilities

例 我们应该自觉爱护公共设施。

例 这个体育公园环境优美、设施齐全（complete）。

搭配 公共 / 娱乐（1150）/ 教育 / 交通 / 体育 + 设施

辨析 设施 vs. 设备

“设施”比“设备”的范围（268）更广。“设施”指为生活或者生产中的某种需要而建立（477）起来的组织（1293）、机构（institution）、系统、建筑等，如：安全 / 生活 / 军事（539）/ 酒店 / 公园 / 学校设施。“设备”指在生产、科研等活动中为了达到（175）某一目的而使用的成套（922）的机器（436）、仪器（instrument）及装置（device）等，如：办公 / 生产 / 录音（621）设备；这家宾馆换了一套新的供暖设备。

822. 射击 shèjī 动. shoot

例 新兵们正在操场上练习射击。

搭配 射击 + 比赛 / 运动 / 技术

停止 / 开枪（737）+ 射击

823. 摄影 shèyǐng 动. take a photograph

例 他很喜欢摄影，还专门报了个班学习摄影技术。

例 我妹妹是一位摄影爱好者，她的作品还获过几次奖呢。

搭配 摄影 + 作品（1298）/ 技术 / 技巧（skill）/ 比赛

联想 摄影师、摄影机、摄影展、拍摄

824. 伸 shēn 动. stretch; extend

例 他向我走过来，伸出手来与我握手。

例 乘客们，请不要把头和手伸出车窗外。

搭配 伸 + 手 / 腿 / 胳膊 / 舌头（tongue）

825. 身材 shēncái 名. figure; stature

例 要想保持好身材，就要坚持体育锻炼。

例 她的身材比例特别好，像个模特儿一样。

搭配 身材 + 高大 / 矮小 / 瘦长 / 苗条（647）

好 / 中等 + 身材

S

826. 身份 shēnfèn 名. identity; status

例 她以特邀嘉宾的身份出席了这次会议。

例 他们虽然身份不同，却有共同的爱好和理想。

搭配 特殊 / 真实（1197）/ 公民（citizen）+ 身份

身份 + 尊贵 / 平等（714）/ 低微

联想 身份证

827. 深刻 shēnkè 形. deep; profound

例 这篇文章虽然很短，但内容丰富、道理深刻。

例 第一次见面，她就给我留下了非常深刻的印象。

搭配 内容 / 印象 / 体会（931）/ 分析（280）+ 很深刻

深刻的 + 思想（898）/ 道理（207）/ 意义 / 教训（494）

题 完成句子：北京　给　深刻的印象　他　留下了　(H51001-94)

动词性词组"留下"后面接名词性词组"深刻的印象"，可组成"留下了深刻的印象"。根据句型"人 / 东西 + 给 + 人 + 留下印象"，所组成的句子应该是：北京给他留下了深刻的印象。

828. 神话 shénhuà 名. mythology

例 这本书收录了许多中国古代的神话故事。

搭配 神话 + 小说 / 传说（151）/ 色彩 / 人物 / 世界

联想 神仙（immortal）、仙人、仙女、仙子

辨析 神话 vs. 传说

“神话”和“传说”是两种重要的民间（folk）文学（993）形式（1066）。它们的相同点是作品中都有充满（133）正义（justice）、力量（590）和勇气（1138）的英雄人物，都表现出了极其（441）丰富的想象力。两者的不同点是：“神话”产生（92）的时间较早，是人类最早的故事。它以神或充满正义、力量和勇气的英雄人物为主题（1246），是幻想（421）、虚幻（unreal）或者虚构（fabricate）的，故事内容大多关于人和世界的起源（origin）、人与自然的斗争（fight）等，如女娲补天的故事、后羿射日的故事等。“传说”产生的时间稍晚，是与一定的历史人物、历史事件（event）、地方古迹、自然风貌（view; scene）和社会风俗（285）等有关的故事，内容以人为主题，反映（266）的是人与人之间的故事，体现（933）了人间（human world）的行为原则（1160），如牛郎织女的故事、孟姜女哭长城的故事等。

829. 神秘 shénmì 形. mysterious

例 有人说，世界上最神秘的文字是汉字。

例 神秘的宇宙对人类具有巨大的吸引力。

搭配 神秘的 + 人 / 气氛（730）/ 色彩 / 现象（1027）

联想 神秘感、神秘性、秘密（640）

830. 升 shēng 动. ① rise; go up ② promote

例 请问，这个升降椅怎么升上去呢？

例 在山顶等了一个小时，太阳终于从东方升起来了。

例 你们听说了吗？小王上个月升了，成部门经理了。

搭配 升 + 高 / 起来 / 上去

联想 上升、升学、升学率、升职、升官、升级、提升、升降机

反义 降

831. 生产 shēngchǎn 动. produce; manufacture

例 这家工厂主要生产电视机。

例 汽车厂提前一个月完成了全年的生产任务。

搭配 生产 + 汽车 / 冰箱 / 粮食（602）/ 钢铁（312）

从事（166）/ 扩大（568）/ 投入（945）/ 加速 / 大规模（371）+ 生产

生产 + 关系 / 计划 / 效率（1051）/ 质量 / 成本（cost）

联想 生产力、产量

辨析 生产 vs. 产生

“产生”和“生产”都指在原有基础上出现了新的东西。不同的是，“生产”是受人们主观控制（561）的行为，目的是制造（1225）出对人有用的东西，对象（240）一般是具体（531）的，如：工业 / 农业生产；生产出高质量的产品（91）。“产生”常用于不受人们主观控制的客观（557）现象，对象可以是抽象（137）的，也可以是具体的，如：产生好感 / 想法 / 现象 / 效果 / 距离。

S

832. 生动 shēngdòng 形. lively; vivid

例 王老师的课内容丰富、生动有趣，同学们都很喜欢。

例 这个故事生动地告诉我们，成功时千万不要骄傲。

搭配 语言 / 故事 / 表情（52）/ 形象 + 很生动

生动地 + 说明 / 表现 / 描写（648）

辨析 生动 vs. 活泼 vs. 活跃（432）

“生动”指语言、表情、画面等真实传神（vivid; lifelike）、有活力（vigor），能感动人，如：这个演员的表演很生动。“活跃”指人积极参与（79）事务（affairs）或活动，如：她在班上一直很活跃，各种活动都积极参加。“活跃”也可指气氛很热烈（777），如：大家都在积极发言（258），会议的气氛活跃极了。“活泼”指人或小动物等可爱、好动、外向（extroverted），如：这个孩子很活泼，大家都很喜欢他；小狗活泼地跳来跳去，可爱极了。“活泼”也可以指文字（994）、文章等生动自然、不呆板（dull），如：这篇文章的写作（1055）风格很活泼。

833. 生长 shēngzhǎng 动. grow; grow up

例 这片沙漠里生长着一种奇特的植物。

例 很多植物不能在缺乏阳光的地方生长。

搭配 生长 + 条件 / 情况 / 过程 / 阶段（495）

联想 土生土长（be locally born and bred）

辨析 生长 vs. 成长（117）

“生长”和“成长”都是动词，都常用于书面语，表示生命长大的过程，但两者的使用对象不同。“生长”主要用于植物，如：这种树生长在寒冷的地区（216）。“成长”主要指人从小长到大，如：他在这里出生、成长。“成长”也可指人精神（522）上的发展，如：经过多年的努力，他从一名中学教师成长为一位科学家。

题 **请选出与试题内容一致的一项：**在衣食住行中，“食”和人们的生活关系最密切。各地气候不同，生长的植物不同，做食物的材料当然也不同，风俗、习惯也大不一样。中国的南方产大米，所以南方人喜欢吃米饭。与此相反，北方产麦子，所以北方人喜欢吃饺子、面条儿。（样卷-66）

A 北方人喜欢吃米饭　　B 饺子是用大米做成的

C 南北方的风俗差不多　　D 南北方食物各有特点

文中说“北方产麦子，所以北方人喜欢吃饺子、面条儿”，所以A和B不对。“各地气候不同……风俗、习惯也大不一样”，所以C不对。正确答案为D。

S

834. 声调 shēngdiào 名. tone (of a Chinese character)

例 汉语普通话一共有四个声调。

例 普通话里的轻声不是独立的声调。

搭配 学习 / 练习 / 训练（1086）+ 声调

835. 绳子 shéngzi 名. rope; string

例 她想找一根漂亮的绳子，把鲜花捆（tie）起来。

例 女孩儿用绳子编（weave）出了一朵美丽的小花。

联想 跳绳

836. 省略 shěnglüè 动. leave out; omit (on purpose)

例 汉语中的“的”字在有些情况下可以省略。

例 老师要求做数学题时把每一步都写出来，不能省略中间的步骤。

搭配 省略 + 成分（110）/ 形式 / 主语 / 部分章节（chapters and sections）

联想 省略号

S

837. 胜利 shènglì 动. ① be victorious; triumph (over) ② (of a task, conference, etc.) attain the goal as planned

例 经过三个月的苦战，我们终于赢得了这场战争的胜利。

例 第十三届学校运动会于 4 月 23 日下午胜利闭幕。

搭配 赢得 / 取得 / 庆祝（759）+ 胜利

伟大的 / 全面（768）的 / 历史性的 + 胜利

反义 失败

838. 失眠 shīmián 动（离合）. suffer from insomnia

例 我不敢喝咖啡，一喝晚上就失眠。

例 长这么大以来，我还从来没失过眠呢。

搭配 经常 / 偶尔 / 长期 / 严重 + 失眠

治疗（1227）/ 改善（299）+ 失眠

联想 睡眠

题 **请选出正确答案：** 男：你的失眠好些了么？

女：还是睡不好，今天打算去看看中医，买些中药试试。

问：关于女的，可以知道什么？（H51001-20）

A 是位大夫　B 身体很好　C 睡眠不好　D 不相信中医

在上面的对话中，男的问女的失眠怎么样了，女的回答说“还是睡不好，今天打算去看看中医”。由此可知，女的睡眠不好，所以正确答案是 C。

839. 失去 shīqù 动. lose

例 他失去了一次出国学习的好机会。

例 由于那次误会，他们之间失去了信任。

搭配 失去 + 信心 / 兴趣 / 价值（464）/ 意义 / 能力 / 土地（949）

反义 获得、得到、取得

840. 失业 shīyè 动（离合）. lose one's job; be unemployed

例 由于经济下滑，这两年不少人都失业了。

例 失业半年以后，他重新找到了一份工作。

例 前不久他老婆刚查出来大病，这几天他又失了业，现在家里真是困难极了。

搭配 失业 + 现象 / 问题 / 保险（24）/ 人口（780）

联想 失业者、失业率、下岗（be laid off）

反义 就业

841. 诗 shī 名. poem

例《静夜思》是唐代诗人李白写的一首诗。

搭配 写 / 作 / 读 + 诗

一首（874）+ 诗

联想 诗歌、古诗、唐诗、宋词、散文（prose）、小说、戏曲、《诗经》（*The Book of Songs*）

842. 狮子 shīzi 名. lion

例 狮子是森林里的大王，小动物们都怕它。

搭配 一头 / 一群（773）+ 狮子

843. 湿润 shīrùn 形. humid; moist

例 刚下过雨，空气很湿润。

例 看完这个感人的故事，我的眼睛湿润了。

搭配 气候 / 空气 + 很湿润

湿润的 + 地区 / 环境

保持（21）/ 变得 + 湿润

联想 潮湿（98）、多雨、炎热（burning hot）、温暖（988）

反义 干燥（305）、干旱（dry; arid）

844. 石头 shítou 名. stone; rock

例 她的书桌上放着一块漂亮的石头。

例 这个地区的人们都用石头建房子。

搭配 一块 / 一堆（235）+ 石头

联想 宝石、玉石（jade）、钻石（diamond）

845. 时差 shíchā 名. time difference

例 现在，中国北京跟法国巴黎的时差是六个小时。

例 他刚回国，时差还没倒（dǎo）过来。

搭配 倒 / 产生 / 形成（1064）/ 计算（447）+ 时差

自 测

一 选词填空。

A 忍不住　　B 日常　　C 人类　　D 日子　　E 如何

1. 手机已经成为人们（　　）生活中不可缺少的一部分。
2. 教育是传播（　　）文化的重要手段。
3. 他们正在研究（　　）帮助更多的人解决失业问题。
4. 当她接到女儿从国外打来的电话时，（　　）哭了。
5. 他努力工作，就是为了让父母过上好（　　）。

A 时差　　B 如今　　C 色彩　　D 沙滩　　E 删除

6. 领导处理问题应该尽量公正，不能带有个人感情（　　）。
7. 他不知道如何（　　）手机里的自带软件。
8. 由于和国外合作者之间的（　　）原因，他每天都要熬夜工作。
9. 随着时代的发展，（　　）的校园生活越来越丰富多彩了。
10. 太阳快落山的时候，她一个人坐在（　　）上看海。

A 善于　　B 深刻　　C 伸　　D 舍不得　　E 上当

11. 孔子的教育思想对后世产生了（　　）的影响。
12. 你太傻了！他说的话明显是假的，你竟然（　　）了！
13. 张老师（　　）根据学生的不同特点有针对性地进行教学。

14. 看见老人差点儿摔倒，她急忙（　　）出双手去扶。
15. 虽然这个手机已经不能用了，可他一直（　　）扔掉。

A 伤害　　B 湿润　　C 失眠　　D 人生　　E 神秘

16. 地中海气候的特征是夏季炎热干燥，冬季温和（　　）。
17. 研究表明，在强光下看书会（　　）眼睛。
18. 她母亲睡眠不好，夜里经常（　　）。
19. 这项技术其实并没有那么（　　），只要努力钻研，就可以掌握它。
20. （　　）的酸甜苦辣都尝一尝，对你的个人成长有好处。

二 完成句子。

21. 正在　他们公司　新型手机　生产　一种　________________
22. 失去了　地震以后　他们　家园　美丽的　________________
23. 植物　酸雨　生长　不利于　________________
24. 真实　大家　并不　她的　身份　知道　________________
25. 服务员　把　客人身上了　茶水　洒到　________________

三 请结合下列词语（要全部使用），写一篇 80 字左右的短文。

忍不住　　日常　　善于　　善良　　如何

____
____
____
____
____
____

第14天

846—910

学习重点

1. 65 个词语

2. 重点词语：时期　使劲　始终　似的　舒适　似乎
   随时　随手　所

S

846. 时代 shídài 名. ① period in one's life ② times; age

例 王教授是我大学时代的老师，我非常敬重他。

例 从 1978 年开始，中国进入了改革开放的新时代。

搭配 儿童 / 少年 / 青年 / 老年 + 时代

电子 / 信息 / 网络（969）+ 时代

辨析 时代 vs. 年代 (679) vs. 时期 (849)，见“时期”。

847. 时刻 shíkè 名. hour; moment 副. constantly; always

名 例 她觉得婚礼上的那一刻是她一生中最幸福的时刻。

副 例 改革开放以来，这个城市时刻都在发生着变化。

搭配 重要 / 关键 / 危急 / 历史 + 时刻

难忘的 / 激动的 / 浪漫的 + 时刻

时刻 + 提醒 / 牢记（keep firmly in mind）/ 准备着 / 感觉到

848. 时髦 shímáo 形. fashionable

例 她穿着一件时髦的大衣，戴着一顶夸张的帽子。

例 我觉得穿衣服舒适就好，不一定非要赶时髦。

搭配 时髦的 + 服装（292）/ 发型（hairstyle）/ 打扮

追求（1265）/ 赶 + 时髦

联想 流行、华丽（gorgeous）、经典（518）

辨析 时髦 vs. 时尚 (850)，见“时尚”。

849. 时期 shíqī 名. period

例 唐朝是中国古诗最繁荣的时期。

例 他是我大学时期最好的朋友，毕业后我们一直保持着联系。

搭配 困难 / 关键 / 重要 / 历史 / 新 + 时期

辨析 时期 vs. 年代 vs. 时代

①“时期”多指具有某（664）种特征（925）的一段时间，如：困难 / 特殊

（924）/ 战争（1184）/ 和平（398）时期。②“年代”多指过去较远较长的时间，如：这个杯子年代久远了。也可用来特指某一段时间，这时可以和“时期”换用，如：战争 / 和平年代。“年代”还可以指一个世纪中的十年，后面可以加“初、末”，表示这十年的初期或者末期，如：二十世纪八十年代、九十年代初、六十年代末。③“时代”和“时期”都可以指社会或人生（783）中根据某些特点而划分（divide）出来的一段时间，有时这两个词可以换用，如：春秋战国时代 / 时期、青年时代 / 时期、学生时代 / 时期。但是“时期”使用范围（268）较广，时间可长可短，而“时代”多用于政治（1212）、文化、历史、经济等领域（612），也可用于人生，大多表示较长的一段时间，比如：我家孩子正（1208）处于青春期，这一时期的孩子都比较叛逆（rebel）（不能用“时代”）；随着网络时代的到来，图书出版业面临（646）着较大的挑战（939）（不能用“时期”）。“时期”常受“长、短、困难”等词语的修饰（modify），而“时代”不受这些词语修饰，比如：从那件事以后很长的一段时期，她都一直情绪（757）很不好（不能用“时代”）。“时代”可以做定语，后面加名词，如：时代特征 / 精神（522）/ 背景（32）。“时期”没有这个用法。

S

850. 时尚 shíshàng

形. fashionable

名. fashion

形 例 王老师家的装修风格很现代、很时尚。

名 例 如今，很多年轻人都追求时尚，喜欢穿时髦的衣服。

搭配 打扮 / 衣服 / 风格（283）+ 很时尚

时尚 + 杂志 / 元素（element）/ 行业（387）

辨析 时尚 vs. 时髦

①“时尚”既是形容词也是名词，指某种行为（1063）方式、生活方式、艺术风格或服装、物品的样式（1096）等在一定时间里流行，如：在二十世纪八十年代的中国，写诗（841）和读诗是一种时尚。“时髦”只是形容词，指人的打扮、发型或服装的颜色、样式等符合流行趋势（761），如：这个女孩子总是打扮得很时髦。②“时尚”是褒义词，而“时髦”有时带有模仿（659）、跟风（go with the tide）的意味（implication），略带贬义色彩（801），如：很多人并不真正懂得时尚，只是喜欢赶时髦。③和“时尚”相比，“时髦”的东西有时候流行的时间很短，如：去年很时髦的皮短裙今年就已经过时了。

851. 实话 shíhuà 名. truth

例 说实话，我并不了解他的情况。

例 我问她昨晚去哪儿了，她没有跟我说实话。

联想 实话实说

852. 实践 shíjiàn 动. put into practice

例 年轻人应该在工作中实践和学习。

例 他利用假期参加了大学生社会实践活动。

搭配 实践 + 经验 / 活动 / 调查

联想 理论（588）、实践性

853. 实习 shíxí 动. (of students, trainees, etc.) practice (what has been taught in class)

例 听说他下个月要去一家大公司实习。

例 他现在还只是一名实习生，你不要对他要求太高。

搭配 实习 + 报告（27）/ 心得（perception）/ 体会（931）/ 收获（867）/ 总结

854. 实现 shíxiàn 动. realize; achieve

例 祝你早日实现自己的理想。

例 经过多年的努力，她的梦想终于实现了。

搭配 努力 / 全面（768）/ 基本（438）/ 最终 / 可以 / 难以 + 实现

实现 + 目标（666）/ 梦想（639）/ 理想 / 愿望（1162）

855. 实验 shíyàn 名. experiment; test

例 为了早日完成课题研究，他每天都在实验室里做实验。

例 用一支铅笔和一张报纸就可以做一个报纸带电的科学小实验。

搭配 科学 / 教育 / 心理（1056）/ 化学（416）/ 动物 + 实验

实验 + 结果 / 数据（886）/ 方法 / 材料 / 设备（819）

856. 实用 shíyòng 形. practical; functional

例 微信中有不少简单实用的小程序。

例 这些小家电既实用又美观（beautiful），在市场上很受欢迎。

搭配 实用 + 价值（464）
经济 / 简单 + 实用
联想 实用性

857. 食物 shíwù 名. food
例 生活中有些食物不适合长期食用。
例 地震以后，那个地区最缺乏的东西就是水和食物。
搭配 食物的 + 选择 / 搭配 / 营养（1129）
获取 / 寻找（1084）/ 浪费 + 食物
充足（adequate）的 / 丰富的 / 健康的 + 食物
联想 食品、美食、粮食（602）、蔬菜（881）、水果、油、奶制品、肉制品、豆制品、水产品

858. 使劲 shǐjìn 动（离合）. exert all one's strength
例 分别的时候，他使劲地握着我的手说："希望能再次见到你！"
例 这个孩子每天早上都使劲哭闹，怎么也不去幼儿园。
例 再使把劲，马上就到了！
搭配 使劲 + 点头 / 鼓掌（348）/ 喊（386）/ 跑
使把劲、使了好大的劲、使出全身的劲、使不上劲

859. 始终 shǐzhōng 副. always; all along
名. the whole process from the beginning to the end
副 例 大学四年来，她的学习成绩始终很优秀。
副 例 不管我怎么解释，她始终都不愿意相信我。
名 例 "不忘初心，方得始终"的意思是，只有时刻记着自己做某件事时最初的信念（faith），最后才能取得成功。
搭配 始终 + 保持（21）/ 坚持 / 认为 / 强调（738）/ 不同意 / 不放弃
联想 自始至终、有始无终、善始善终、始终如一
辨析 始终 vs. 一直

"始终"和"一直"做副词时都表示"从头到尾"的意思，但不同的是：①"一直"的使用范围更大，句子中用作副词的"始终"一般都可以换成"一直"，如：

在这件事情上，我始终 / 一直不明白他的真实（1197）想法。②“一直”既可用于从过去到现在，也可用于将来，如：从大学毕业到现在，我一直住在这个城市；从今往后，我会一直等待（209）你的消息。而“始终”只表示从过去到现在，不用于将来，如：不管别人怎么说，她始终不愿意放弃自己的理想。③“一直”后面的动词可以带表示终点（terminal point）的时间和地点做补语，如：今天早上我一直睡到十点才起床；今天早上我从家里一直走到了学校门口。“始终”没有这个用法。④“始终”可做名词，表示从开始到最后的整个（1205）过程，如：我们会将这个政策（policy）贯彻（carry out）始终。“一直”只做副词，没有名词用法。

860. 士兵 shìbīng 名. soldier

例 士兵们正在排着整齐的队列往前走。

例 新入伍（enlist）的士兵都要参加射击训练。

联想 军人、军官

题 请选出与试题内容一致的一项： 曹操很聪明，有一次他带兵走到一个没有水的地方，士兵们口渴得厉害。为了激励士兵，曹操对士兵们说：“前面有一大片梅树林，梅子特别多，又甜又酸，到时我们吃个痛快。”士兵们听了，一个个都流出口水来，不再嚷渴了，走路的速度也加快了，按时到达了目的地。但其实前面根本没有梅林。（H51003-65）

A 士兵们讨厌战争　　B 梅林离他们很近

C 士兵们没有吃到梅子　　D 曹操被士兵们说服了

根据文中最后一句“但其实前面根本（324）没有梅林”可以知道，士兵们没有吃到梅子，所以 B 是错误的，正确答案是 C。A 和 D 文中没有提到。

861. 市场 shìchǎng 名. market

例 菜市场就在我家附近，买东西很方便。

例 在市场经济还不够完善的情况下，市场上难免会出现一些问题和不良现象。

搭配 市场 + 经济 / 竞争 / 营销 / 调查

自由（1278）/ 农贸 / 服装 / 海鲜（384）+ 市场

862. 似的 shìde 助. seem to be; just like

例 她都 26 岁了，好像还什么都不懂似的。

例 工作后，他像变了个人似的，把过去爱睡懒觉的毛病彻底改正了。

搭配 像 / 跟 / 好像 / 仿佛（272）……似的

863. 事实 shìshí 名. fact

例 任何人都不可能改变历史和客观事实。

例 他以为自己很聪明，事实上还是被骗了。

搭配 尊重 / 根据 / 承认（120）/ 接受 / 面对（644）+ 事实

辨析 事实 vs. 现实（1026），见“现实”。

864. 事物 shìwù 名. thing; object

例 生活中有很多美好的事物值得我们去发现。

例 虽然年纪大了，但他始终保持着对新鲜事物的好奇心。

搭配 观察（355）/ 理解 / 认识 + 事物
新 / 客观（557）/ 具体（531）+ 事物

865. 事先 shìxiān 名. in advance; beforehand

例 如果你来成都，请事先通知我一声。

例 这件事我事先并不知道，谁也没有跟我说过。

搭配 事先 + 考虑 / 准备 / 计划 / 商量 / 打听（179）/ 提醒

辨析 事先 vs. 提前

“事先”和“提前”都跟时间有关系，但不同的是：①两个词的词性和用法不一样。“事先”是名词，在句中可以做状语，如：你要事先做好准备，免得（so as not to）到时候忙乱。“提前”是动词，在句中可以做状语，也可以做谓语，如：提前放假 / 下班；开学的时间提前了。②两个词的意义（1121）也有一些区别。“事先”指事情发生或开始以前的一段时间，强调事情发生以前，如：小区突然停电了，大家事先都没有接到通知。“提前”指在某一具体时间点之前，如：九点开始考试，请大家提前半小时进入考场；夏令营（1019）七月初开始，想参加的同学请提前报名。

反义 事后

866. 试卷 shìjuàn 名. test paper; examination paper

例 考试前，老师把试卷分发给学生。

例 我们学校今年用计算机改试卷。

搭配 一张 / 一份 + 试卷

发 / 收 / 打印 + 试卷

联想 考试、期中考试、期末考试、汉语水平考试（HSK）、测试题、问卷

867. 收获 shōuhuò 动. harvest 名. gains; results

动 例 秋天是美丽的季节，也是收获的季节。

动 例 在这个城市里，我收获了爱情，也收获了成功。

名 例 努力不一定有收获，但不努力一定没有收获。

名 例 今天的班会上，大家交流了自己的学习收获。

搭配 收获 + 粮食 / 友谊 / 知识

重大（1234）/ 巨大（529）的 / 意外（1120）的 / 意想不到的 + 收获

868. 收据 shōujù 名. receipt

例 这张收据的号码看不清楚，请重新开一张吧。

例 收到客户（client）打来的钱以后，他给对方开了一张收据。

搭配 开 / 要 + 收据

一张 + 收据

869. 手工 shǒugōng 名. ① hand-operated; manual ② handwork

例 这双漂亮的皮鞋是手工制作的。

例 我女儿喜欢自己在家做手工。

搭配 手工 + 家具 / 作品（1298）/ 劳动（573）

870. 手术 shǒushù 名. (surgical) operation

例 他一个月前做了一个小手术，现在已经恢复得差不多了。

例 毕业之前，她在一所医院的手术室里实习了两个星期。

搭配 动 / 做 + 手术

一次 / 一场 + 手术

大 / 小 / 外科 / 眼科 / 妇科 + 手术

联想 手术刀、手术室、手术台

题 请选出正确答案：

男：大夫，这种手术大概需要多长时间？

女：你别紧张，十分钟就好了。

问：女的是什么语气？ (H51001-8)

A 责备　　B 安慰　　C 询问　　D 夸奖

上面的对话中，女的说“你别紧张，十分钟就好了”，可见女的担心男的害怕，在安慰（6）他，所以正确答案是 B。

S

871. 手套 shǒutào 名. gloves; mittens

例 天气寒冷，出门别忘了戴手套和帽子。

例 今年过生日，奶奶送给她一双漂亮的花手套。

搭配 戴 / 摘（1178）/ 脱 + 手套

一次性 / 保暖 / 皮 + 手套

872. 手续 shǒuxù 名. procedure

例 我妈妈上周已经办理了退休手续。

例 他被北京大学录取了，过几天就去办理入学手续。

搭配 出国 / 报名 / 注册（1250）/ 住院 + 手续

联想 手续费

873. 手指 shǒuzhǐ 名. finger

例 她切水果的时候不小心把手指划破了。

例 他一边跟我说话，一边用手指轻轻地敲着桌面。

联想 拇指（thumb）、食指（index finger）、中指、无名指（third finger）、小指 = 小拇指

S

874. 首 shǒu 量. [for poems or songs]

例 今天上课时老师教我们唱了一首中文歌。

例《致橡树》这首诗是当代诗人舒婷的作品。

搭配 一首 + 诗 / 歌曲 / 儿歌 / 乐曲

875. 寿命 shòumìng 名. lifespan

例 乌龟（tortoise）是一种寿命很长的动物。

例 保持良好的生活习惯非常有益健康，可以延长寿命。

搭配 人的 / 产品（91）的 / 宠物（135）的 + 寿命

联想 福如东海，寿比南山（May you live to be as old as the southern mountain, and your happiness be as vast as the eastern sea.）

876. 受伤 shòushāng 动（离合）. be injured

例 妈妈看见我受伤了，非常难过。

例 我只是受了点儿小伤，不需要动手术。

搭配 不幸 / 严重 / 头部 + 受伤

受了重伤、受了轻伤、受了点儿伤、受过一次伤

877. 书架 shūjià 名. bookshelf

例 我从网上买了个书架，但是不太会安装。

例 图书馆里有很多书架，书架上摆放着各种类型的书。

联想 书柜、书桌、书房、写字台、货架

878. 梳子 shūzi 名. comb

例 他打算给女朋友送一把梳子，因为比较实用。

例 我一进门，看见她正在用梳子认真地梳着头发。

联想 镜子、头绳、发卡（fàqiǎ, hairpin）

879. 舒适 shūshì 形. comfortable; cozy

例 这个沙发的设计既美观又舒适。

例 公司为员工提供了干净舒适的工作环境。

搭配 舒适的 + 感觉 / 环境 / 生活 / 房间

联想 舒适感、舒适性、舒适度

辨析 舒适 vs. 舒服

“舒适”和“舒服”的使用对象（240）和范围不同。“舒适”主要指环境或事物能够满足（629）人的身体需要，给人舒服、安逸（ease and comfortable）的感觉，如：这里的生活环境非常舒适。“舒服”指身体或心里感觉轻松愉快，如：吃了药以后，他感觉身体舒服多了；终于把想说的话都说出来了，她觉得心里舒服多了。

880. 输入 shūrù 动. ① bring in ② input

例 新成员（member）的加入为我们的篮球队输入了新的力量。

例 他已经掌握了汉语拼音输入法。

例 我的电脑输入文字非常慢，我想找人修一下。

搭配 输入 + 卡号 / 密码 / 数据 / 关键词

反义 输出

881. 蔬菜 shūcài 名. vegetables

例 多吃新鲜蔬菜对身体很有好处。

联想 白菜（Chinese cabbage）、青菜（a variety of Chinese cabbage）、生菜（lettuce）、花菜（cauliflower）、菠菜（spinach）、豆角（green bean）、土豆（950）、萝卜（radish; turnip）

882. 熟练 shúliàn 形. skilled; proficient

例 这个工作要求熟练使用电脑。

例 他汉语进步很快，已经可以用汉语跟中国人熟练地交流了。

搭配 熟练地 + 掌握（1187）/ 运用（1167）/ 计算（447）/ 驾驶（465）

业务（1101）/ 技术 / 操作（operate）+ 很熟练

883. 属于 shǔyú 动. belong to

例 她想有一个属于自己的家。

例 只要努力坚持，胜利一定会属于我们。

搭配 属于 + 某人 / 大家 / 集体（445）/ 个人（320）

884. 鼠标 shǔbiāo 名. mouse

例 我的电脑鼠标坏了，得重新买一个。

联想 键盘（481）、显示器、耳机

S

885. 数 shǔ 动. count

例 先生，这是找您的钱，请您数数。

例 这个小朋友才两岁半，就能从 1 数到 100 了。

搭配 数一数、数得 / 不清楚、数得 / 不过来、数了几次 / 遍

联想 数一数二（count among the best）

886. 数据 shùjù 名. data

例 这些数据非常重要，请小心保存。

例 由于担心重要文件不小心被删除，他下载了一个数据恢复软件。

搭配 实验（855）/ 科学 / 真实 / 准确 + 数据

统计（add up）/ 输入 / 分析（280）/ 处理（148）+ 数据

联想 数据库

887. 数码 shùmǎ 形. digital

例 这个商店主要出售数码产品。

例 她最近迷上了摄影，买了一个专业的数码相机。

搭配 数码 + 照片 / 摄像机 / 设备

888. 摔倒 shuāidǎo 动. fall down

例 刚学走路的孩子常常会摔倒。

例 她被拥挤的人群挤得摔倒在了地上。

搭配 差点儿 / 容易 / 突然 / 不小心 + 摔倒

889. 甩 shuǎi 动. ① swing ② leave sb behind; throw off

例 为了赶走飞虫，牛的尾巴不停地甩来甩去。

例 他飞快地冲过终点线，把第二名远远地甩在了后面。

搭配 甩 + 手 / 胳膊 / 头发

甩 + 掉 / 开 / 在身后 / 得远远的

联想 甩卖

890. 双方 shuāngfāng 名. both sides

例 夫妻双方应该彼此信任。

例 比赛进行到一半时，双方交换了场地。

搭配 父母 / 男女 / 恋爱（600）/ 买卖 + 双方

891. 税 shuì 名. tax

例 按照法律规定，买车买房都需要交税。

例 免税店里的商品比一般商店里的便宜一些。

联想 个人所得税、房产税、税收、偷税、逃税、避税

892. 说不定 shuōbudìng 副. perhaps; maybe 动. be unsure

副 例 她要去美国，说不定要好多年才能回来。

副 例 天有点儿阴，说不定一会儿会下雨。

动 例 我到底去不去出差，现在还说不定。

联想 也许、可能

893. 说服 shuōfú 动. persuade

例 最后，我终于说服了他跟我一起去西部工作。

例 他写的文章有理有据，很有说服力。

搭配 尽量（511）/ 尽力（514）/ 难以 + 说服

说服 + 别人 / 彼此（38）/ 对方（238）/ 不了

联想 劝说、劝告

S

894. 丝绸 sīchóu 名. silk

例 这些衣服都是丝绸做的，而且是纯手工的，所以价格很高。

例 “丝绸之路”的起点是中国古代的长安，也就是今天的西安。

搭配 丝绸 + 服装 / 产品 / 行业 / 生产（831）/ 出口（141）

联想 真丝

895. 丝毫 sīháo 形. a bit; least bit

例 对待安全问题，我们丝毫不能马虎。

例 无论她怎么劝说，他都丝毫不肯让步（make a concession）。

搭配 丝毫 + 不知道 / 不相信 / 不怀疑 / 不担心 / 不放松

没有丝毫 + 价值 / 意义 / 兴趣 / 表情（52）

丝毫 + 不差 / 不动

896. 私人 sīrén 名. private; personal

例 请各位游客在离开宾馆前带好自己的私人物品。

例 据说这位明星有一架价格昂贵（expensive）的私人飞机。

搭配 私人 + 生活 / 财产（73）/ 秘书（641）/ 空间（559）

897. 思考 sīkǎo 动. think; ponder

例 教师应该培养学生独立思考的能力。

例 这些问题十分重要，请你冷静思考以后再回答我。

搭配 认真 / 严肃（1091）/ 全面 / 深入 / 仔细 + 思考

898. 思想 sīxiǎng 名. thought; thinking

例 有不少学者专门研究孔子和他的教育思想。

例 进入大学以后，他从思想上对自己有了更高的要求。

搭配 政治 / 哲学（1194）/ 学术（1082）/ 艺术 + 思想

进步（515）的 / 伟大（979）的 / 深刻（827）的 + 思想

899. 撕 sī 动. tear; pull apart

例 他不小心把收据给撕坏了。

例 她把邮票从信封上小心地撕下来，贴在集邮本里。

搭配 撕 + 纸 / 布（70）/ 东西

撕 + 破 / 开 / 掉 / 下来

撕成 + 两半 / 碎片

900. 似乎 sìhū 副. as if; seemingly

例 他似乎没有听懂我的问题。

例 同学们似乎并不知道老师病了。

搭配 似乎 + 听说过 / 见过一面 / 不明白 / 不愿意

辨析 似乎 vs. 仿佛 vs. 好像

“似乎”“仿佛”和“好像”都可以表示不十分肯定的语气（1152），但三者的词性、搭配和语体（type of writing）有一些区别。①“似乎”多用于书面语，只能做副词，如：她似乎已经不记得我了。②“仿佛”和“好像”还可以用作动词，表示“像、类似（be similar to）”的意思，可以构成（340）“A + 仿佛 / 好像 + B + 一样 / 似的 / 一般”，如：他们两个长得仿佛 / 好像亲兄弟（1073）一样。③“仿佛”用于书面语，有文学（993）色彩，如：她仿佛并不了解那段历史；他跑得飞快，仿佛闪电（808）一般。“好像”常用于口语，如：这个地方我以前好像来过；她的脸好像红苹果一样。

901. 搜索 sōusuǒ 动. search (for); seek

例 我怎么搜索不到这里的免费 Wi-Fi 啊？

例 我在网上搜索到了你需要的那篇论文，我发给你吧。

搭配 搜索 + 资料（1270）/ 范围 / 结果 / 历史 / 功能（336）/ 关键词

联想 搜集

902. 宿舍 sùshè 名. dormitory

例 他觉得住在大学宿舍里挺好，在外面租房子太贵了。

搭配 学生 / 男生 / 女生 / 集体 + 宿舍

一间 + 宿舍

联想 住宿、借宿（stay overnight at somebody else's place）

903. 随身 suíshēn 形. (carry) on one's person; (take) with one

例 她随身带着一支笔，走到哪儿写到哪儿。

例 考试当天，考生应随身携带（carry）准考证、护照和文具，提前到达考场。

搭配 随身 + 物品 / 行李 / 衣物

904. 随时 suíshí 副. ① at any time ② whenever necessary

例 我每天都在办公室，你随时可以来找我。

例 你最好把文件资料都整理好，以后可以随时查阅。

搭配 随时 + 准备 / 欢迎 / 提醒 / 修改（1076）

联想 随时随地

905. 随手 suíshǒu 副. conveniently; without any extra effort

例 请不要随手乱扔垃圾。

例 当你离开房间的时候，请随手关门。

搭配 随手 + 关灯 / 关水龙头（tap）/ 记下 / 翻（261）开 / 拿起 / 打开

906. 碎 suì 形. broken 动. break into pieces

形 例 你把鞋穿上，地上有碎玻璃。

动 例 她洗碗的时候不小心打碎了一个盘子。

动 例 养了十年的宠物狗去世了，她难过得心都碎了。

搭配 碎 + 布 / 肉 / 纸片 / 骨头（346）

摔 / 打 / 切（745）/ 敲 + 碎

联想 破碎、零碎、碎片

907. 损失 sǔnshī 动. lose 名. loss

动 例 由于他的粗心大意（careless），他们公司白白损失了十几万元。

名 例 这场自然灾害给当地的农民造成了巨大的经济损失。

搭配 遭受（suffer）/ 造成（1175）/ 避免（42）/ 减少 / 赔偿（696）+ 损失

损失 + 巨大 / 惨重（disastrous）

908. 缩短 suōduǎn 动. shorten; cut down

例 吸烟会使人生病，缩短人的寿命。

例 换了新工作以后，她每天的工作时间从八小时缩短到了六个半小时。

搭配 不断（63）/ 逐渐（1240）/ 迅速（1087）/ 大大 + 缩短

缩短 + 距离 / 时间

反义 延长（1090）

909. 所 suǒ 助. [used before a verb to form a noun phrase]

例 她所做的一切都是为了你好。

例 他没有骗你，你所知道的一切都是真的。

例 正如你所想的那样，他并没有跟我说实话。

搭配 所 + 动词（+ 补语）+ 的：所看到的、所听到的、所希望的、所追求的、所幻想（421）的

910. 锁 suǒ
名. lock
动. lock (up)

名 例 前几天我给家里的门换了个安全锁。

动 例 我昨天出门没带钥匙，被锁在家门外面了。

自 测

一 选词填空。

A 始终　　B 实话　　C 缩短　　D 时代　　E 熟练

1. 说（　　），这件事你自己不说出来，谁也不会知道。
2. 按照新的设计方案，这种产品的生产周期将大大（　　）。
3. 如今，中国已经进入了一个网络化的（　　）。

4. 即使在那些最艰苦的日子里，他也（　　）没有放弃对理想的追求。
5. 办公室人员除了要（　　）使用电脑办公软件以外，还必须具备良好的文字能力和人际交往能力。

A 时期　　B 说服　　C 丝毫　　D 似乎　　E 说不定

6. 面对考官他很放松，（　　）没有紧张的情绪。
7. “退避三舍”“纸上谈兵”这两个成语均出自中国春秋战国（　　）的著名战役。
8. 这些商品到底还会不会降价，现在还（　　）。
9. 他们都各自坚持自己的观点，互不让步，彼此谁也（　　）不了对方。
10. 我第一次来到这座城市，但感觉（　　）以前来过一样。

A 实现　　B 随身　　C 随手　　D 随时　　E 使劲

11. 他（　　）从书架上拿了一本书，然后翻看了起来。
12. 他虽然很难过，但还是（　　）忍着没让眼泪掉下来。
13. 新的一年里，愿我们的美好愿望都能够（　　）。
14. 如果你总担心自己爱忘事，不妨（　　）携带一个记事本，把做过或者要做的事情都记录下来。
15. 老师说，我们学习上要是有不懂的问题要（　　）提出来。

A 事先　　B 舒适　　C 时尚　　D 似的　　E 思考

16. 比赛之前，每个参加比赛的运动员都应当（　　）熟悉比赛规则。
17. 他是个很理智的人，重要的事情总是会经过反复（　　）再做决定。
18. 当地政府承诺，将会给居民提供更（　　）的居住条件和更优美的环境。
19. 随着中国经济的发展，中国人变得越来越自信了，传统文化成了新的（　　）。
20. 收获的季节到了，果园里苹果堆得跟一座座小山（　　）。

二 完成句子。

21. 交给陌生人　私人物品　请　不要　看管　把　____________________
22. 创办　他　一个　打算　网上蔬菜超市　____________________
23. 有准备的人　成功　属于　往往　那些　____________________
24. 世界上的　它的两面性　有　任何事物　都　____________________
25. 现在　应该　我们　一切　拥有的　珍惜　所　____________________

三 请结合下列词语（要全部使用），写一篇 80 字左右的短文。

时刻　　实话　　似乎　　舒适　　随手

第15天

911—975

学习重点

1. 65 个词语

2. 重点词语：特色　特殊　特征　体会　体验　通常
推辞　万一　未来

T

911. 台阶 táijiē 名. steps

例 请您注意安全，小心脚下的台阶。

例 现在很多地方都为残疾人（disabled person）建立了专用通道，方便他们上下台阶。

912. 太极拳 tàijíquán 名. *tai chi*

例 长期坚持打太极拳对身体很有好处。

例 我爷爷是一位太极拳爱好者，不论风吹雨打，每天都去公园练太极拳。

搭配 学习 / 练 / 打 / 表演 + 太极拳

太极拳 + 比赛 / 冠军（360）

联想 功夫、武术（1005）

913. 太太 tàitai 名. ① Mrs ② wife [usu preceded by a personal pronoun]

例 她刚结婚，还不太习惯别人叫她李太太。

例 我太太昨天下台阶时摔倒了，腿伤得挺严重的。

联想 夫人（wife; Mrs）、妻子、爱人、老婆（577）

辨析 太太 vs. 老婆 vs. 妻子

①“老婆”指称自己或别人的妻子，用于口语中的非正式场合（occasion），交谈双方（890）关系比较亲近，说话比较随便，如：我老婆今天不上班，在家带孩子。“老婆”也可以用于丈夫当面（be face to face）称呼（108）妻子，如：老婆，我的手机放哪儿了？②“妻子”多用于口语中的正式场合或书面语，而且不用于当面称呼，如：我和妻子结婚二十年了。③“太太”是对已婚妇女（295）表示尊敬（1296）的称呼，可以称（107）自己或别人的妻子，有时带丈夫的姓，如：我太太、李太太。当面称呼时，称呼者和被称呼者一般不是夫妻关系，如：太太，先生让您去他房间里找他。

914. 谈判 tánpàn 动. negotiate (with sb)

例 他们双方希望以谈判的方式来解决问题。

例 这家公司正在跟法国企业进行商务谈判。

搭配 贸易（633）/ 合作（395）/ 平等（714）/ 外交（962）+ 谈判

A + 跟 / 和 / 与 / 同 + B（+ 举行 / 进行）+ 谈判

915. 坦率 tǎnshuài 形. frank; straightforward

例 她坦率大方、活泼可爱，大家都很喜欢她。

例 坦率地讲，这是我见过的翻译得最差的学术书。

搭配 坦率地 + 说 / 提出 / 承认（120）/ 回答 / 交换（485）意见

916. 烫 tàng

形. scalding; boiling hot

动. ① scald; burn
② heat up (in hot water)
③ have one's hair permed

形 例 总是吃太烫的东西对身体不好。

动 例 炒菜的时候，他的手不小心被热油烫伤了。

动 例 你把牛奶用热水烫一下吧，一会儿给孩子喝。

动 例 我想去理发店烫个头发。

搭配 烫 + 手 / 脚 / 衣服 / 头

联想 滚烫

917. 逃 táo 动. ① escape; run away
② dodge; evade

例 小偷一看见警察立刻就想逃。

例 他们公司的负责人因为逃税漏税被抓了。

联想 逃跑、逃走、逃命、逃学（play truant）、逃课、逃难（seek safety in fight）

918. 逃避 táobì 动. evade; escape

例 她一遇到困难就想逃避，不敢面对失败。

例 你要记住，逃避永远不是解决问题的好办法。

搭配 逃避 + 工作 / 责任 / 现实（1026）/ 问题

919. 桃 táo 名. peach

例 桃子成熟了，每棵树上都结满了又大又甜的桃。

例 我家门前种着一棵桃树，一到春天树上就开满了桃花。

联想 寿桃

920. 淘气 táoqì 形. naughty; mischievous

T

例 我邻居家的孩子十分淘气。

例 小猫既淘气又可爱，把妈妈的毛线弄得一团糟。

搭配 淘气的 + 行为（1063）/ 孩子 / 小狗

联想 淘气包、淘气鬼、小淘气、调皮（937）

反义 听话

921. 讨价还价 tǎojià-huánjià bargain

例 菜市场里到处都是叫卖声和讨价还价声。

例 他们为了租金跟房东讨价还价了两个小时。

联想 讲价、还价、砍价、降价

922. 套 tào 量. [used for books, furniture, rooms, methods, etc.] set; suit; suite

例 这套衣服不单卖，必须买一套。

例 我昨天在图书馆里发现了一套新的儿童百科全书。

搭配 一套 + 书 / 光盘（364）/ 设备（819）/ 规则（372）/ 理论（588）/ 方法

923. 特色 tèsè 名. characteristic; distinguishing quality

例 四川菜又麻又辣，很有特色。

例 这个饭店的特色菜是水煮鱼。

搭配 重要 / 主要 / 民族 / 艺术 + 特色

形成（1064）/ 有 + 特色

特色 + 鲜明（distinct）

辨析 特色 vs. 特征（925）vs. 特点，见“特征”。

924. 特殊 tèshū 形. special; particular

例 他们之间的关系很特殊，既是师生又是朋友。

例 秦始皇在中国历史上具有特殊而重要的地位。

搭配 特殊 + 情况 / 要求 / 原因 / 待遇（188）

特殊的 + 地位（218）/ 能力 / 意义（1121）/ 作用

辨析 特殊 vs. 特别

①“特殊”表示跟同类事物（864）或平常（713）的情况很不一样，与众不同的程度（122）比“特别”更深，有时甚至是独一无二的，如：这是一种很特殊的材料；全公司就她一个人能享受（1035）这种特殊待遇。②“特别”表示跟其他人或事物相比不一般、不平常，如：她是一个很特别的女孩子，和别的女孩子很不一样。③“特别”还可以做副词，表示程度很深，如：结婚以后她感觉特别幸福。“特殊”没有这个用法。

925. 特征 tèzhēng 名. feature; characteristic

例 有些动物具有人类的特征。

例 请同学们说一说老虎的外形特征。

搭配 外貌（appearance）/ 年龄 / 性格 / 心理（1056）+ 特征

主要 / 基本（438）/ 明显（654）+ 特征

辨析 特征 vs. 特点 vs. 特色

①“特征”指人或事物外表（appearance）或其他方面跟别的事物相区别的地方，如：东方人的外貌特征是黄皮肤、黑头发。②“特点”的意思跟“特征”有相同之处，但使用范围（268）更广。它除了指事物形式（1066）上、外形上的独特（232）之处以外，还可指事物的内容、性质（1072）上不同于其他事物的地方，如：网络（969）文学（993）最大的特点是传播（149）的广泛性。③“特色”多指文学和艺术作品（1298）与众不同的风格（283），或者某（664）一地区（216）、民族独特的风格或特点，如：这种音乐很有民族特色。④“特点”和“特色”可以与“有”连用，如：这篇文章的结构（501）很有特点；这些产品（91）很有地方特色。“特征”没有这个用法。

926. 疼爱 téng'ài 动. be fond of; love dearly

例 她从小聪明懂事，深得父母的疼爱。

例 奶奶十分疼爱自己的小孙子，无论他提出什么要求都会尽量满足。

搭配 疼爱 + 儿女 / 孙辈 / 妻子

联想 怜爱、宠爱

927. 提倡 tíchàng 动. advocate; encourage

例 这位学者坚持提倡新的科学研究方法。

例 我们公司不提倡员工加班，希望大家可以充分利用上班时间，提高工作效率。

搭配 大力 / 普遍 / 积极 / 值得 + 提倡

T

928. 提纲 tígāng 名. outline

例 老师要求我们按时提交论文提纲。

例 他正在写一份社会调查报告，需要先写出来提纲。

搭配 复习 / 讲课 / 写作（1054）/ 调查 / 发言（258）/ 内容 + 提纲

929. 提问 tíwèn 动. ask a question

例 这位老师提问的方式很特别。

例 这位记者提问时，其他记者都笑了。

搭配 课堂 / 主动（1242）/ 随便 / 向某人 / 对某个问题 + 提问

930. 题目 tímù 名. ① title; subject ② examination question; puzzle

例 她的毕业论文题目已经确定下来了。

例 这次考试的题目对学生来说比较难。

搭配 作文（1300）/ 文章 / 报告（27）+ 题目

面试 / 数学 / 竞赛（contest）+ 题目

931. 体会 tǐhuì 动. learn from experience 名. understanding; knowledge

动 例 从这首诗中，我们可以体会到诗人对生活的热爱之情。

名 例 听完李教授的讲座以后，大家谈了自己的感受和体会。

搭配 亲身 / 用心 / 认真 / 充分（132）/ 不难 + 体会

体会 + 思想（898）/ 内涵（connotation）

深刻（827）的 / 最大的 + 体会

联想 心得（perception）体会

辨析 体会 vs. 体验（934），见“体验”。

932. 体贴 tǐtiē 动. be considerate

例 她十分感激爱人对她的体贴和支持。

例 他非常体贴自己的妻子，经常跟她一起做家务活儿。

搭配 细心 / 温柔（989）+ 体贴

非常 / 不够 + 体贴

体贴 + 某人 / 对方（238）

联想 照顾、关心、安慰（6）

辨析 体贴 vs. 关心

“体贴”和“关心”的对象（240）是某个人的时候，都表示爱护（3）、在乎（1170）和照顾对方，但两个词在使用范围和程度上有区别。①“关心”指重视、爱护对方，常把对方放在心上，如：同学之间要互相关心、互相爱护、互相帮助。②“体贴”强调（738）细心观察（355）和了解他人的处境（situation）和心情，并关心和照顾对方，程度比“关心”更深，如：夫妻之间最可贵（praiseworthy）的就是真诚、信任（1060）和体贴。③“关心”的对象可以是某个事物，表示“重视、在乎”，如：老师非常关心我们的学习和生活。“体贴”的对象只能是人。

933. 体现 tǐxiàn 动. embody; reflect

例 这幅画体现了画家对大自然的热爱。

例 这种建筑体现了浓厚的地方文化色彩，具有文物（cultural relic）保护价值。

搭配 充分 / 完全 / 明显 / 具体（531）/ 生动（832）+ 体现

辨析 体现 vs. 表现（53）

①“体现”指某种性质或者现象（1027）在某一事物上具体表现出来，让人能感受（309）到、体会到，如：这种戏剧（1012）是当地（198）人文化、精神（522）的一种体现。“表现”指品德（moral character）、能力、优点、性格特点等显露（appear）出来，能让人看到，如：一个人的思想品德往往通过他说话做事的方式表现出来。②“表现”还可以表示显示（1023）出来的言行状况（1261），如：他在学校的表现很好，经常被老师表扬。“体现”没有这个用法。③“表现”还可以表示故意显示自己，引起别人的注意，如：他总喜欢在众人面前表现自己。“体现”

没有这个用法。

934. 体验 tǐyàn 动. learn through personal experience

例 在农村劳动的时候，她曾经体验过极其艰苦的生活。

例 对他来说，来中国学习和生活是一种全新的体验。

搭配 内心 / 情感 / 成功 / 阅读 / 使用 + 体验

深刻的 / 难得（hard to get）的 / 愉快的 / 独特的 + 体验

体验 + 人生（783）/ 生活 / 痛苦（942）/ 快乐

辨析 体验 vs. 体会

①“体验”的对象是生活和实践（852）中的事物，指通过亲身实践来认识和了解事物，如：一个作家要想写出好的作品，一定要深入体验生活。②“体会”的对象一般是某个事物、某个现象、某篇文章的思想内容等，指的是对事物或情感等的领会（understand）和理解，如：看完这个展览（1182），我深刻体会到了艺术的魅力（638）；有了孩子以后，我充分体会到了当妈妈的不容易。③“体会”还有名词用法，表示体验、领会到的东西，如：老师让我们谈谈实习（853）的体会。

935. 天空 tiānkōng 名. sky; heavens

例 雨后的天空很蓝，空气很新鲜。

例 一群小鸟在天空中自由地飞来飞去。

搭配 蓝色的 / 高高的 / 广阔（vast）的 / 灰暗的 + 天空

一片（706）+ 天空

936. 天真 tiānzhēn 形. ① innocent; simple and unaffected ② simple-minded; naive

例 小孩子们天真快乐，没有烦恼。

例 这个问题可没那么简单，你的想法真是太天真了！

搭配 天真的 + 孩子 / 眼睛 / 笑脸 / 样子

天真的 + 想法 / 看法

天真地 + 相信 / 认为 / 以为

天真得 + 可爱 / 可笑

联想 单纯（190）、纯洁（pure）、幼稚（childish; naive）

937. 调皮 tiáopí 形. naughty

例 小时候，他是一个活泼、调皮的小男孩儿。

例 他的女朋友调皮可爱，喜欢开玩笑。

搭配 调皮的 + 学生 / 孩子 / 小狗

联想 淘气

938. 调整 tiáozhěng 动. adjust; regulate; revise

例 他们公司正在进行内部人员调整。

例 期末考试推迟了，所以他需要调整一下回国的日期。

搭配 进行 / 加以 / 不断（63）/ 继续 / 重新 / 逐步（1239）+ 调整

调整 + 计划 / 工资 / 价格

939. 挑战 tiǎozhàn 动. challenge 名. challenge

动 例 他想在这次运动会中挑战世界纪录。

名 例 二十一世纪是个充满竞争与挑战的时代。

名 例 在新的一年里，我们将面临新的机遇（opportunity）和挑战。

搭配 挑战 + 自我 / 敌人（213）/ 对手（239）

提出 / 发起 / 迎接（1128）/ 接受 / 充满（133）+ 挑战

更大的 / 艰巨（470）的 / 巨大（529）的 / 全新的 + 挑战

联想 挑战性

题 请选出正确答案：

男：总裁，这个项目对我而言挑战性太大，我有点儿想放弃了。

女：遇到困难不应该逃避，应该积极地面对。你先尽力去做吧。

问：女的是什么态度？（H51003-14）

A 讽刺 B 鼓励 C 怀疑 D 反对

女的鼓励男的不要逃避困难，要积极面对（644）困难，尽力（514）去做项目（1040），所以答案为 B。

940. 通常 tōngcháng

副. usually; normally
形. usual; common; normal

副 例 他住在学生宿舍，通常走路去教学楼上课。

形 例 在通常情况下，这种植物只在春天开花。

搭配 通常的 + 情况 / 说法 / 做法 / 办法

辨析 通常 vs. 平常

T

“通常”和“平常”都可以表示平时、一般的情况。不同的是：①“通常”强调行为或状态（1262）是一般情况下常见的或者是有规律（370）地发生的，如：他通常五点下班，可是今天加班了，六点半才离开办公室；保存（22）葡萄酒时，通常的做法是把酒放在避光、阴凉的地方。“平常”做名词时，意思是“平时，一般的时候”，不一定强调常见或规律性，如：警察下班回家后脱下了警服，换上了平常在家穿的衣服。②“平常”还可做形容词，表示“普通、不特别”，前面可以加副词“很”，如：老师说的那些话虽然很平常，但是意义却很深刻。“通常”没有这个用法。

题 **请选出与试题内容一致的一项：** 蔬菜和水果通常含有大量维生素，虽然它们在营养成分和健康效果上有很多相似之处，但又各有特点。因此，现代营养学推荐“每餐有蔬菜，每天有水果”，建议成年人每天吃蔬菜 300—500 克、水果 200—400 克。（H51003-64）

A 蔬菜和水果应该一起吃　　B 蔬菜和水果的成分相同

C 蔬菜的营养价值比水果大　　D 每天都应该吃水果和蔬菜

文中说“现代（1025）营养学推荐（956）‘每餐有蔬菜（881），每天有水果’”，所以答案为 D。

941. 统一 tǒngyī

形. united; unified
动. unify; unite

形 例 在课堂上，老师统一回答了大家的问题。

动 例 秦始皇统一六国以后，又统一了文字。

搭配 统一的 + 制度（1224）/ 标准 / 文字（994）/ 风格 / 原则（1160）

统一 + 考试 / 安排 / 管理

统一 + 国家 / 货币（currency）/ 语言 / 思想

942. 痛苦 tòngkǔ 形. painful; distressing

例 跟女朋友分手以后他感到非常痛苦。

例 两次世界大战给人类带来了巨大的灾难（disaster）和痛苦。

搭配 痛苦的 + 事情 / 生活 / 表情（52）/ 经历 / 回忆

经历 / 忍受（bear）/ 减轻 / 造成（1175）+ 痛苦

联想 难过、难受、不幸

反义 快乐、幸福

943. 痛快 tòngkuài 形. ① to one's great satisfaction ② forthright; straightforward ③ happy; delighted

例 星期天，他们一家人在游乐场玩得非常痛快。

例 我请她帮忙，她痛快地答应了。

例 看完今天这场辩论比赛，感觉真是痛快极了。

搭配 喝个 / 吃个 / 玩个 / 哭个 + 痛快

痛快地 + 答应（174）/ 同意

感到 + 很痛快

联想 干脆（304）

944. 偷 tōu 动. steal 副. stealthily; secretly

动 例 我的钱包在火车站被小偷偷走了。

副 例 小狗偷吃牛肉，被主人教训了一顿。

搭配 偷 + 拿 / 用 / 看 / 听 / 换

945. 投入 tóurù 动. put into; throw into 形. concentrated; absorbed

动 例 学校新建的学术报告厅很快就要投入使用了。

形 例 他工作的时候很投入，常常忘记了休息。

搭配 投入 + 经费（fund）/ 资金（1269）/ 情感 / 时间和精力（521）

T

946. 投资 tóuzī 动（离合）. invest; put in money
名. investment; money invested

动 例 他跟朋友共同投资 100 万开了这家公司。

动 例 你说咱俩投点儿资开个小超市怎么样？

名 例 这是一笔很大的投资，你一定要事先想清楚啊！

搭配 投资 + 项目 / 公司 / 环境 / 风险（286）/ 规模（371）

教育 / 房地产 / 生产性 / 建设（478）/ 基础设施（821）+ 投资

联想 投资者

947. 透明 tòumíng 形. transparent; see-through

例 她喜欢用透明的杯子喝茶。

例 他们夫妻之间没有任何秘密，彼此十分透明。

搭配 透明的 + 玻璃（56）/ 材料 / 物体

联想 透明度、透明化

948. 突出 tūchū 形. outstanding; prominent
动. stress; give prominence

形 例 她在工作中表现很突出，多次被评为公司的优秀员工。

动 例 大家写文章时一定要注意突出重点，有详有略。

搭配 成果（111）/ 贡献（338）/ 问题 / 矛盾（631）+ 很突出

突出 + 特点 / 优势（1143）/ 优点

949. 土地 tǔdì 名. land; soil

例 土地是一种重要的自然资源。

例 长久以来，这里的农民一直靠土地生活。

搭配 利用（596）/ 占用 / 租用 / 分配（278）/ 管理 + 土地

土地 + 制度 / 改革（297）

950. 土豆 tǔdòu 名. potato

例 爷爷家的房前屋后种满了土豆。

例 她特别喜欢吃土豆，几乎每天都要吃。

951. 吐 tǔ 动. spit (out)

例 孩子刚喝了一口药就吐了出来。

例 她调皮地冲我吐了吐舌头，笑着跑开了。

搭配 吐 + 气 / 皮 / 口水（slaver）

952. 兔子 tùzi 名. rabbit; hare

例 一天，农夫捡到了一只死兔子。

例 这个故事讲的是乌龟（tortoise）和兔子赛跑，最后乌龟赢了。

953. 团 tuán 名. group 量. [for sth in the shape of a ball]

名 例 暑假我打算跟旅行团去南方几个城市旅游。

量 例 湖（lake）底长满了一团一团绿色的水草。

搭配 旅行 / 代表（185）/ 歌剧 / 合唱 + 团

一团 + 毛线 / 废纸 / 火

954. 推辞 tuīcí 动. decline; refuse

例 他请我吃饭，我不想去，但又不好推辞。

例 他们诚心诚意地邀请你，你就不要推辞了。

搭配 不敢 / 无法 / 再三（1169）/ 一再（1107）+ 推辞

辨析 推辞 vs. 拒绝

“推辞”和“拒绝”的语气（1152）和使用范围不一样。①“推辞”更礼貌、委婉（mild and roundabout），“拒绝”更直接。②“推辞”的对象一般是对方的礼物、邀请和任命（appoint sb）等，如：有两所大学邀请他去讲学，他都礼貌地推辞了。“拒绝”除了可以用于“推辞”的对象以外，还可以用于建议、要求、意见等，如：我坚决（467）地拒绝了他的无理要求。

955. 推广 tuīguǎng 动. popularize; spread

例 这次产品推广活动做得非常成功。

例 他们公司正在推广一项可以极大提高生产效率的新技术。

搭配 全面（768）/ 努力 / 积极 / 大力 + 推广

推广 + 普通话 / 新产品 / 新方法

题 请选出正确答案：

男：这是我从海南带回来的特产，你尝尝吧。
女：谢谢你，你什么时候去海南了？
男：上周三去的，昨天刚回来。
女：我想起来了，你们部门在那儿有个展览会，是吧？
男：是，给公司新产品做推广宣传。
问：关于男的，可以知道什么？ (H51003-22)

A 刚出差回来　　B 在海南打工　　C 去海南旅游了　　D 从事食品行业

根据对话中男的说的“上周三去的（海南），昨天刚回来”“给公司新产品做推广宣传（1080）”，可以知道男的刚从海南回来，他去海南是因为工作、出差，所以正确答案是A。B和C是错误的说法，D在对话中没有提到。

T

956. 推荐 tuījiàn 动. recommend; put sb forward (for sth)

例 毕业的时候，老师给我推荐了一份工作。

例 为了申请出国留学，他请导师写了一封推荐信。

搭配 推荐 + 某人 / 人才（779）/ 参考书 / 产品
推荐 + 材料 / 理由（589）/ 名单
向 + 某人 + 推荐
把 + 某人 / 某物 + 推荐 + 给 + 某人

题 请选出正确答案：

女：小刘，你的嗓子好点儿了吗？
男：好多了，多亏了您给我推荐的药，效果很好。
问：根据对话，可以知道什么？ (H51003-5)

A 女的是大夫　　B 小刘的胳膊疼　　C 小刘需要打针　　D 药的效果不错

根据对话中男的说的“多亏（245）了您给我推荐的药，效果很好”，正确答案是D。

957. 退 tuì 动. ① move backwards; retreat ② return; refund ③ decline; recede

例 她吓得直往后退，差点儿没摔倒。

例 他乘坐的航班由于天气原因取消了，他只好把票退了。

例 今天早上，孩子的烧终于退了。

搭配 退 + 钱 / 款 / 货 / 税（891）

高烧 / 海水 + 退了

联想 倒退、后退、辞退

958. 退步 tuìbù 动（离合）. lag behind; retrogress

例 回国以后，由于缺乏练习的机会，我的汉语退步了。

例 荣誉（honor）只能代表过去，不努力就会退步。

例 思想退了步，工作就干不好。

搭配 有所 / 明显 + 退步

959. 退休 tuìxiū 动（离合）. retire

例 我父亲已经到了退休的年龄，这几天正在办理退休手续。

例 退休以后，这对老夫妻过着平淡而幸福的生活。

例 由于身体原因，她提前退了休，回到乡下养老去了。

题 请选出正确答案：

男：阿姨，您现在还每天看书吗？

女：看啊，虽然我已经退休了，但人不是应该“活到老学到老”吗？

问：女的主要是什么意思？（H51003-6）

A 乐观很重要　B 她已经落后了　C 人应该坚持学习　D 失败是成功之母

上面的对话中，女的说“但人不是应该‘活到老学到老’吗？”。“活到老学到老”的意思是人的一生中都应该坚持学习，所以正确答案是 C。

W

960. 歪 wāi 形. askew; tilted; inclined

例 有的人习惯歪着本子写字。

例 我家门口的那棵树长歪了。

联想 歪斜、歪歪扭扭（shapeless and twisted）

961. 外公 wàigōng 名. (maternal) grandpa

例 我的外公早就退休了。

例 前几天我外公去世了，我和母亲都伤心极了。

联想 外婆

962. 外交 wàijiāo 名. diplomacy

例 她是外交学院的一名研究生。

例 他的父母都是外交官，他从小就跟着父母在国外生活。

搭配 外交 + 活动 / 关系 / 谈判 / 经验 / 政策（policy）

963. 完美 wánměi 形. perfect

例 她做事总是喜欢追求完美，经常搞得自己很累。

例 我们都不是完美的人，要学会接受不完美的自己。

搭配 完美地 + 解决 / 结合（502）/ 配合（698）

完美的 + 婚姻（431）/ 设计（820）/ 计划

联想 十全十美

964. 完善 wánshàn 形. perfect; consummate 动. make perfect; improve

形 例 近年来，这个城市的公共交通更加完善了。

动 例 总经理决定要进一步完善公司的人事制度。

搭配 不够 / 相当（1030）/ 日趋 / 越来越 + 完善

不断 / 继续 + 完善

完善 + 自我 / 方案（270）/ 制度

965. 完整 wánzhěng 形. complete; integrated

例 面试的时候，他紧张得说不出一句完整的话。

例 这份实验报告的内容还不够完整，请你再补充一下吧。

搭配 完整的 + 资料（1270）/ 计划 / 家庭（456）

966. 玩具 wánjù 名. toy

例 妈妈给孩子买了一辆玩具车。

例 女儿已经有很多玩具了，不用再买了。

967. 万一 wànyī 连. just in case; if by any chance

例 我每天都开着手机，怕万一主任打电话找不到我。

例 我们还是早点儿订票吧，万一到时候买不到票怎么办？

968. 王子 wángzǐ 名. prince

例 王子和公主从此过上了幸福的生活。

例 才看到他第一眼，她就认定了他就是自己的白马王子。

联想 公主（335）、王后、国王（377）

969. 网络 wǎngluò 名. network; web

例 网络让人们的生活变得更加方便。

例 他们是通过网络认识的，不过到目前为止还没见过面。

搭配 网络 + 技术 / 环境 / 语言 / 教学 / 服务 / 游戏

联想 互联网、无线网络

970. 往返 wǎngfǎn 动. go to and fro

例 他在网上买了一张往返机票。

例 他经常出差，有时候一个月内在两个城市之间往返好几次。

搭配 往返的 + 路程 / 路费

往返 + 火车票 / 签证 / 日期（791）

人 / 火车 / 汽车 / 飞机 / 轮船（steamer）+ 在 + 某地与某地之间 + 往返
人 / 火车 / 汽车 / 飞机 / 轮船（steamer）+ 往返 + 于 + 某地与某地之间

联想 往返票、单程票、返回

971. 危害 wēihài 动. harm; endanger

例 吸烟会对人的健康造成很大危害。

例 每个人都应该制止（stop）危害公共安全的行为。

搭配 危害 + 人类（781）/ 社会 / 健康 / 环境
带来 / 构成（340）/ 产生（92）/ 造成 + 危害

972. 威胁 wēixié 动. threaten

例 环境污染给许多动物的生存（live）造成了巨大的威胁。

例 水灾过后，各种传染病开始流行，严重威胁着灾区人民的健康。

搭配 威胁 + 某人 / 健康 / 生命
带来 / 构成 / 产生 / 造成 + 威胁

973. 微笑 wēixiào 名. smile 动. smile

名 例 微笑是一座城市最美丽的名片。

名 例 老师总是面带微笑地回答我们的问题。

动 例 宴会上，她大方地朝大家点头、微笑。

搭配 保持（21）/ 露出（show）+ 微笑
自信的 / 甜蜜的 / 神秘（829）的 + 微笑

974. 违反 wéifǎn 动. violate

例 他因为违反了学校的规定，被老师严肃地批评了。

例 他违反了交通规则，被警察罚了 200 块钱。

搭配 违反 + 纪律（451）/ 法律 / 道德（206）/ 合同（393）
多次 / 严重 + 违反

975. 围巾 wéijīn 名. scarf

例 她戴着一条真丝围巾，显得非常时髦。

例 他们给雪人加了一条围巾和一顶帽子，还给它戴上了手套。

自测

一、选词填空。

A 万一　　B 烫　　C 逃　　D 逃避　　E 坦率

1. 人的一生中，有些问题是无法（　　）的。
2. 长时间打电话，手机会变得发热发（　　）。
3. 他（　　）地表示，今天这场比赛他很没有把握。
4. 你们开车的时候要小心，（　　）发生什么事情就麻烦了。
5. 这只小猫一见到陌生人就很紧张，随时准备（　　）跑。

A 网络　　B 突出　　C 痛快　　D 特色　　E 投入

6. 大型纪录片《舌尖上的中国》介绍了中国各地的（　　）美食。
7. 为了完成任务，我已经好几天没合眼了，真想（　　）地睡一觉。
8. 有了（　　），人们不出家门就可以买到自己需要的东西。
9. 她把大量的时间和精力都（　　）到了教学和科研当中。
10. 和公司的其他同事比起来，他的工作能力很（　　）。

A 推辞　　B 通常　　C 挑战　　D 调整　　E 体现

11. 这个方案还不够完善，需要进一步（　　）。
12. 他准备面对现实，接受（　　），克服困难去适应新的工作。
13. 他本来答应出席今天的宴会，后来找了个借口（　　）掉了。
14. 这些美丽动人的神话故事（　　）了人类不怕困难、勇敢地同自然灾害做斗争的伟大精神。
15. 当你正要进入电梯时，电梯的门关上了，你（　　）会怎样做？

A 完美	B 完善	C 完整	D 天真	E 体验

16. 通过改革，他们（　　）了公司的内部管理制度。
17. 为了来中国留学，他早早就准备好了（　　）的申请材料。
18. 对于这个问题，我们目前还没有找到（　　）的解决办法。
19. 要想知道这辆车开起来怎么样，你最好亲自（　　）一下。
20. 小姑娘（　　）、善良的性格赢得了我们的好感。

二 完成句子。

21. 严重　工业废水　人们的健康　危害着　________________
22. 了　我们　完善　公司的　越来越　制度　________________
23. 经常　看东西　弟弟　歪着头　________________
24. 一份　我有　特殊的礼物　要　送给你　________________
25. 有特色　非常　建筑　这个城市的　________________

三 请结合下列词语（要全部使用），写一篇 80 字左右的短文。

通常	挑战	特色	体验	体现

____

____

____

____

____

____

第16天

976—1040

学习重点

1. 65 个词语

2. 重点词语：稳定　无奈　无数　吸取　吸收　显得
显然　现实　相当

976. 围绕 wéirào 动. ① revolve around ② center on

例 地球围绕着太阳转，转一圈就是一年。

例 围绕中国传统文化中“孝”这个问题，大家展开了热烈的讨论。

977. 唯一 wéiyī 形. only; sole

例 在这个世界上，奶奶是她唯一的亲人。

例 我必须立刻离开，这是我唯一的选择。

978. 维修 wéixiū 动. keep in (good) repair; maintain

例 他们把这辆汽车彻底地维修了一遍。

例 为了保证安全，电气设备应该定期检查、维修和保养（maintain）。

搭配 维修 + 汽车 / 电视 / 机器（436）/ 公共设施（821）

房屋 / 道路 / 产品（91）+ 维修

需要 / 及时 / 定期（regular）+ 维修

辨析 维修 vs. 修理

“维修”的对象（240）不一定是坏的，“维修”的目的是检查、保养和修理，使对象能够保持（21）良好（601）的工作状态（1262），延长（1090）使用寿命（875），比如：汽车定期维修保养非常重要。“修理”的对象是已经损坏（damage）、无法正常使用的东西，“修理”的目的是使它恢复（428）到正常状态，从而（164）可以继续使用，比如：我的手机摔坏了，得找人修理一下。

979. 伟大 wěidà 形. great; mighty

例 母爱是世界上最伟大的爱。

辨析 伟大 vs. 巨大（529）vs. 了不起（604）

①“伟大”形容（1065）品格（one’s moral character）崇高（lofty; noble）或气势（momentum）雄伟（magnificent）、规模（371）宏大（grand），可形容人，也可形容事物（864），强调（738）精神（522）高度，带有赞颂（extol）的色彩（801），如：他是一位伟大的科学家；这是一项（1038）伟大的事业（career）；这是一种伟大的精神。②“巨大”指规模、数量、体积（volume）很大，一般形容事物，不带有称赞（109）色彩，如：付出巨大的努力；一个巨大的热气球。③“了不起”表示“不平凡（common）”的意思，多用于口语，可形容人，也可形容事物，如：

这个人真了不起；这些设计（820）真了不起。"了不起"还可以用来表示"重要、重大（1234）、严重"，一般用于反问句或否定句中，表示不认为某事是严重的或某人是重要的，如：输了一场球有什么了不起的？下次再继续努力不就行了；他有什么了不起的？不就是个小经理吗？

980. 尾巴 wěiba 名. tail

例 小松鼠（squirrel）把它的大尾巴当成被子盖在身上，又暖和又舒适。

例 别看他现在得意，弄虚作假换来的成功不过是兔子的尾巴——长不了。

搭配 摇（1098）/ 摆（12）/ 甩（889）+ 尾巴

一条 + 尾巴

981. 委屈 wěiqu 形. wronged; aggrieved 动. put sb to great inconvenience

形 例 被大家误会以后，小王感到很委屈。

动 例 我今天太忙了，只能委屈你多等一会儿了。

搭配 某（664）人 / 内心 / 感到 + 很委屈

委屈 + 某人 / 自己 / 孩子

982. 未必 wèibì 副. may not; not necessarily

例 虽然天气预报说今天有雨，可看今天的天色，我觉得未必会下雨。

例 这礼物虽然很昂贵（expensive），可未必能让他女朋友满意。

联想 不一定

983. 未来 wèilái 名. future 形. coming; approaching

名 例 你对未来有什么打算？

名 例 毕业生们都期待着美好的未来。

形 例 未来几周是我们学校的考试周。

辨析 未来 vs. 将来

"未来"和"将来"都是时间名词，指现在以后的时间。不同的是：①"未来"除了表示以后的时间，还可以表示以后的前途（734），如：这个聪明又勤奋（749）

的年轻人一定会有光明（363）的未来。在这个句子中，“未来”不能换成“将来”。②“未来”可做形容词，如：天气预报（1154）说未来二十四小时会有大雪。“将来”没有这个用法。③“将来”做时间名词，跟“过去”“现在”相对（1031），如：过去我不相信她，现在仍然不相信她，将来也不打算相信她。

W

984. 位于 wèiyú 动. be located; be situated

例 泰国位于亚洲的东南部。

例 图书馆位于市中心，交通非常方便。

搭配 位于 + 某个地方

985. 位置 wèizhì 名. ① seat; place; location ② place (a position or rank in a sequence or order) ③ position; post

例 他把他和女朋友的照片挂在了房间里最显眼的位置。

例《红楼梦》在中国文学史上占有重要的位置。

例 你现在在公司里做到什么位置了？

辨析 位置 vs. 地位（218）

①“位置”可以表示具体（531）的地方，如：那天我们照相的时候，他就站在这个位置。②“位置”还有“职位（post）”的意思，而“地位”没有此意，如：他辞职（158）以后，很快就有人替代了他的位置。③“地位”通常（940）指抽象（137）的位置，如：社会 / 经济 / 政治（1212）/ 国际地位。“位置”没有这些搭配用法。

986. 胃 wèi 名. stomach

例 胃不好的话最好别吃生冷的食物。

搭配 胃 + 疼 / 药 / 病

987. 胃口 wèikǒu 名. ① appetite ② liking

例 我今天心情不好，没什么胃口。

例 这酒不好喝，不对我的胃口。

搭配 胃口 + 很好 / 很差 / 很大

合 / 对 + 某人的 + 胃口

988. 温暖 wēnnuǎn

形. warm
动. make warm

形 例 妈妈给了孩子最温暖的爱。

动 例 老师的话温暖了我们每个人的心。

辨析 温暖 vs. 暖和

“温暖”和“暖和”都可形容天气、环境等不冷也不热，如：今天天气很温暖 / 暖和。但“暖和”仅指身体对外界（external world）温度的感受（309），如：虽然外面冰天雪地，房间里却很暖和（形.）；外面冷，快进屋来暖和暖和（动.）。而“温暖”除了指身体的感受，还可指内心的感受，如：她温暖（形.）的笑容给了大家希望和勇气（1138）；孩子的笑脸温暖（动.）了老人孤独（lonely）的心。

989. 温柔 wēnróu 形. gentle and soft

例 他喜欢温柔的女孩子。

例 妈妈温柔地抱着孩子，轻轻地唱着歌。

搭配 温柔的 + 人 / 性格 / 声音 / 话语

990. 文件 wénjiàn 名. document; paper

例 王经理的办公桌上堆满了各种文件。

例 小王，麻烦给我发一下今天的会议文件。

搭配 一份 + 文件

打印 / 复印 / 修改（1076）/ 下载（1017）/ 删除（807）+ 文件

联想 文件夹、文件袋

991. 文具 wénjù 名. stationery

例 新学期要开始了，家长们都开始为孩子准备文具。

联想 文具店、文具盒

992. 文明 wénmíng

名. civilization
形. civilized

名 例 玛雅文明古老而神秘，很多人都对它充满了好奇。

形 例 现代文明国家的标志之一就是干净、舒适的环境。

搭配 物质（1008）/ 精神 + 文明

文明 + 人 / 社会

辨析 文明 vs. 文化

“文明”和“文化”都可做名词，指人类（781）所（909）创造（155）的物质和精神财富（wealth）的总和（summation）。不同的是：①“文明”所指的对象比“文化”范围（268）更大，意思更抽象，如：古老的东方文明、精神文明。“文化”范围小一些，意思具体一些，如：节日、婚俗、礼仪（etiquette）等传统（152）文化。②“文化”有时还指运用（1167）文字（994）的能力及一般知识，如：他的文化水平很高；我没有上过学，没有文化。“文明”没有这个用法。

W

993. 文学 wénxué 名. literature

例 小王是个文学爱好者，平时喜欢写写诗什么的。

搭配 古代（343）/ 现代（1025）+ 文学

文学 + 创作（create; write）/ 经典（518）/ 作品（1298）

994. 文字 wénzì 名. ① characters; scripts ② written language

例 中国古代的文字和现在的文字有什么不同呢？

例 我觉得这段文字有点儿多余，可以删掉。

995. 闻 wén 动. ① smell ② hear

例 这西瓜闻起来有股怪味，肯定不能吃了。

例 这种事情真是闻所未闻（unheard of）。

联想 嗅（sniff）

996. 吻 wěn 动. kiss

例 妈妈温柔地吻了吻孩子的脸。

例 她调皮地一笑，给了他一个浅浅的吻。

997. 稳定 wěndìng
动. stabilize
形. stable; steady

动 例 你别紧张，先稳定一下情绪再说。

动 例 为了稳定物价，有关部门采取了多种措施。

形 例 小孙的比赛成绩一直很稳定，教练对他很放心。

搭配 稳定＋情绪（757）/ 市场（861）/ 人心

心情 / 价格 / 病情＋很稳定

998. 问候 wènhòu 动. send one's regards to

例 请代我问候你的父母。

例 市长来到老年公寓，亲切地问候老人。

999. 卧室 wòshì 名. bedroom

例 这间卧室朝南，又宽敞（spacious）又明亮。

联想 厨房、客厅、书房、卫生间、阳台（1094）

1000. 握手 wòshǒu 动（离合）. shake hands

例 中国人初次见面时常常握手问好。

例 比赛双方打平了，两队握手言和（make peace）。

例 分别前，他紧紧地握了握她的手。

搭配 跟 / 和 / 与 / 同＋某人＋握手

1001. 屋子 wūzi 名. room

例 这间屋子真干净，一看就是主人会经常打扫。

联想 房屋

辨析 屋子 vs. 房间

①“屋子”有“房间”的意思，如：这是你的屋子 / 房间吗？②“屋子”还可以指房子，“房间”没有这个意思，如：森林深处有一个小屋子；这个屋子有四个房间。

W

1002. 无奈 wúnài 动. have no alternative; resign oneself to (doing sth) 连. but; however

动 例 小王本来不想结婚，可是在双方父母的压力下，出于无奈，还是结了。

连 例 我们早就做好了自驾游安排，无奈汽车出了故障（breakdown），只好放弃了。

1003. 无数 wúshù 形. countless; innumerable

例 传说这片沙漠里有无数的宝藏（treasures）。

例 我告诉过你无数次了，你就是不听，现在后悔了吧？

辨析 无数 vs. 许多

“许多”是数词，表示数量多，但是有限，如：虽然一开始有许多困难，但我们最终还是完成了任务。“无数”是形容词，表示数量极多，数（885）不清楚，如：天上有无数颗（550）星星。

1004. 无所谓 wúsuǒwèi 动. ① be indifferent ② cannot be called

例 去不去我都无所谓，随便你们怎么安排。

例 这次讲座，我只是想和大家讨论讨论这个问题，无所谓指导。

1005. 武术 wǔshù 名. *wushu*; martial arts

例 太极拳是最受留学生喜爱的武术之一。

搭配 武术 + 表演 / 比赛 / 冠军（360）

1006. 勿 wù 副. [used in prohibitions, admonitions, etc.] not; never

例 图书馆内请勿吸烟。

例 非工作人员请勿入内。

辨析 勿 vs. 别

“勿”和“别”都放在动词前边表示禁止或劝阻、阻止（1289）。不同的是，“勿”是古汉语词，现在多用于书面语，常见于标语（slogan）、告示（bulletin），如：工作时间，请勿打扰。“别”多用于口语，如：别哭了，哭也没用；别动！危险！

1007. 物理 wùlǐ 名. physics

例 水变成冰是物理变化。

例 这位物理学家对现代物理学做出了巨大的贡献。

联想 化学（416）、数学

1008. 物质 wùzhì 名. ① material ② matter; substance

例 他为了追求更多的物质享受，最终走上了犯罪（commit a crime）的道路。

例 这是一种有毒物质，你千万不要直接用手碰。

联想 精神

1009. 雾 wù 名. fog

例 今早的大雾造成了航班延误（delay）。

例 这里被称为“雾都”，因为常有大雾天气。

搭配 起 / 有 + 雾

大 / 浓（687）+ 雾

一场 + 雾

X

1010. 吸取 xīqǔ 动. absorb; draw

例 植物通过根部吸取养分。

例 希望你能从这次失败中吸取经验教训。

搭配 吸取 + 经验 / 教训（494）/ 水分

辨析 吸取 vs. 吸收（1011），见“吸收”。

1011. 吸收 xīshōu 动. ① absorb; take in; assimilate ② admit; recruit

例 他认为边吃饭边看电视会影响食物消化和营养吸收。

例 这家俱乐部今年吸收了很多新会员。

辨析 吸收 vs. 吸取

“吸收”和“吸取”都可以表示物体把外界物质吸到自己内部（673），如：种子（seed）从土里吸收 / 吸取养料。不同的是：①“吸收”还有团体（group）、组织（1293）接收个人（320）成为成员（member）的意思，“吸取”没有这个意思，如：他们通过电视广告吸收了大量会员。②在表示从以前的生活经历中获取经验教训时，只能用“吸取”，如：你要吸取这次失败的教训，不要一错再错。

题 **请选出与试题内容一致的一项：** 京剧有近 200 年的历史。京剧在形成过程中，吸收了许多地方戏好的成分，又受到北京方言和风俗习惯的影响。京剧形成于北京，但不仅仅是北京的地方戏，中国各地都有演出京剧的剧团。（样卷-68）

A 京剧只在北方演出　　B 京剧是中国最古老的戏剧

C 地方戏吸收了很多京剧的成分　　D 地方戏对京剧的形成产生过影响

“京剧在形成（1064）过程中，吸收了许多地方戏好的成分（110）”表示京剧中有地方戏的成分，京剧受到过地方戏的影响，所以 C 不对，D 对。“京剧形成于北京，但不仅仅是北京的地方戏，中国各地都有演出京剧的剧团”说明 A 不对。B 在文中没有提到。正确答案是 D。

X

1012. 戏剧 xìjù 名. drama; play

例 莎士比亚（Shakespeare）是世界上最著名的戏剧作家之一。

例 戏剧表演的形式有很多种，包括话剧、戏曲、舞剧、歌剧等。

1013. 系 xì 名. department; faculty

例 我们大学的中文系有一百多位老师。

例 听说你们换了一个新的系主任？

1014. 系统 xìtǒng 名. system
形. systematic

名 例 这台电脑的系统出了问题，需要维修。

形 例 教授认为我收集的资料不够系统。

搭配 计算机 / 软件（797）/ 手机 / 运输（1166）/ 消化（1044）+ 系统

系统地 + 说明 / 研究 / 分析（280）

1015. 细节 xìjié 名. detail

例 有时候细节决定成败，所以一定要注意细节。

例 你的论文整体不错，不过有的细节还需要修改一下。

1016. 瞎 xiā 动. be blind
副. blindly; foolishly; groundlessly

动 例 他的右眼瞎了，看不见。

副 例 你不了解情况就别瞎指挥。

副 例 你瞎说什么呀！我们俩不是两口子。

联想 盲人（blind person）

1017. 下载 xiàzài 动. download

例 这本电子书可以免费下载吗？

例 我们在学校图书馆可以下载论文资料。

1018. 吓 xià 动. scare; frighten

例 你小声点儿，别吓着孩子。

例 前面突然跳出来一个人，吓了我一跳。

联想 吓人、惊吓

1019. 夏令营 xiàlìngyíng 名. summer camp

例 今年暑假我给孩子报了个夏令营。

例 在夏令营里，既能学到知识，又能锻炼生活自理能力，我觉得挺好的。

1020. 鲜艳 xiānyàn 形. bright-colored; gaily-colored

例 春天来了，到处都是鲜艳、美丽的花朵。

例 为了安全，骑自行车的时候最好穿颜色鲜艳的衣服。

1021. 显得 xiǎnde 动. appear; seem; look

例 他一个劲儿地催我，显得很不耐烦。

例 老人一直在打电话，显得很担心。

搭配 显得 + 很矮 / 很漂亮 / 很热情

题 **请选出正确答案：**……更有趣的是，猩猩会使用“苦肉计”。有一次，某个动物园里有一只大猩猩被铁笼子里的铁支架压着了。看样子，压得真不轻，因为大猩猩的表情显得很痛苦。当管理员急匆匆地去救它时，它却突然站了起来，张开手臂，抱住了管理员。原来，这只大猩猩觉得实在是没意思，想找个伴玩玩。……

大猩猩为什么抱住了管理员？ (H51003-84)

A 它很痛苦　　B 它想找人玩　　C 它感到很委屈　　D 帮助同伴逃跑

“大猩猩的表情（52）显得很痛苦（942）”表示大猩猩表现（53）出很痛苦的样子。但是联系下文可知，它并不是真的痛苦，所以 A 不对。它这样做的目的只是“觉得实在是没意思，想找个伴玩玩”，所以答案为 B。

X

1022. 显然 xiǎnrán 形. clear; obvious

例 这个说法显然是错误的。

例 很显然，他们双方实力（actual strength）相差太大，他不会赢得这场比赛。

辨析 显然 vs. 明显（654）

“显然”和“明显”在大部分情况下可以互换，如：这辆车显然 / 明显是偷（944）来的。但用于形容词谓语句，表示清楚地显示（1023）出来，容易让人看到、感觉到时，只能用“明显”，不能用“显然”，如：这份文件上的签名不太明显。

1023. 显示 xiǎnshì 动. display; show

例 在这场比赛中，红队显示出了绝对的优势。

例 电脑显示我的操作（operate）有误，你能过来帮我看看吗？

搭配 显示 + 才能 / 实力 / 自信

显示 + 出来 / 出

联想 显示器

1024. 县 xiàn 名. county

例 王老师是我们县的名人，人人都认识她。

例 县政府离这里很远，去那儿得坐一个多小时的车。

联想 省、市、区

1025. 现代 xiàndài

名. modern times; contemporary age
形. modern; contemporary

名 例 你都知道哪些有名的中国现代作家？

形 例 这个房子的设计风格很现代，装修得也很豪华。

联想 古代、近代（517）、当代（contemporary era）

1026. 现实 xiànshí

名. reality
形. realistic; real; actual

名 例 随着科学技术的飞速发展，从前人们的许多幻想已经变成了现实。

形 例 现实生活往往比戏剧更加精彩。

形 例 我觉得你的计划太不现实了。

搭配 符合 / 脱离（be divorced from）/ 面对（644）/ 逃避（918）+ 现实

现实 + 生活 / 需要 / 问题 / 意义（1121）

某人 / 想法 / 做法 + 很现实

辨析 （1）现实 vs. 事实（863）

①“现实”可做名词和形容词，而“事实”只能做名词。②做名词时，两个词的意思也不同。“现实”指客观（557）存在（172）的事物和情况，如：你应该勇敢地面对现实。“事实”指某件事情的真实（1197）情况，如：那些都是谣言（rumor），不符合事实。

（2）现实 vs. 实际

“现实”和“实际”都可做名词和形容词，有时可以互换，如：符合现实 / 实际、脱离现实 / 实际、某人很现实 / 实际、想法很现实 / 实际。不同的是：①“实际”做形容词时表示“实有的、具体的”，如：实际效果 / 工作 / 行动（1061）。“现实”没有这个意思。②“实际”后面加“上”，变成“实际上”，用作副词，表示“其实”，如：他看上去懂了，实际上没懂。“现实”没有这个用法。

1027. 现象 xiànxiàng 名. phenomenon

例 生老病死都是自然现象。

例 人们常说要透过现象看本质。

搭配 一个 / 一种 + 现象

社会 / 自然 / 文化 / 生理（physiology）+ 现象

1028. 限制 xiànzhì 动. limit; restrict 名. restriction

动 例 为了保护孩子的眼睛，我限制了他用电脑的时间。

名 例 本次展览对观众人数有限制，每天参观的人数不能超过 1400 人。

1029. 相处 xiāngchǔ 动. get along (with)

例 我跟同学们相处得很愉快。

例 他这个人性格古怪（eccentric），很难相处。

搭配 跟 / 和 / 与 / 同 + 某人 + 相处（+ 得 + 很好 / 很不好 / 很愉快 / 很开心）

某人 + 很好 / 很不好 / 很容易 / 很难 + 相处

X

1030. 相当 xiāngdāng 副. quite; rather 动. match; be equal to

副 例 春节前买火车票相当困难。

副 例 这家餐馆的菜相当好吃。

动 例 他们俩年龄相当，兴趣爱好也相同，因此成为了很好的朋友。

搭配 某人 + 跟 / 和 / 与 / 同 + 某人 + 年龄 / 水平 / 能力 + 相当

题 请选出与试题内容一致的一项： 现在，如果要问人们选择职业时主要考虑的是什么，有相当一部分人会以收入多少作为标准。当然，也有人主要看自己是否喜欢这份工作。也许，最理想的情况是能找到一份既让人喜欢又有较多收入的职业。可惜的是，这种情况在生活中并不能经常遇到。（H51002-66）

A 现在人们经常换工作 B 人们找工作的标准不同

C 喜欢的才是最好的工作 D 找一份满意的工作并不难

A 在文中没有提到。“最理想的情况是能找到一份既让人喜欢又有较多收入的职业”说明 C 不全面（768）。“可惜的是，这种情况在生活中并不能经常遇到”说明 D 不正确。“有相当一部分人……”与“也有人……”说明不同的人找工作有不同的标准，所以正确答案是 B。

1031. 相对 xiāngduì 形. relative; comparative; not absolute
动. be opposite to each other; face each other

形 例 美是相对的，不是绝对的。

形 例 跟北京、上海相比，这里的房价相对比较便宜。

动 例 父子俩相对而坐，吃着简单的晚饭。

搭配 相对＋湿度 / 高度 / 优势（1143）

相对＋便宜 / 稳定 / 舒服

联想 相对值（relative value）、相对论（the theory of relativity）

辨析 相对 vs. 绝对（538）

①做形容词时，“相对”和“绝对”是一组（1290）反义词，如：辛苦都是相对的，没有绝对的辛苦，因为总有人更辛苦。②“绝对”做副词时的意思是“肯定、一定、必然（39）”。此时，其反义词不是“相对”，而是“不一定”，如：你的想法绝对错了；我觉得明天绝对要下雨。

1032. 相关 xiāngguān 动. be concerned; be related to

例 旅行的心情与天气的好坏密切相关。

例 这次讲座的相关资料可以在网上下载。

反义 无关

1033. 相似 xiāngsì 形. similar; alike

例 他们俩的年龄、性格都很相似。

搭配 外貌（appearance）/ 内容 / 情况＋很相似

辨析 相似 vs. 相同

“相似”的意思是相像、类似（be similar to），但实际上不同，如：这两种植物看起来相似，其实差别（87）很大。“相同”的意思是彼此（38）一样，没有区别，如：这两个产品的功能（336）完全相同。

题 **请选出正确答案：** 一个姑娘和一个小伙子结婚了，他们结婚以后的生活十分幸福。小伙子非常喜欢足球，每次电视中有足球比赛的时候，他连饭都不吃也要看。……一天，电视里又播放足球比赛，丈夫坐在电视机前一动也不动，妻子跟他说话他也 ______ 没有听到。…… （H51001-50）

X

A 好像　　B 相似　　C 表示　　D 相同

“好像”可以做副词，表示“似乎（900）、仿佛（272）”。“相似”与“相同”都是形容词。“表示”是动词。本题中动词短语“没有听到”前面应该用副词修饰（modify），所以正确答案是A。

1034. 香肠 xiāngcháng 名. sausage

例 有些地方的中国人过年的时候喜欢吃香肠。

搭配 烤 / 炸 / 煮（1249）+ 香肠

一根（323）/ 一节 + 香肠

1035. 享受 xiǎngshòu 动. enjoy

例 我爷爷常说“吃苦在前，享受在后”。

例 今天我来做饭，你们就好好享受吧。

搭配 享受 + 生活 / 权利（767）/ 待遇（188）/ 音乐 / 美食

联想 享用、享福、享乐

题 请选出正确答案：一天晚上，大老鼠带着一群小老鼠出去找东西吃。在一家人的厨房里，它们在垃圾桶里找到了吃剩的饭菜。当老鼠们准备 ______ 美食的时候，传来了让它们非常害怕的声音，那是一只大花猫的叫声。……

A 享受　　B 消费　　C 吸收　　D 保存　　（样卷-54）

“享受”常与“美食”搭配，组成（1291）“享受美食”。“消费（1043）”和“吸收”不和“美食”搭配。“保存（22）”一般和“食物（857）”搭配，组成“保存食物”。正确答案是A。

1036. 想念 xiǎngniàn 动. miss

例 在国外工作时，我非常想念家里的父母和孩子。

辨析 想念 vs. 想 vs. 怀念（418）vs. 纪念（452）

①“想念”和“怀念”都有“放在心里不忘记”的意思，多用于书面语。不同的是，“想念”强调非常希望再次见到，对象一般是可能再次见到的人或事物，如：想念父母的时候，她就会给他们打个电话。“怀念”的对象一般是很久以前的

或者不能再见到的人或事物，如：怀念去世（764）的亲人 / 过去的美好时光（days; years）/ 梦中的家乡（458）。②“想”包含（16）了“想念”的意思，但多用于口语，如：离家三个月，她非常想孩子。除此之外，“想”还有其他的意思：a.思考（897）、动脑子，如：你快想想办法吧。b.希望、打算，如：我想去爬长城。c.回忆，如：前年的事，我早就想不起来了。d.记住，如：你想着点儿给妈妈打电话的事啊，别让她担心。e.推测（infer）、认为，如：我想今天不会下雨。③“纪念”指用事物或行动对人或事表示怀念，如：每年的今天，人们都会举办一些活动来纪念这位伟大的诗人。“纪念”还可以做名词，如：拍（691）张照片留作纪念。“想念”“想”和“怀念”都没有这个用法。

1037. 想象 xiǎngxiàng 动. imagine

例 我想象不出未来的世界会是什么样。

例 对待这件事情，我们要客观地分析，不能全凭主观想象。

搭配 想象 + 一下 / 不出 / 出 / 出来

不难 / 很难 / 难以 + 想象

发挥（255）/ 展开（1181）+ 想象

辨析 想象 vs. 梦想（639）vs. 理想 vs. 幻想（421）

①“理想”多指对未来的一种合理（392）的、有根据的希望，一般通过努力就有可能实现（854），如：我的理想是当一名优秀的外交官。“理想”还有形容词用法，表示“符合希望的、让人满意的”，如：他的新工作很理想 / 不太理想。其他三个词没有这个用法。②“幻想”和“梦想”都指对未来希望发生的事情所做的想象。不同的是，“幻想”指不切实际的想象，几乎没有实现的可能，如：他幻想自己有一天能长出翅膀（129），飞上天去。“梦想”有实现的可能性，但没有“理想”那么具体，那么有计划、有现实性，如：他的梦想是自己开公司，自己当老板（576）。③“想象”主要指对于不在眼前的人和事物等，想出它们的具体形象（1068），如：他听见外面孩子们的笑声，可以想象出他们玩得有多开心。④“想象”“幻想”和“梦想”都有动词用法，“理想”没有。

题 **请选出正确答案：**……当生活不富裕的时候，很多人都想过“等我有了钱以后就可以怎么样怎么样”。在人们的想象中，“有钱”代表自由、独立、随心所欲——夏天可以到海边度假，冬天可以到山上去滑雪。……

人们在没钱的时候想的是什么？（样卷-88）

A 有了钱怎么用　　B 用金钱买回时间

C 怎样得到更多的钱　　　　　　D 忙的日子是什么样的

文中“当生活不富裕（affluent）的时候，很多人都想过……”表示“人们在没钱的时候想……”。根据下文，人们想象着有钱以后可以“到海边度假”“到山上去滑雪”，都是“有了钱怎么用”，所以正确答案为 A。

1038. 项 xiàng 量. [for itemized things]

例 市民对这项新的交通规则不太适应。

例 治理（bring under control）环境污染是一项艰巨的任务。

搭配 一项 + 任务 / 工作 / 成果（111）/ 制度（1224）/ 法规 / 原则（1160）

1039. 项链 xiàngliàn 名. necklace

例 这条项链非常贵，你可千万别弄丢了。

搭配 戴 / 摘（1178）+ 项链

1040. 项目 xiàngmù 名. project; item

例 明天的比赛你参加什么项目？

例 这个酒店的服务项目很多，包括送餐、洗衣、叫车等等。

搭配 一个 / 一批（701）+ 项目

自测

一 选词填空。

A 温暖　　B 温柔　　C 无数　　D 无奈　　E 物质

1. 因为恶劣的天气，我们（　　）取消了这次旅行。
2. 她细心体贴的照顾（　　）了老人的心。
3. 比起（　　）享受，他更重视精神生活。
4. （　　）条小河流最终汇聚进了大海。
5. 很多孩子都认为自己的妈妈是世界上最（　　）、最美丽的妈妈。

A 相似　B 相关　C 相对　D 相处　E 相当

6. 比赛双方的实力（　　），难分高下。
7. 与留守儿童（　　）的话题一直受到社会的广泛关注。
8. （　　）来说，这个城市的生活比较舒适。
9. 她们母女俩的人生经历惊人地（　　）。
10. 夫妻如何（　　）是一门学问。

A 吸收　B 吸取　C 现实　D 事实　E 现象

11. 黑色比别的颜色更容易（　　）光和热。
12. 月食是一种自然（　　），并不是什么不吉利的象征。
13. 理想很美好，可（　　）往往很残酷。
14. 他所说的话与（　　）不符，一定是在撒谎。
15. 我们只有不断（　　）经验教训，才能取得更大的进步。

A 明显　B 显然　C 伟大　D 显得　E 显示

16. 许多中老年人喜欢穿红色的衣服，因为（　　）年轻。
17. 屏幕上（　　）结果已经出来了。
18. 李白是中国最（　　）的诗人之一。
19. （　　）她才是真正的受害者。
20. 这道题的答案很（　　），只能选 B。

二 完成句子。

21. 都　这些　他　看过　未必　书　________________
22. 不　他　相当　能得到　这份　容易　工作　________________
23. 把　你　一遍　情况　说　相关　再　________________
24. 无奈　做　很　我　这么　也　________________
25. 唯一　是　的　正确　这　答案　________________

三 请结合下列词语（要全部使用），写一篇 80 字左右的短文。

显然　　未来　　想象　　相对　　文明

第17天

1041—1105

学习重点

1. 65 个词语
2. 重点词语：效率　心理　欣赏　信任　形成　幸亏　宣布　要不　一旦

1041. 象棋 xiàngqí 名. Chinese chess

例 很多中国老人都喜欢下象棋。

搭配 一副（a measure word for a set of things）+ 象棋

下 + 一盘 + 象棋

联想 国际象棋、围棋（*weiqi*; go）、跳棋（Chinese checkers）、五子棋（gobang）

X

1042. 象征 xiàngzhēng 动. symbolize 名. symbol

动 例 在中国，红色象征着幸福和吉祥（auspicious）。

名 例 玫瑰（rose）是爱情的象征。

辨析 象征 vs. 标志（48）

①“象征”和“标志”都可以做动词，结构（501）为“A 象征 / 标志（着）B”。两个词又都可以做名词，结构为“A 是 B 的象征 / 标志”。A 一般是具体（531）的，B 一般是抽象（137）的，如：鸽子（pigeon）象征着和平（398）/ 鸽子是和平的象征；使用蒸汽机（steam engine）标志着人类（781）进入了工业（329）时代（846）/ 使用蒸汽机是人类进入工业时代（846）的标志。②不同的是，用“象征”时，A 一般是具有某（664）种特别意义（1121）的具体事物（864），如：百合花（lily）象征着“百年好合”，所以在婚礼（430）上很受欢迎；在中国，红色是吉祥的象征，所以婚礼上都要用红色。用“标志”时，一般表示表明（51）某种特征（925）的记号（sign）或事物，如：驾驶（465）的时候一定要看交通标志；这场战争（1184）标志着一个时代的结束。

1043. 消费 xiāofèi 动. consume

例 我父亲从来不去高档饭店消费。

联想 消费品、消费者

题 完成句子：总共　消费　您　198 块钱　（H51001-97）

代词“您”做主语。副词“总共（1284）”做状语，与动词“消费”组成（1291）“总共消费”。名词短语“198 块钱”做宾语。所以正确答案是：您总共消费 198 块钱。

1044. 消化 xiāohuà 动. digest (food / knowledge)

例 我晚上不能吃得太多，消化不了。

例 一节课讲那么多内容，学生消化得了吗？

搭配 消化＋食物（857）/ 知识 / 所（909）学的东西

消化＋得了 / 不了 / 不良

题 **请选出正确答案：**……十九世纪末，英国上层社会的人们吃完饭之后需要适当的运动来消化一下，于是他们就发明了一种在饭桌上进行的和网球相似的运动，称为“桌上网球”，这就是乒乓球最早的形式。

最初人们在哪儿打乒乓球？ （H51002-36）

A 工厂　　B 饭桌上　　C 网球场　　D 办公室

文中提到，人们为了饭后消化一下，发明（256）了一种在饭桌上进行的运动，所以正确答案为 B。

1045. 消极 xiāojí 形. ① negative ② passive

例 父母经常争吵会给孩子的成长造成消极影响。

例 随着失业人员的增加，民众的消极情绪迅速蔓延（spread）开来。

搭配 消极＋因素（1123）/ 影响 / 后果（403）/ 内容

消极＋态度 / 思想（898）/ 情绪（757）

反义 积极

1046. 消失 xiāoshī 动. disappear

例 魔术师（magician）竟然在大家的眼皮子底下消失了。

例 他刚才还在这儿呢，怎么突然消失了？

1047. 销售 xiāoshòu 动. sell; market

例 这位是我们公司销售部的李经理。

例 那位作家的新书刚一上市就销售一空了。

搭配 销售＋商品（813）/ 产品（91）/ 房屋

销售 + 利润（593）/ 目标（666）/ 状况（1261）

销售给 + 某人 / 某机构（institution）

联想 推销（promote sales）、营销、销量

X

1048. 小麦 xiǎomài 名. wheat

例 面包是用小麦粉做的。

例 目前的气候对小麦的生长很有利。

1049. 小气 xiǎoqi 形. stingy; mean

例 他这么点儿钱都舍不得花，真是个小气鬼！

例 她特别小气，几十块钱的东西都舍不得买。

反义 大方（180）

1050. 孝顺 xiàoshùn 动. show filial piety

例 孝顺父母最好的方式是多多陪伴他们。

例 小王对他妈妈非常孝顺，总是给妈妈买各种好东西。

搭配 孝顺 + 父母 / 长辈（1185）

孝顺的 + 孩子 / 女儿 / 儿子

1051. 效率 xiàolǜ 名. efficiency

例 这些新机器大大提高了工厂的生产效率。

例 时间就是金钱，所以效率低就是浪费金钱。

搭配 工作 / 办事 / 生产（831）+ 效率

提高 / 降低 + 效率

效率 + 很高 / 很低

题 **请选出正确答案：**……优秀的人不仅工作起来很有效率，他们也更懂得如何迅速地停下来。对于一件没有前途的事情，尽快地停下来才是最好的选择。

作者认为优秀的人：（样卷-73）

A 有更好的前途　　B 有更好的工作

C 工作的效果更好　　D 更明白如何迅速放弃

由第一句话可知，优秀的人工作很有效率，而且懂得如何（794）迅速（1087）停下来。A和B文中没有提到。C中的“效果”一般指好的结果，与“效率”不同，所以C不对。文中“停下来”是指停下一件没有前途（734）的事情，也可以理解为“放弃”，所以正确答案是D。

1052. 歇 xiē 动. ① have a rest ② stop (work); knock off

例 学习累了的话就歇一会儿吧。

例 每个星期一的下午，这家商店都会歇业半天。

搭配 歇＋一会儿/一天/一晚

联想 歇凉（rest in a cool place）、歇笔（stop writing）、歇工（stop work）

1053. 斜 xié 形. inclined; tilted 动. tilt; slant

形 例 这条线是斜的，不直。

动 例 坐直了，别斜着身子坐。

搭配 斜着＋脑袋（672）/身子/眼睛

联想 斜阳、斜路、斜坡（slope）、斜眼、歪（960）

反义 直（1217）

1054. 血 xiě / xuè 名. blood

例 伤口不深，只流了一点儿血（xiě）。

搭配 流/献/卖＋血（xiě）

一滴（211）＋血（xiě）

联想 xiě：血淋淋（bleeding; bloody）、血糊糊

xuè：血管、血压、血糖、血型、血液（blood）、血肉模糊（660）

1055. 写作 xiězuò 动. write

例 写作课主要是训练学生的书面表达能力。

例 写作能力只有在反复练习中才能得到提高。

搭配 写作 + 技巧（technique）/ 风格（283）/ 提纲（928）

从事（166）/ 热爱（776）/ 练习 + 写作

辨析 写作 vs. 作文（1300），见“作文”。

1056. 心理 xīnlǐ 名. psychology; mentality

例 孩子的身体健康和心理健康都非常重要。

例 孕产妇的心理问题已经引起了越来越多的重视。

搭配 心理 + 健康 / 作用 / 压力 / 问题 / 测试

联想 心理学

1057. 心脏 xīnzàng 名. ① heart ② center

例 老王的心脏不太好，每天都必须按时吃药。

例 首都北京是中国的心脏。

联想 心脏病

1058. 欣赏 xīnshǎng 动. appreciate

例 我特别喜欢欣赏古典、优美的舞蹈（dance）。

搭配 欣赏 + 某人 / 音乐 / 风景（284）/ 书法（calligraphy）/ 艺术

互相 / 非常 / 不太 / 十分 + 欣赏

联想 观赏

题 请选出正确答案： 人的一生，就像乘坐一辆公交车。我们知道它有起点和终点，却无法预知沿途的经历。有的人行程长，有的人行程短。有的人很从容，可以 ______ 窗外的景色；有的人很窘迫，总处于拥挤之中。…… （H5100-57）

A 旅游　　B 追求　　C 欣赏　　D 想象

“旅游”和“追求（1265）”两个动词后面不能搭配“景色”，A、B 不对。可以说“欣赏 / 想象（1037）窗外的景色”，但根据上下文可以判断，人在公交车上，风景就在窗外，用不着去想象，所以正确答案为 C。

1059. 信号 xìnhào 名. signal

例 这里手机信号太差，打不了电话。

例 等会儿你给我发个信号，我就悄悄进去。

联想 信号灯、信号枪

1060. 信任 xìnrèn 动. trust

例 老张工作认真负责，领导和同事们都很信任他。

例 现代社会，人们彼此之间缺乏信任，总是互相怀疑。

搭配 信任 + 某人 / 对方（238）

得到 / 赢得 / 失去（839）+ 信任

对 + 某人 + 很信任

辨析 信任 vs. 相信

①“信任”强调（738）在相信的基础上敢于托付（entrust），语意比“相信”重，是一个长期行为（1063），后面只能加名词性词语和代词，对象（240）可以是人，也可以是组织（1293）或机构，如：信任你 / 学校 / 保险（24）公司。“相信”一般指不怀疑某人或某事，后面可以加名词性词语、代词，也可以加小句，如：相信她 / 朋友 / 客观（557）事实（863）/ 你说的是真的。②“信任”还可以用在“对 + 某人的 + 信任”结构中，如：谢谢你对我的信任。“相信”没有这个用法。

1061. 行动 xíngdòng

动. ① move about
② act; take action

名. move; act; behavior

动 例 他的腿受伤了，现在行动不便。

动 例 光嘴上说没用，我们必须马上行动起来。

名 例 他总是有满脑子想法，却没有实际行动。

搭配 行动 + 自由（1278）/ 受到限制（1028）

单独（192）/ 联合（599）/ 阻止（1289）+ 行动

辨析 行动 vs. 行为，见“行为”。

1062. 行人 xíngrén 名. pedestrian

例 行人请走人行道。

例 驾驶员应该让行人先通过路口。

联想 路人

1063. 行为 xíngwéi 名. action; behavior

例 一个穿白色衣服的男子的奇怪行为引起了警察的注意。

搭配 行为 + 举止（carriage）/ 表现（53）/ 标准

违法 / 不道德（206）的 / 不礼貌的 / 不文明（992）的 + 行为

辨析 行为 vs. 行动

①“行动”泛指做某种事情的活动，也常指身体活动，常跟表示主观（1243）评价（719）的词语搭配，如：积极 / 自觉（1276）行动；还跟表示活动状态（1262）的词搭配，如：公开（331）/ 秘密（640）行动；也可以跟一些名词搭配，如：军事（539）行动。“行为”一般指能表现出好的或坏的思想品质（character）的行动，常跟表示主观评价的词语搭配，如：勇敢 / 正直 / 疯狂（287）的行为。②“行为”仅用作名词，而“行动”可用作名词和动词。用作动词时，表示“行走、走动”或“进行某种活动”，如：行动不便；马上 / 迅速行动。

1064. 形成 xíngchéng 动. form

例 慢慢地，这里形成了一个市场，人来人往，非常热闹。

例 他们俩一个穿黑的，一个穿白的，形成了鲜明（distinct）的对比。

辨析 （1）形成 vs. 造成（1175），见“造成”。

（2）形成 vs. 构成（340）vs. 组成，见“组成”。

1065. 形容 xíngróng 动. describe

例 大自然的美简直无法用语言来形容。

例 你可以用三个词来形容一下她的性格吗？

联想 形容词

1066. 形式 xíngshì 名. form; shape

例 我认为内容比形式更重要。

例 现代婚礼的形式多样，可以满足人们的各种需求（requirement）。

搭配 艺术 / 组织 / 表演 / 建筑（479）+ 形式

1067. 形势 xíngshì 名. situation; circumstances

例 你们要看清楚形势再做决定。

例 随着市场形势的不断变化，商家的促销活动也越来越多。

搭配 客观 / 国际 / 战争 / 外交（962）+ 形势

1068. 形象 xíngxiàng 名. form; figure; image 形. vivid

名 例 现在人们越来越重视自己的形象，于是形象设计师这一职业大受欢迎。

形 例 这部小说非常精彩，人物描写生动而形象。

搭配 良好（601）的 / 完美（963）的 / 高大的 + 形象

人物（785）/ 英雄（1127）+ 形象

联想 外形

1069. 形状 xíngzhuàng 名. shape

例 孩子捡到了一块形状很独特的石头。

例 很难找出两个形状完全一样的贝壳（shell）。

联想 圆形、三角形、正方形、长方形

1070. 幸亏 xìngkuī 副. fortunately; luckily

例 幸亏你及时提醒了我，否则我就犯（commit）大错了。

例 幸亏他带了雨伞，要不全身都得湿透了。

辨析 幸亏 vs. 多亏（245）

①“多亏”是动词，表示由于别人的帮助或者某种有利（1148）因素，避免（42）了不幸或得到了好处，可以用在名词性词语前面，如：多亏了林老师的支持，我们班才赢得了比赛。“多亏”也可以用在主谓短语前面，如：多亏您帮忙，我们才顺利通过了检查。②“幸亏”是副词，表示由于偶然（690）出现的有利条件而避免了某种不幸的事情，如：幸亏室友把我吵（99）醒了，否则今天考试我就迟到了。“幸亏”只能用在主谓短语或小句前面，不能用在名词性词语前面，如：幸亏你提醒，要不（1100）我肯定把这件事忘了；幸亏救护车（525）及时赶到，要不他可能早就没命了。

1071. 幸运 xìngyùn 形. lucky; fortunate
名. good luck

形 例 我太幸运了，竟然中了特等奖，得到了去海南的双人往返机票！

名 例 每个人都希望幸运能够降临（befall）到自己的头上。

1072. 性质 xìngzhì 名. nature; quality; character

X

例 偷一百元和偷一千元的性质是一样的，都是偷。

例 这件事虽然后果不严重，但是性质很恶劣。

辨析 性质 vs. 本质（36）

“性质”是事物区别于其他事物的根本（324）属性（attribute），是显性（explicit）的，如：同样都是杀（802）人，但过失（fault）杀人和故意杀人的性质是不一样的。“本质”是事物本来就有的、决定事物性质的根本属性，是隐性（implicit）的，如：人的本质很难从表面（50）上判断；只有通过长时间的仔细观察（355），才能抓（1252）住事物的本质。

1073. 兄弟 xiōngdi / xiōngdì 名. (xiōngdi) [a familiar address for a man younger than oneself]
(xiōngdì) brothers

例 兄弟（xiōngdi），能请你帮个忙不？

例 他们俩成天待在一块儿，好得跟亲兄弟（xiōngdì）似的。

联想 兄弟（xiōngdì）情深

1074. 胸 xiōng 名. ① chest; bosom; breast
② mind; heart

例 今天中午吃饭的时候，老王突然感到一阵胸痛。

例 他心胸宽广，不会在乎这点儿小事的。

联想 挺胸、胸口

1075. 休闲 xiūxián 动. have leisure; be not working

例 成都的休闲生活吸引了不少人来这里旅游。

搭配 休闲 + 活动 / 设施（821）/ 公园

联想 休闲服、休闲装

1076. 修改 xiūgǎi 动. revise; amend; modify

例 我的论文已经基本完成了，不过还需要修改修改。

例 李秘书，这个通知上的会议时间是不是忘了修改了？

搭配 修改 + 计划 / 作文 / 方案（270）

题 请选出正确答案：

女：我上午把毕业论文交上去了，你呢？

男：我还没修改完，后天估计差不多。最晚什么时候交？

问：男的的论文怎么样了？ (H51002-19)

A 还在修改　　B 已经交了　　C 已经发表了　　D 刚完成一半

男的说“我还没修改完，后天估计差不多”，可以看出男的还在修改他的论文（623），所以正确答案是A。

1077. 虚心 xūxīn 形. modest; open-minded

例 我们应该虚心学习别人的优点。

例 虚心使人进步，骄傲使人落后。

反义 骄傲

1078. 叙述 xùshù 动. narrate; recount

例 他向我们叙述了事情的整个过程。

辨析 叙述 vs. 描写（648）

“叙述”是把事情的前后经过通过书面形式记录（448）下来或者通过口头形式说出来，如：这篇文章的叙述顺序有点儿乱。“描写”是用语言文字（994）把事物的形象或客观事实表现出来，如：在写报告（27）的时候，只需要客观地叙述，不需要生动（832）地描写。

1079. 宣布 xuānbù 动. announce; declare; proclaim

例 现在由校长为大家宣布优秀学生的名单。

辨析 宣布 vs. 公布（330）

“宣布”和“公布”都是把法律、命令（656）、通知等公开出来，使大家知道，后面都可以接名词性词语。不同的是：①“公布”强调让大家知道已知事情的详细情况，一般是通过书面的方式，如：昨天学校公布了这个项目（1040）中选的申请人名单；HSK 考试的成绩公布了，你快去看看。“宣布”主要指在公开场合（occasion）正式地告诉大家某个信息，一般是通过口头的方式，如：刚才老师在班上宣布取消（762）期中考试，同学们都高兴极了。② “宣布”后面可接小句，“公布”不能，如：我宣布公司今天正式成立（113）。

1080. 宣传 xuānchuán 动. publicize; propagate

例 好的商品需要好的宣传才能扩大市场。

例 如果您对我们的服务比较满意，请您帮忙多多宣传一下。

联想 宣传单、宣传画、宣传品

X

1081. 学历 xuélì 名. educational background

例 他的学历不高，初中毕业后就出来打工了。

例 我的学历比丈夫高，收入却没有他多。

搭配 学历 + 证明 / 条件

小学 / 初中 / 高中 / 本科（34）/ 研究生 / 博士 + 学历

联想 学位（academic degree）

1082. 学术 xuéshù 名. learning; science

例 专家们都认为这个研究很有学术价值。

例 王老师明天要去北京参加一个学术会议。

搭配 学术 + 论文 / 研究 / 思想 / 水平

研究 / 讨论 / 发展 + 学术

联想 学术界、学术圈、学术性

1083. 学问 xuéwen 名. ① systematic learning ② knowledge

例 心理学是一门高深的学问。

例 王教授非常有学问，同学们都很尊敬他。

搭配 有 / 没有 / 大有 / 做 + 学问

1084. 寻找 xúnzhǎo 动. seek; look for

例 她在人群中寻找着男友的身影。

例 鸟妈妈一边飞，一边寻找食物。

搭配 寻找 + 失物 / 答案 / 机会

1085. 询问 xúnwèn 动. inquire; ask about

例 医生向病人仔细地询问病情。

例 她用询问的目光（gaze; look）看着我，好像在期待我的回答。

搭配 询问 + 意见 / 情况 / 姓名

辨析 询问 vs. 打听（179）

“打听”有“探问（make cautious inquiries about）”的意思，多用于口语，如：他到处打听校长的家庭（456）住址；兄弟，跟你打听一下，你们部门（72）的小丽有男朋友了吗？“询问”除了有“探问、打听”的意思以外，有时还有“征求（1203）意见”的含义（implication），多用于书面语，如：老师询问大家对教学有什么要求。

1086. 训练 xùnliàn 动. train; drill

例 篮球队每天下午四点到六点训练。

例 经过特殊训练的狗能够成为警察的好帮手。

搭配 训练 + 时间 / 课程（558）/ 方法

辨析 训练 vs. 培训（694）

“训练”指有计划、有步骤（71）地使对象具有某种特长（speciality）或技能，使特长或技能从无到有，对象可以是人，也可以是动物，如：训练新兵 / 运动员 / 老虎。“培训”是培养（695）和训练技术工人（328）、专业人员（786）等，目的是提高对象已有的知识技能水平，对象只能是人，不能是动物，如：英语系（1013）的老师们去英国参加教学培训了。

1087. 迅速 xùnsù 形. rapid; swift; prompt

例 新能源汽车发展迅速，在一些城市已经很普遍了。

搭配 反应（265）/ 动作 / 判断 / 行动 + 很迅速

Y

1088. 押金 yājīn 名. deposit; cash pledge

例 一般来说，住酒店时都需要交押金。

例 租房的时候，房东收了我一个月的房租作为押金。

联想 租金、定金

1089. 牙齿 yáchǐ 名. tooth

例 很多人梦想有一口漂亮整齐的牙齿。

例 牙齿健康很重要，应该定期（regular）做牙齿检查。

搭配 一颗（550）/ 一口 + 牙齿

1090. 延长 yáncháng 动. lengthen; prolong; extend

例 你知道怎样才能延长电池的使用寿命吗？

例 代表们讨论得非常激烈，所以会议延长了一个小时。

1091. 严肃 yánsù 形. serious; earnest 动. strictly enforce

形 例 警察严肃地批评了闯红灯的司机。

动 例 学校通过严肃纪律来规范（regulate）学生的行为。

搭配 某人 / 表情（52）/ 气氛（730）+ 很严肃

严肃 + 处理（148）/ 对待（237）/ 指出

严肃 + 军纪 / 法制

1092. 演讲 yǎnjiǎng 动. make a speech

例 本次演讲比赛的决赛将于下月举行。

例 我觉得演讲成功的关键是内容要精彩，形式没有那么重要。

搭配 发表（251）/ 开始 / 准备 + 演讲

辨析 演讲 vs. 讲座（483）

“演讲”是针对（1195）某个问题向大众发表见解（opinion），如：市长这次的演讲太精彩了。“讲座”是一种教学形式，一般具有学术性，多利用（596）报告会、广播、电视等方式进行，如：今天下午学校有一个关于中国传统（152）文化的讲座，我想去听听。

1093. 宴会 yànhuì 名. banquet

例 今晚总统将举行宴会欢迎来访的贵宾。

搭配 举办 / 举行 / 参加 / 出席（144）+ 宴会

一场 + 宴会

1094. 阳台 yángtái 名. balcony

例 王阿姨在家里的阳台上种满了花。

联想 露台（flat roof for drying clothes, etc.）、凉台（balcony）

1095. 痒 yǎng 形. itchy

例 小王对海鲜过敏，一吃就全身发痒。

例 老王一见人喝酒心里就发痒。

搭配 挠痒痒（tickle）

1096. 样式 yàngshì 名. style; pattern

例 这条裙子的样式很合妈妈的心意。

例 很多年轻人都喜欢穿样式独特的服装。

1097. 腰 yāo 名. waist

例 这条裤子的腰太肥了，还是换个小号的吧。

例 我母亲昨天跳广场舞时把腰给扭（sprain）伤了。

联想 腰板儿（waist and back）、腰带、腰包

1098. 摇 yáo 动. shake; wave

例 孩子摇摇头，表示不愿意。

例 喝这种果汁前最好先摇一摇，口味更好。

搭配 摇 + 尾巴（980）/ 扇子（809）

联想 摆（12）、晃（sway）、摇头摆尾（shake the head and wag the tail—assume an air of complacency）

1099. 咬 yǎo 动. bite; snap at

例 这面包太硬了，咬不动。

例 我咬了一口苹果，又脆又甜，真好吃。

联想 咬耳朵（whisper）、咬文嚼字（pay excessive attention to wording）、咬牙切齿（gnash one's teeth）

1100. 要不 yàobù 连. or; otherwise; or else

例 这件事你必须得给她解释清楚，要不她会生气的。

例 我觉得这家店看起来不太好，要不咱们换一家吧。

辨析 要不 vs. 不然（66）

"要不"和"不然"的意思差不多，都放在后一分句句首，多用于口语，表示如果不发生上文的情况，就发生或可能发生下文所说的情况，如：我们快一点儿吧，要不 / 不然赶不上公交车了。但是"要不"还可以放在所提出的建议前面，表示商量，使语气（1152）更加温和（gentle），"不然"没有这个用法，如：现在天快黑了，去公园没法儿玩，要不我们明天再去吧。

题 请选出正确答案：

男：今天是星期三吧？差点儿忘了今天下午还要开会。

女：多亏你提醒，要不我也忘了。

问：从对话中可以知道什么？ （H51001-12）

A 下午要开会　　B 今天不是星期三

C 女的在提醒男的　　D 男的不知道要开会

从对话中可以知道的信息包括（17）：（1）今天是星期三。（2）今天下午要开会。（3）男的和女的都知道这件事。（4）女的忘了这件事。（5）男的提醒了女的。通过这些信息，可以判断出正确答案是A。

1101. 业务 yèwù 名. business; professional work

例 我们公司的业务发展得很顺利。

例 这名员工虽然年龄不大，但是业务水平很高。

搭配 开展（develop）/ 发展 / 办理（13）/ 熟悉 / 精通（master）+ 业务

业务 + 能力 / 水平 / 知识

题 请选出正确答案：

女：先生，您好，您要办理什么业务？

男：你好，我要存一些钱。

女：好，请您先在这儿取一个号，对，就这儿。

男：三十七号，我前面还有几个人？

女：只有两位，请您坐这边稍等一下。

问：他们现在在哪里？（H51001-23）

A 银行　B 商店　C 电影院　D 博物馆

从关键信息"办理什么业务""存一些钱"可以判断正确答案是A。

1102. 业余 yèyú 形. ① after-hours; spare (time) ② amateur

例 我父亲业余时间常跟朋友一起研究股票。

例 他是一名业余歌手，但是歌唱水平几乎已经达到了专业歌手的程度。

搭配 业余 + 爱好 / 生活 / 时间 / 活动

业余 + 棋手 / 运动员 / 摄影师

1103. 夜 yè 名. night

例 孩子哭了一夜，妈妈心疼极了。

例 坐了一天一夜的火车，我的腰都要断了。

联想 熬夜（10）、开夜车（work late into the night）、夜长梦多（a long night is fraught with dreams—a long delay may mean trouble）、夜猫子（evening person）、夜晚、夜生活、夜市

1104. 一辈子 yíbèizi 名. one's whole life; all one's life

例 我母亲这一辈子吃了不少苦，不容易啊。

例 每对夫妻在结婚的时候都期待着能在一起生活一辈子。

1105. 一旦 yídàn 副. once; in case; now that 名. very short time; single day

副 例 一旦发生意外，后果将会非常严重。

副 例 一旦你对一个人失去信任，他说什么你都不会再相信了。

名 例 百年建筑毁（destroy）于一旦，太可惜了！

搭配 一旦……就 / 便（45）……

Y

题 **请选出正确答案：**……几天后，百万富翁想去问那人是否觉得满意。然而，他发现那人已搬出了酒店，重新回到公园的凳子上了。百万富翁来到公园，问穷人为什么要这样做，穷人回答道："一旦我睡在凳子上，我就梦见自己睡在那座豪华的酒店里，真是妙不可言；可一旦我睡在酒店里，我就梦见自己又回到了冷冰冰的凳子上，这梦真是可怕极了，以致完全影响了我的睡眠！"

穷人离开了酒店，是因为：（H51002-90）

A 太冷　　B 睡眠不好　　C 酒店限制太多　　D 一个月到期了

"一旦……就 / 便……"是条件复句，表示在"一旦"后面的条件下，产生（92）"就 / 便"后面的结果。穷人说他睡在酒店里，就会梦见回到了凳子（bench）上，他觉得很可怕（553），这个梦影响了他的睡眠，所以正确答案为 B。

自 测

一 选词填空。

A 性质　　B 学术　　C 训练　　D 学问　　E 一旦

1. 加油站必须禁烟，否则（　　）出现火星儿，后果会很严重。
2. （　　）动物需要爱心和耐心。
3. 我的老师常说"先做人，再做（　　）"。
4. 虽然事情很小，可（　　）很恶劣。
5. 我们想邀请您参加明年四月的（　　）会议。

A 宣布　　B 宣传　　C 询问　　D 延长　　E 要不

6. 警察反复（　　）疑犯案发当天去了哪里。
7. 我（　　），比赛现在开始。
8. 大家发言有点儿超时，会议（　　）了一个小时。
9. 听说新疆很美，（　　）咱们暑假去那儿旅游？
10. 政府应该大力（　　）交通安全知识，增强人们的安全意识。

A 形成　　B 信任　　C 幸亏　　D 象征　　E 幸运

11. 白色（　　）纯洁，所以在很多国家，新娘结婚时都穿白色的婚纱。
12. 相互（　　）是合作的基础。
13. （　　）你捡到了我的钱包，要不然我的损失可大了。
14. 新年晚会上，我（　　）地获得了三等奖。
15. 飞机、铁路、公路和航运（　　）了巨大的交通网络。

A 消极　　B 消化　　C 消失　　D 消费　　E 迅速

16. 老王有胃病，（　　）不好。
17. 这家公司在过去的十年里（　　）发展壮大，跻身全国一流企业。
18. 现在，先（　　）再还贷的观念已经被很多年轻人所接受。
19. 气球越飞越高，终于（　　）在蓝天里。
20. （　　）地生活不如积极地度过每一天。

二 完成句子。

21. 一辈子　没　去　父母　过　都　北京　______________________
22. 不　谁　信任　也　他　______________________
23. 得到　问题　解决　的　水污染　了　迅速　______________________
24. 决定　轻易　做了　一旦　他　更改　就　不会　______________________
25. 能　虚心　就　进步　才　骄傲　退步　会　______________________

三 请结合下列词语（要全部使用），写一篇 80 字左右的短文。

业余　　欣赏　　训练　　迅速　　写作

第18天

1106—1170

学习重点

1. 65 个词语

2. 重点词语：一再　一致　以来　因而　应付　应用　优惠　优势　犹豫　与其　再三

1106. 一律 yílǜ 副. all; without exception
形. same; alike

副 例 明天的运动会大家一律穿白色的运动鞋。

形 例 现在很多大城市千篇一律，没有自己的特色。

1107. 一再 yízài 副. again and again; repeatedly

例 尽管男友一再道歉，她还是坚持要分手。

例 司机师傅把他丢失的手机送回来以后，他一再表达谢意。

搭配 一再 + 要求 / 表示 / 强调（738）/ 否认（290）

辨析 一再 vs. 再三（1169），见“再三”。

1108. 一致 yízhì 形. identical; unanimous
副. together

形 例 令人意外的是，这次他们俩的意见竟然完全一致。

副 例 会上大家一致同意通过新的环境保护方案。

搭配 观点（356）/ 意见 / 言行 / 利益（595）+ 一致
一致 + 认为 / 决定 / 行动（1061）

1109. 依然 yīrán 副. still; as before
动. be the same as before

副 例 虽然大家多次劝说，他依然不听劝阻。

动 例 再次回到家乡，这里的一切依然，跟十年前一样。

联想 依然如此、依然如故（remain as before）

辨析 依然 vs. 仍然

“依然”和“仍然”都可描述客观（557）静态，表示某（664）种状态（1262）持续（127）不变，可以互换使用，如：一个月过去了，问题依然 / 仍然没有得到解决；三个小时过去了，天空（935）依然 / 仍然是灰色的。不同的是：①“仍然”多用于对动作状态的描述，如：大家都不说话，可他仍然在不停地问为什么。②“依然”有动词词性，可以做谓语，如：这里风景（284）依然。“仍然”是副词，不能做谓语。③“依然”多用于书面语，“仍然”可用于书面语和口语。

1110. 移动 yídòng 动. move

例 我把家具移动了一下，这样屋子看起来空间更大一些。

搭配 移动 + 电话 / 硬盘 / 互联网

1111. 移民 yímín 动. migrate; immigrate 名. migrant; immigrant

动 例 您打算移民海外吗？我们会为您提供最好的中介服务。

名 例 政府的新政策（policy）对移民非常有利。

1112. 遗憾 yíhàn 名. regret 形. regretful; sorry

名 例 女儿的去世成为了父亲一辈子的遗憾。

形 例 这次无法与您见面，我们深表遗憾。

搭配 终生（all one's life）的 + 遗憾

对……感到 / 深表 + 遗憾

令（make）人 + 遗憾

1113. 疑问 yíwèn 名. doubt; question

例 运动员们纷纷对比赛结果提出了疑问。

例 如果您有任何疑问，请拨打（dial）我们的 24 小时服务电话。

1114. 乙 yǐ 名. *yi* [second of the ten Heavenly Stems]

例 2015 年在中国的传统日历上是乙未年。

例 这份合同上的甲方是公司，乙方是员工。

1115. 以及 yǐjí 连. and; as well as

例 本周将举行汉语、英语以及法语的考试。

例 参加运动会开幕式的有各系学生代表队、教师代表队以及留学生代表队。

题 **请选出与试题内容一致的一项：** 心理学家研究发现：适当地选择衣服，可以帮助人们改善情绪。他们认为，称心的衣着可以使神经得到放松，从而给人舒适的感觉。所以在情绪不好的时候应该注意"四不"：不穿易皱的衣服，不穿太

硬的衣服，不穿过紧的衣服以及不系领带。 (H51003-68)

A 硬衣服对身体不好　　B 心情不好别穿紧身衣服

C 心理学家不赞成系领带　　D 避免穿与别人一样的衣服

关于选择衣服，文中说“在情绪（757）不好的时候应该注意‘四不’：不穿易皱（crease）的衣服，不穿太硬（1134）的衣服，不穿过紧的衣服以及不系领带（453）”，所以正确答案是 B。A 是针对（1195）身体而不是心情，所以不对。文中建议的“不系领带”是指在人们“情绪不好的时候”，所以 C 是错误的。D 在文中没有提到。

Y

1116. 以来 yǐlái 名. period of time since

例 他俩自从结婚以来感情一直很好。

例 这是我到中国以来吃过的最好吃的饺子。

搭配 自 / 从 / 自从（1273）……以来

联想 自古以来

1117. 亿 yì 数. a hundred million

例 中国有十四亿人口。

例 这里的化石（fossil）有亿万年的历史。

1118. 义务 yìwù 名. obligation; duty 形. voluntary

名 例 遵守交通规则是每一个公民（citizen）的义务。

形 例 这是义务劳动，是没有工资的。

搭配 承担（119）/ 有 / 尽 + 义务

义务 + 演出 / 劳动（573）/ 献血

联想 权利（767）

1119. 议论 yìlùn 动. talk about; comment (on) 名. discussion; comment

动 例 回去上班以后，她发现大家都在议论她的事。

名 例 在背后对别人大发议论是很不礼貌的行为。

搭配 私下 / 背后 / 大声 + 议论

联想 议论纷纷（281）、大加议论

1120. 意外 yìwài 形. unexpected
名. accident

形 例 她的突然辞职令大家感到非常意外。

名 例 大家一定要小心，以免发生意外。

搭配 意外 + 事故（accident）/ 收获（867）/ 去世（764）
让人 / 令人 / 感到 + 意外
出 / 发生 / 造成（1175）/ 避免（42）+ 意外
一场 + 意外

联想 意外之喜、意外之举（unexpected move）

1121. 意义 yìyì 名. significance; meaning; sense

例 这张照片对我来说有特别的意义。

例 我认为你这样做毫无（not have any at all）意义。

搭配 意义 + 重大（1234）/ 深远
积极的 / 消极（1045）的 / 重大的 + 意义
很有 / 毫无 / 失去（839）+ 意义

1122. 因而 yīn'ér 连. as a result; therefore

例 目前经济形势不好，因而房价一再下跌。

例 这个地区连续下了七八天的暴雨，因而河水暴涨。

辨析（1）因而 vs. 从而（164）

“因而”和“从而”都是连词，都可用于前一分句是原因、方法，后一分句是结果的复句，如：我们改变了设计（820）方案（270），因而 / 从而避免了可能出现的损失（907）。不同的是，“从而”后面还可引出前一分句的目的，“因而”没有这个用法，如：我们可以试着改变设计方案，从而避免造成更大的损失。

（2）因而 vs. 因此

“因而”和“因此”都可用于因果复句后一分句的开头，引出前面原因的结果，可与“由于”搭配使用，如：这些天一直在下雨，因此 / 因而学校取消（762）了足球比赛。不同的是，“因此”可连接句子，即可用于句号后，但“因而”不可，如：我们出门时刚好赶上了早高峰（morning rush hour），路上堵得厉害。因此，到达（205）火车站的时候，我们差点儿就没赶上火车。

题 请选出与试题内容一致的一项：在中国，餐桌上放一把刀是极其少见的现象。在许多人看来，刀使人想到敌人或武器，因而不可以出现在友好、温暖的餐桌上。根据中国的传统，所有切割过程应该在厨房内进行，这样，几乎所有出现在餐桌上的食物都可以用筷子直接送入口中。（H51003-67）

A 年轻人更喜欢用勺子　　B 在中国，刀是装饰品

C 在中国，厨房里没有刀　　D 中国餐桌上的食物不需要刀切

“极其（441）少见”表示非常少见，几乎没见过，说明一般情况下，中国人的餐桌上是不放刀的，原因是刀给人的感觉不太友好。文中说中国人习惯在厨房内切割食物（857），这样在餐桌上就不需要用刀切（745）食物了，所以答案为D。

Y

1123. 因素 yīnsù 名. factor; element

例 你认为什么才是获得成功的决定性因素？

例 投资人在投资时往往都会考虑政治、经济、环境等方面的因素。

1124. 银 yín 名. silver

例 北京有道名菜叫“金银满堂”，你知道是用什么做的吗？

联想 银白、银灰、银河（Milky Way）、银婚、银杏（ginkgo）

1125. 印刷 yìnshuā 动. print

例 现在印厂正忙着印刷试卷呢。

联想 印刷厂、印刷品

1126. 英俊 yīngjùn 形. handsome; smart

例 几年不见，这孩子都长成英俊少年了。

例 小王性格外向，外表（appearance）英俊，很受女孩子欢迎。

联想 帅、帅气

1127. 英雄 yīngxióng 名. hero 形. heroic

名 例 自古英雄出少年。

形 例 这个男孩儿梦想着长大后成为英雄的人民警察。

1128. 迎接 yíngjiē 动. meet; welcome

例 夫妻俩已经准备好迎接新生命的到来。

例 中国人习惯在春节前打扫房屋、迎接新年。

搭配 迎接 + 某人 / 某个节日 / 挑战（939）/ 客人

题 **请选出正确答案：** 警察站在一个新的路口，准备 ______ 第一辆通过的汽车。市政府规定，第一辆汽车的驾驶者，可获得 1000 元的奖金。……（H51002-57）

A 掌握　　B 阻止　　C 迎接　　D 控制

“掌握（1187）”后面常搭配抽象（137）名词，如“掌握政策 / 知识”，所以 A 不对。“控制（561）”后面可以搭配人或物，如“控制囚犯（prisoner）/ 感情”。如果说“控制汽车”，有“操纵（operate）、操控”的意思，不符合题意，所以 D 不对。“阻止（1289）”与“迎接”后面都可以搭配“汽车”。“阻止”有“禁止”的意思，“迎接”有“期待（724）”的意思。下文是“第一辆汽车的驾驶者，可获得 1000 元的奖金”，所以这里选择“迎接”才符合下文的意思，正确答案是 C。

1129. 营养 yíngyǎng 名. nutrition; nourishment

例 苹果是一种营养很丰富的水果。

例 别吃垃圾食品了，没有一点儿营养价值。

搭配 有 / 缺乏（770）/ 补充（60）/ 增加 / 吸收（1011）+ 营养

营养 + 不良 / 不均 / 均衡

营养 + 价值（464）/ 成分（110）

1130. 营业 yíngyè 动. do business

例 这家面包店每天早上八点到晚上八点营业。

联想 营业额（business volume）、营业员、营业税（891）

Y

1131. 影子 yǐngzi

名. ① shadow
② reflection
③ trace; sign; vague impression

例 月光下少女的影子非常美丽。

例 群山的影子倒映（mirror）在水里。

例 这孩子跑得比兔子还快，不一会儿连个影子都看不到了。

1132. 应付 yìngfu

动. ① handle; deal with
② do sth perfunctorily

例 最近事情太多了，我一个人应付不了。

例 你不用那么认真，随便应付一下就行了。

搭配 应付 + 某人 / 考试
应付 + 得了 / 不了

题 **请选出正确答案：**……烦恼是自己找来的，这就是所谓的“自寻烦恼”。据统计，一般人 92% 的忧虑从未发生过，剩下的 8% 则是你能够轻易 ______ 的。

(H51003-60)

A 利用　　B 达到　　C 应付　　D 批准

根据上文，“剩下的 8%”是指“忧虑（be worried）”。“利用（596）”“达到（175）”“批准（702）”都不能与“忧虑”搭配，所以 A、B、D 不对。“应付”后面可以搭配“忧虑”，表示能够解决、处理（148）让人忧虑的问题，所以正确答案是 C。

1133. 应用 yìngyòng

动. apply; use
形. applied

动 例 发明创造只有得到应用才有实际价值。

形 例 当前世界各国都非常重视应用科学。

搭配 应用 + 语言 / 计算机 / 技术 / 设备（819）/ 理论（588）
应用 + 数学 / 语言学 / 物理学

辨析（1）应用 vs. 利用

“应用”和“利用”都有“用”的意思。不同的是，“应用”多指把某种知识、技术和方法等直接用于生产（831）和生活，如：新技术在农村（684）得到了广泛

(367) 的应用。“利用”主要有以下两个意思：①通过使用让对象 (240) 发挥 (255) 效用 (usefulness)，如：充分 (132) 利用自然资源 (1271) 开发 (542) 旅游市场 (861)。②用手段 (means) 使人或事物 (864) 为自己服务、给自己带来好处，如：利用双方 (890) 的矛盾 (631)，从中获取利益；利用手中的权力 (766) 贪污受贿 (embezzle money and take bribes)。以上例子中，“应用”和“利用”都不能互换。

(2) 应用 vs. 运用 (1167)，见“运用”。

1134. 硬 yìng
形. ① hard; stiff; tough [as opposed to soft]
② (of attitude, willpower, etc.) strong; firm; tough
副. forcibly; with effort

形 例 今天中午的米饭太硬了，我吃了以后有点儿胃疼。

形 例 老王真是条硬汉子 (man)！那么深的伤口，他却连一滴眼泪也没掉。

副 例 妈妈不让孩子去，可孩子硬要去。

联想 硬盘、硬骨头 (346) (hard bone—person of unyielding integrity)、硬着头皮 (toughen one's scalp—brace oneself)

反义 软 (796)

1135. 硬件 yìngjiàn 名. hardware

例 维修人员说这台电脑的硬件出了问题。

例 这个研究所不仅硬件好、设备先进 (advanced)，而且科研水平也非常高。

反义 软件 (797)

1136. 拥抱 yōngbào 动. embrace; hug; hold in arms

例 这对多年不见的老朋友紧紧地拥抱在一起。

例 父母常常拥抱孩子，能给孩子带来更多的幸福感。

1137. 拥挤 yōngjǐ
动. be crowded; push and squeeze
形. crowded

动 例 请大家排队买票，不要拥挤。

形 例 一到国庆“黄金周”，各大旅游景区里就会非常拥挤。

1138. 勇气 yǒngqì 名. courage

例 丽丽鼓起 (pluck up) 勇气，向小马表达了自己的爱意。

例 父母向孩子承认自己的错误需要很大的勇气。

搭配 鼓起 / 鼓足 / 拿出 / 有 + 勇气

1139. 用功 yònggōng 形. diligent; hardworking 动（离合）. work hard

形 例 这孩子读书很用功，一点儿也不让父母操心。

动 例 你刚上高中二年级，现在开始用功还来得及。

动 例 与其考试前熬夜复习，不如平时多用点儿功。

Y

1140. 用途 yòngtú 名. use

例 这件工具有多种用途，我来给你们介绍一下。

例 木材的用途很广泛，家具、乐器、日常用品……生活中到处都可以看到用木材制作的东西。

联想 用处、用场、功能（336）、功用

辨析 用途 vs. 功能 vs. 作用

“功能”强调事物本身（itself）的用途与作用，如：手机有上网听音乐的功能。“作用”强调事物对外产生（92）的影响和效果，如：这些药对我不起作用；这项（1038）技术发挥了重要作用。“用途”强调事物应用的方面和范围（268），如：塑料的用途很广泛；这种植物除了可以吃以外，还有什么用途？

1141. 优惠 yōuhuì 形. preferential

例 今天元旦节，很多商场都在搞优惠活动。

例 老板，这价格太贵了，您再优惠一点儿吧。

搭配 优惠 + 价格 / 条件 / 待遇（188）/ 商品（813）

联想 优惠卡、优惠券（coupon）

题 请选出正确答案：

女：这款银色的冰箱是我们今年卖得最好的，您看看。
男：你们现在有什么优惠活动吗？
女：现在买我们送您一个电饭锅。
男：那冰箱的保修期是多长时间？
女：保修期一年，厂家免费上门修理。

问：关于这款冰箱，下列哪项正确？ （H51003-27）

A 送货上门　　B 现在打七折　　C 有优惠活动　　D 保修期为两年

A、B 在对话中没有提到。女的说保修期是一年，所以 D 不对。对话中说优惠活动是买冰箱送一个电饭锅，所以正确答案是 C。

1142. 优美 yōuměi 形. graceful; exquisite

例 我觉得中国古典舞特别优美。

例 这里风景优美、空气新鲜，是著名的风景区。

联想 优雅（graceful）、美好、美丽、美妙（wonderful）

1143. 优势 yōushì 名. superiority; advantage

例 避开短处，充分发挥优势才能赢得比赛。

例 这场比赛中红队优势明显，蓝队完全不是他们的对手。

搭配 有 / 占（1183）+ 优势

反义 劣势

1144. 悠久 yōujiǔ 形. long in time; long-standing

例 北京是一座历史悠久的城市。

例 中国保留了很多悠久的文化传统。

搭配 悠久的 + 历史 / 文化 / 传统（152）

1145. 犹豫 yóuyù 形. irresolute

例 是走还是留，他犹豫不决。

例 不要再犹豫了，赶快走吧，否则就来不及了。

搭配 某人 / 态度 / 内心 + 很犹豫

联想 迟疑（hesitate）

1146. 油炸 yóu zhá fry in deep oil; deep-fry

例 油炸食品不但缺乏营养，而且容易让人长胖。

例 把鱼油炸几分钟后再加酱油和糖，这样更好吃。

Y

1147. 游览 yóulǎn 动. go sightseeing; tour; visit

例 夏天是游览黄山的好季节。

例 我们打算坐船游览桂林山水。

辨析 游览 vs. 参观

“游览”和“参观”都有去某地观看的意思。不同的是，“游览”一般指比较轻松地欣赏（1058）风景或名胜古迹（652），在其中游玩，不带有工作或学习的目的，如：游览故宫 / 长城 / 公园。“参观”主要指到实地观看，常常带有工作、学习或了解对象的目的，有时候也包括（17）“游览”的意思，如：参观故宫 / 公司 / 学校。

1148. 有利 yǒulì 形. beneficial; advantageous

例 比赛场上的形势对红队十分有利。

例 现在社会稳定，经济发展良好，非常有利于投资。

反义 不利

1149. 幼儿园 yòu'éryuán 名. kindergarten; pre-school

例 今天，老师组织幼儿园的小朋友们参观动物园。

联想 小学、中学、初中、高中、大学、职业高中

1150. 娱乐 yúlè 动. amuse; entertain 名. entertainment

动 例 今天是周末，咱们去KTV娱乐一下，怎么样？

名 例 其实打游戏跟唱歌、跳舞一样，也是一种娱乐。

1151. 与其 yǔqí 连. rather than

例 与其现在就放弃，不如再做最后一次努力。

例 与其在这儿浪费时间，不如做些有意义的事情。

搭配 与其……不如（67）……

1152. 语气 yǔqì 名. ① tone; manner of speaking ② mood

例 不知道为什么，她对我说话的语气总是很不友好。

例 汉语的句子末尾常用“吗”来表示疑问的语气。

搭配 温柔（989）的 / 强硬的 / 责备（1177）的 + 语气

1153. 玉米 yùmǐ 名. corn; maize

例 她喜欢把玉米当作主食，觉得玉米的营养价值比较高。

搭配 啃（nibble）/ 掰（break off with hands）+ 玉米

联想 玉米汤、玉米汁、玉米面

1154. 预报 yùbào 动. forecast 名. forecast

动 例 气象局（weather bureau）预报，未来 24 小时内会有大雪。

名 例 现在的天气预报越来越准了。

搭配 预报 + 天气 / 节目 / 地震（219）

1155. 预订 yùdìng 动. book; order

例 这对新人已经预订了举行婚宴的酒店。

例 喂，您好，我想预订一个下周六的双人房。

1156. 预防 yùfáng 动. prevent; take precautions against

例 冬季天气干燥，我们要注意预防火灾。

例 很多人戴上了口罩（gauze mask）来预防这种传染病。

搭配 预防 + 感冒 / 近视 / 疾病（disease）

联想 预防针

1157. 元旦 Yuándàn 名. New Year's Day

例 元旦节学校放三天假。

例 很多国家的新年是元旦，可中国农历（lunar calendar）的新年不是元旦。

1158. 员工 yuángōng 名. staff; personnel

例 这家公司规模很大，员工已经达到了两万人。

例 工资待遇对员工的工作积极性会产生很大的影响。

1159. 原料 yuánliào 名. materials in the rough; raw materials

例 木材是纸的原料之一。

例 现在原料的价格每天都在上涨，商品的价格肯定也随着上涨。

搭配 工业（329）/ 生产 / 化工 + 原料

1160. 原则 yuánzé 名. principle

Y

例 说真话是我做人的原则之一。

例 原则上你的方案没有大问题，但还有一些细节需要修改。

搭配 坚持 / 放弃 / 有 / 没有 + 原则

一项 / 一条 / 一个 + 原则

联想 原则性

1161. 圆 yuán 形. round; circular 名. circle

形 例 中秋节的时候，月亮又圆又大。

名 例 你能一手画圆、一手画方吗？

1162. 愿望 yuànwàng 名. desire; wish

例 她终于实现了做母亲的愿望。

例 能够顺利毕业是我现在最大的愿望。

例 我有一个小小的愿望，希望你能帮我实现。

搭配 满足（629）/ 实现（854）+ 愿望

题 请选出正确答案：

女：这些照片是你拍的吗？真漂亮，都可以做明信片了！

男：哪里，我这也就是业余水平。我的愿望是能把中国的五大名山都拍下来。

女：你这么喜欢旅游，这个愿望很容易实现的。

男：对，只是需要些时间。

问：男的有什么愿望？（样卷-25）

A 去旅游　　B 获得国际大奖

C 成为专业摄影师　　D 把五大名山都拍下来

男的说“我的愿望是能把中国的五大名山都拍（691）下来”，所以正确答案是D。

1163. 乐器 yuèqì 名. musical instrument

例 我最喜欢的乐器是吉他。

例 玛丽对中国的民族乐器非常着迷（be fascinated）。

搭配 古典（344）/ 键盘（481）/ 打击（strike）+ 乐器

1164. 晕 yūn 动. faint; pass out 形. dizzy; giddy / yùn 动. be dizzy; be giddy; be faint

动 例 听到这个消息，她两眼一翻，晕（yūn）了过去。

形 例 我昨晚失眠了，今天早上起床感觉头特别晕（yūn）。

动 例 晕（yùn）船可真难受啊！

联想 晕（yūn）头转向（be confused and disoriented）、晕（yūn）头晕（yūn）脑、晕（yùn）车、晕（yùn）机

1165. 运气 yùnqi 名. luck; fortune

例 咱们运气真不好，刚走了一辆车，下一趟还得等半个小时。

例 老王运气太好了，花了两块钱买彩票（lottery ticket），结果中了五百块钱！

搭配 运气 + 好 / 不好 / 差

靠（549）/ 凭（720）/ 碰（700）+ 运气

题 **请选出正确答案：**有时候，我们总是在怪别人的态度太冷漠、自己的 ______ 太不好，却不知你是对方一面最好的镜子。如遇到这样的情况，不妨问问自己做了什么。想让别人爱你，你得先去爱别人。（H51002-55）

A 愿望　　B 运气　　C 气氛　　D 原则

“气氛（730）”不能与“自己的”搭配，所以C不对。“原则”一般不会与“好”“不好”搭配，所以D不对。我们也不会“怪”“自己的愿望”“太不好”。联系上文，“别人的态度太冷漠（indifferent）”是不好的事情。遇到不好的事情，人们一般会怪自己的运气不好，所以正确答案是B。

1166. 运输 yùnshū 动. transport

例 现在国内的运输业发展十分迅速。

例 由于运输受阻，大量蔬菜都烂在地里，太可惜了。

搭配 运输 + 货物 / 木材 / 商品

跑 / 搞（315）+ 运输

1167. 运用 yùnyòng 动. apply; utilize; put to use

例 学习知识是为了更好地运用知识为生活服务。

例 你要学会灵活运用数学公式（formula），不要死记硬背。

搭配 运用 + 技术 / 智慧（1229）/ 规则（372）

辨析 运用 vs. 应用

“应用”的使用范围比较广，做动词时表示在生产和生活中使用理论、技术、方法、设备等，如：应用技术 / 理论 / 设备。“应用”还可以做形容词，如：应用文 / 数学。“运用”只能做动词，表示根据对象的特性，灵活（607）使用对象，用得很好，如：他喜欢运用书本上的知识来解决实际问题。

Z

1168. 灾害 zāihài 名. disaster; calamity

例 去年，我的家乡遭受了一场特大地震灾害。

例 自然灾害虽然难以预报，但是可以预防。

搭配 遭受（suffer）/ 遇到 + 灾害

一场 + 灾害

1169. 再三 zàisān 副. over and over again; repeatedly

例 出院前，病人再三向医生表示谢意。

例 这件事情老师强调再三，希望引起学生们的重视。

辨析 再三 vs. 一再

“再三”和“一再”都是副词，都可以用在动词前面，表示行为（1063）一次又一次地发生。不同的是，“再三”可以用在动词的前面或后面，如：他再三考虑后决定放弃这次留学的机会；老王考虑再三后决定取消旅行。而“一再”只可用在动词前面，如：你一再犯（commit）同样的错误，究竟是什么原因呢？

1170. 在乎 zàihu 动. mind; care about

例 从他的一言一行都可以看出来，他非常在乎你。

例 她一点儿也不在乎别人对她的看法，只管做好自己的事。

联想 满不在乎（not worry at all）

自测

一 选词填空。

A 预防　B 预订　C 预报　D 一再　E 再三

1. 本月底之前（　　）明年的杂志，会有更多优惠。
2. 现在（　　）未来 48 小时的海洋天气。
3. 小王连声道谢，感谢（　　）。
4. 虽然父母（　　）叮嘱要小心，可孩子还是受伤了。
5. 地震灾害后必须注意（　　）疾病传播。

A 优美　B 优势　C 与其　D 犹豫　E 依然

6. （　　）在心里怀疑，不如干脆问个究竟。
7. 他们已经结婚十多年了，可感情（　　）如同新婚夫妇一般。
8. 天鹅（　　）的身姿深深地吸引着游客的目光。
9. 对于是否要接受手术治疗，小王还是有些（　　）。
10. 他们最大的（　　）就是主场作战。

A 应用　B 运用　C 应付　D 以来　E 以及

11. 计算机（　　）科学受到了广泛的重视。
12. 自从内战爆发（　　），多地出现了严重的人员伤亡。
13. 他这人做事不认真，总是（　　）了事。

14. 这幅画把色彩（　　）得十分出色。
15. 感谢教练、队友（　　）观众们的支持。

A 因而　　B 在乎　　C 一律　　D 疑问　　E 遗憾

16. 他说的话我一点儿也不（　　）。
17. 股市大跌，（　　）引起了房地产市场的恐慌。
18. 在校学生（　　）不许抽烟喝酒。
19. 虽然我很想帮助你，但是很（　　），我没有这个能力。
20. 我暂时压下了心中的（　　），决定先去看看。

二　完成句子。

21. 一再　认真写字　要求同学们　老师　要　__________
22. 他对　这件事　和我的　看法　一致　的　__________
23. 知错　你依然　好学生　是一个　就改　__________
24. 不如　积极预防　与其　治疗　花大钱　生病后　疾病　__________
25. 如果能　买的人　优惠一点儿　会更多　__________

三　请结合下列词语（要全部使用），写一篇 80 字左右的短文。

在乎　一再　意外　依然　拥挤

____

____

____

____

____

____

第19天

1171—1235

学习重点

1. 65 个词语

2. 重点词语：造成　掌握　招待　珍惜　争取　整个

1171. 在于 zàiyú 动. ① lie in ② depend on; rest with

例 生命在于运动，所以我们应该经常锻炼身体。

例 大家的意见你可以参考，但是最后怎么决定还是在于你自己。

1172. 赞成 zànchéng 动. approve of; agree with

例 我十分赞成你的看法。

例 赞成星期六去爬长城的同学请举手。

1173. 赞美 zànměi 动. praise; eulogize

例 这首诗赞美了伟大的母亲。

例 孩子们用优美的歌声赞美可爱的家乡。

搭配 赞美 + 母爱 / 友谊 / 生活

得到 / 受到 + 赞美

辨析 赞美 vs. 称赞（109）

“赞美”和“称赞”都表示对美好的人或事物（864）表示肯定。不同的是，“赞美”侧重颂扬（eulogize），对象（240）可以是人也可以是物，可以是具体（531）的也可以是抽象（137）的，如：诗人们喜欢赞美家乡（458）、赞美爱情。“称赞”强调（738）夸赞、表达（49）喜爱，程度（122）没有“赞美”那么深，对象是具体的人或者人的想法、做法、能力等，如：班长的工作能力受到了大家的一致（1108）称赞。

1174. 糟糕 zāogāo 形. terrible; too bad

例 糟糕！我忘带手机了！

例 这部电影太糟糕了，才放了半个小时就有不少观众离开了。

搭配 情况 / 质量 / 天气 + 很糟糕

1175. 造成 zàochéng 动. cause; result in

例 他的胃病是常年不吃早饭造成的。

例 司机酒后驾驶造成了本次交通事故（accident）。

搭配 造成 + 伤害（812）/ 误会 / 损失（907）/ 事故

辨析 造成 vs. 形成（1064）

①“造成”表示一个事情、现象（1027）或活动的出现使另一个事情、现象或活动出现，如：恶劣（249）的天气给农业（686）生产（831）造成了很大的损失。“形成”表示通过发展变化而成为具备（530）某（664）种特点的事物，或者出现某种情况，如：他的文章已经形成了自己独特（232）的风格（283）。②“造成”的结果多为不好的、消极（1045）的，如：这所课外培训（694）学校乱收费的问题造成了很坏的社会影响。“形成”的结果可好可坏，如：通过大家的努力，公司的销售（1047）网络（969）终于形成了；正是由于双方（890）缺乏（770）及时的沟通（339），才形成了现在的僵局（impasse）。

Z

题 请选出与试题内容一致的一项：煤和石油目前仍然是人类使用的最重要的能源，然而煤和石油的大量使用，也对地球环境造成了严重的破坏。为了改善我们的环境，寻找新的绿色能源已经成为我们面对的新问题。 （样卷-62）

A 环境破坏得到缓解　　B 煤、石油对环境的影响不大

C 人类已经找到了新的绿色能源　　D 煤、石油目前对人类仍然很重要

文中说“煤和石油（petroleum）的大量使用，也对地球环境造成了严重的破坏（723）”，所以B不对。“寻找（1084）新的绿色能源（677）已经成为我们面对（644）的新问题”，说明C不对。A在文中没有提到。文中说“煤和石油目前（668）仍然是人类（781）使用的最重要的能源”，所以答案为D。

1176. 则 zé
连. [used to indicate cause and effect, condition, etc.]
量. [used for news, writing, etc.] piece; item

连 例 人们常说“关心则乱”，意思是对自己关心的人或者事情无法冷静处理。

量 例 下面播放两则紧急通知。

搭配 一则 + 消息 / 新闻 / 通知

1177. 责备 zébèi 动. blame; reproach

例 这不是她的错，为什么责备她呢？

例 孩子犯了点儿小错，责备几句就行了，你怎么还动手打孩子呢？

联想 批评、指责（criticize）、责骂

Z

题 **请选出正确答案：** 他初入职场，对一切都感到新鲜、陌生。一天中午，他刚吃完饭，就迎头撞上老板。老板微笑着随口吩咐："你能不能帮我订一份盒饭，或者让王主任回来时帮我带一份？"这是老板给他的第一个任务，尽管有几分随意。他既紧张又兴奋，他给快餐店打电话，盒饭已经卖完了。王主任出去吃饭，没有带手机，他也一直联系不上。

他紧张极了，不知道怎么办，红着脸告诉老板没有订到盒饭也没有联系到王主任。虽然没有受到老板的责备，但是他心里很失落。这件事给了他深刻的教训。如果他灵活一点儿，帮老板买到一份盒饭并不是什么难事。

老板给的第一个任务，他完成得怎么样？ (H51003-88)

A 比较出色　　B 不够灵活　　C 被老板批评了　　D 同事们评价很高

从文中可知他没有完成任务，所以 A 和 D 不对。他没有受到老板（576）的责备，所以 C 不对。从"这件事给了他深刻（827）的教训（494）。如果他灵活（607）一点儿，……"可知正确答案是 B。

1178. 摘 zhāi 动. pick; pluck; take off

例 鲜花人人爱，请勿动手摘。

例 到了秋天，园子里的各种水果都成熟了，你可以随便摘来吃。

搭配 摘＋手套（871）/ 耳环（250）/ 戒指（506）/ 项链（1039）/ 星星 / 花

联想 采（pick）、取、采摘、摘取

反义 戴

1179. 窄 zhǎi 形. ① narrow ② petty; narrow-minded

例 这条路太窄了，车没法儿开过去。

例 林妹妹什么都好，就是心窄，容不下人。

反义 宽（566）

1180. 粘贴 zhāntiē 动. paste; stick

例 粘贴外墙瓷砖（ceramic tile）和内墙瓷砖的材料不一样。

例 你可以先点右键，然后选择"粘贴"，这样就把你需要的内容复制过来了。

1181. 展开 zhǎnkāi 动（离合）. ① unfold; open up ② carry out; launch

例 这幅画展开有近两米。

例 这盆花的叶子发黄，而且总是展不开，不知道是不是生病了。

例 围绕移民政策（policy）问题，代表们展开了激烈的争论。

搭配 展开 + 地图 / 地毯（217）/ 画卷

展开 + 讨论 / 想象（1037）/ 竞争

联想 伸（824）开、张开、开展（develop; launch）

1182. 展览 zhǎnlǎn 动. put on display; exhibit

例 博物馆最近正在展览中国古代的钱币。

例 听说这个周末美术馆要举行摄影展览，你去看吗？

联想 展览馆

1183. 占 zhàn 动. ① take up (time, space, etc.); occupy ② constitute; hold; make up

例 自习室的桌子上摆满了书，都是用来占座位的。

例 和别的应聘者相比，她在学历和工作经验方面都比较占优势。

搭配 占 + 地方 / 座位

占 + 便宜 / 上风（superior position）/ 多数 / 统治（dominate）地位（218）

联想 占线、占用、占有、抢占、强占

1184. 战争 zhànzhēng 名. war

例 你读过《战争与和平》这部小说吗？

例 这首诗体现了诗人反对战争、热爱和平的思想。

搭配 打赢 / 输掉 / 结束 / 避免（42）/ 爆发（break out）+ 战争

大规模（371）/ 小规模 / 全面（768）+ 战争

反义 和平（398）

1185. 长辈 zhǎngbèi 名. member of an elder generation; senior

例 对长辈要有礼貌，不能说话没大没小的。

例 作为晚辈，你应该多关心、照顾家里的长辈。

反义 晚辈

1186. 涨 zhǎng 动. (of water, prices, etc.) rise; go up
zhàng 动. ① swell after absorbing water, etc. ② (of the head) be swelled by a rush of blood

例 下过雨后河水涨（zhǎng）了不少。

例 物价天天涨（zhǎng），怎么就工资不涨（zhǎng）呢？

例 今天下大雨，我的皮鞋都在水里泡涨（zhàng）了。

例 他涨（zhàng）红了脸，半天说不出一句话来。

1187. 掌握 zhǎngwò 动. ① have in hand; control ② master; grasp

例 我要自己掌握自己的命运。

例 掌握核心技术是企业生存（survive）和发展的关键。

搭配 掌握 + 权力（766）/ 证据（1210）/ 信息

掌握 + 语言 / 知识 / 规律（370）

辨析 掌握 vs. 控制（561）

“掌握”和“控制”都包含（16）使对象处于自己的支配（arrange; control）、管理或影响之下的意思，如：请大家掌握 / 控制好发言（258）时间，每个人只有三分钟；战争已经结束，政府（1211）已掌握 / 控制了局势（situation）。“掌握”另有因了解事物而（1122）能充分（132）支配或运用（1167）的意思，对象通常（940）是物，如：先掌握好理论（588）知识，再进行实践（852）。“控制”另有操纵（manipulate）、不让对象自由（1278）活动或超出范围（268）的意思，对象可以是人也可以是物，如：警察已经控制住了犯人（criminal）；他的病情已经控制不住了。

题 **请选出正确答案：**……大花猫刚想吃掉小老鼠，突然听到了狗的叫声，大花猫立刻丢下那只小老鼠逃跑了。这时，大老鼠从垃圾桶后走了出来，对小老鼠们说：“我早就对你们说，______ 一门外语非常重要。这次，外语救了你们的命。”

（样卷-55）

A 珍惜　　B 掌握　　C 寻找　　D 相信

“珍惜（1196）”“寻找”“相信”都不能与“外语”搭配，只能说“掌握一门外语”，意思是学会、能使用外语，所以正确答案是B。

1188. 账户 zhànghù 名. account

例 你的账户密码千万别告诉别人。

例 这是我的银行账户，请把钱转到这个账户里。

1189. 招待 zhāodài 动. receive (guests); entertain; serve (customers)

例 我准备做几道家乡菜来招待客人。

例 今天下午的记者招待会几点开始？

搭配 招待＋朋友/客人/亲戚/同学

招待＋某人＋一顿（244）饭

辨析 招待 vs. 接待（498）

“招待”和“接待”都可以表示欢迎某人并给某人应有的待遇（188），如：感谢你们的热情招待/接待。“招待”主要指请客人吃饭，如：昨天我去朋友家，他招待我吃饺子。“接待”除了有请客人吃饭的意思，还包括（17）为客人提供帮助和服务，解决客人的住宿和交通等问题，如：你来负责接待这些外国朋友，安排好他们的吃住行等问题。

题 请选出正确答案：

女：感谢您出席今天的宴会，希望今后我们能加强合作。

男：谢谢你们的招待，相信我们的合作会更愉快。

问：对话最可能发生在什么时候？（H51001-3）

A 宴会结束　B 庆祝生日　C 商业谈判　D 机场送行

题中出现了两次“合作（395）”，但并没有信息表明（51）双方正在谈论商业（815）合作，而题中出现了“宴会（1093）”和“谢谢……招待”，所以可以肯定对话是在宴会结束时发生的，答案为A。

1190. 着火 zháohuǒ 动（离合）. be on fire; catch fire

例 天哪！着火了！赶快跑！

例 着火后不要惊慌，要第一时间打119报警。

例 这片森林上个月着了一次火，很多动物都被烧死了。

1191. 着凉 zháoliáng 动（离合）. catch cold

例 快把孩子身上的湿衣服脱下来，小心着凉！

例 我昨晚着了凉，今早起床后觉得很不舒服。

Z

1192. 召开 zhàokāi 动. convene; summon

例 全国人民代表大会每年三月在北京召开。

例 政府召开了记者招待会，及时公布了最新调查情况。

1193. 照常 zhàocháng 副. as usual
动. be as usual

副 例 这家商场春节期间照常营业。

动 例 虽然表面上看起来生活一切照常，但是我心里清楚一些东西已经改变了。

1194. 哲学 zhéxué 名. philosophy

例 你觉得中国古代哲学的核心思想是什么？

例 很少有人愿意静下心来读一读哲学类的书。

联想 哲学家、哲理

1195. 针对 zhēnduì 动. be aimed at; be directed against

例 这种药是针对嗓子疼的，效果挺好的。

例 你刚才会上说的那些话是针对我的吧？

题 完成句子：中老年消费者　　这种产品　　针对　　主要　　(H51002-93)

“这种产品（91）”做主语，形容词“主要”做状语，动词“针对”做谓语，“中老年消费者”做宾语，所以正确答案是：这种产品主要针对中老年消费者。

1196. 珍惜 zhēnxī 动. treasure; value

例 因为只有每年春节才能回家，所以我特别珍惜与父母在一起的时光。

例 “一寸光阴一寸金”的意思是时间像黄金一样贵重，所以要珍惜时间。

搭配 珍惜 + 生命 / 机会 / 友情

联想 珍重、珍爱、珍视、爱惜（4）

反义 浪费、糟蹋（waste）、虚度（waste time）

辨析 珍惜 vs. 爱惜

“珍惜”和“爱惜”都表示因为觉得对象宝贵（20）而努力让对象不受到损害或白白消耗（consume），如：他很珍惜 / 爱惜时间，尽量（511）把每分每秒都充分利用（596）好。不同的是：①“珍惜”比“爱惜”的程度更深，所以“珍惜时间”的人比“爱惜时间”的人把时间看得更宝贵。②两个词的使用范围和适用对象也不完全相同。“爱惜”的对象多是能够失去或损耗（cause loss）的具体人和物，如：我们老板很爱惜人才（779）；你要爱惜这件新衣服，别弄脏了。“珍惜”的对象多是宝贵的抽象事物，如：珍惜机会 / 友谊 / 感情。“珍惜”的对象如果是人，通常是感情很深、不愿意失去（839）的友人或爱人，如：他是一个值得共度一生的好丈夫，你要好好珍惜他。

Z

1197. 真实 zhēnshí 形. real; true

例 你把真实的情况告诉大家吧。

例 她的歌表达了内心最真实的情感，非常动人。

搭配 真实 + 信息 / 数据（886）/ 想法

联想 真实感、真实性

反义 虚假

1198. 诊断 zhěnduàn 动. diagnose

例 家人一直不敢告诉他医生的诊断结果。

例 拿到医院的诊断书后家里人都松了一口气。

搭配 诊断 + 病情

联想 诊室、诊所（clinic）

1199. 阵 zhèn 量. period; spell

例 她突然感到肚子一阵疼痛，忍不住蹲了下去。

例 听说老王病了好一阵了，咱们去看看他吧。

搭配 一阵 + 雨 / 风 / 咳嗽 / 头晕（1164）/ 掌声

联想 阵雨、阵风、阵雪、阵痛

1200. 振动 zhèndòng 动. vibrate

例 声音是由物体振动产生的。

例 讲座马上就要开始了，请大家把手机铃声调成振动。

1201. 争论 zhēnglùn 动. dispute; debate

例 大家不要争论了，请听我说一句。

例 子女们围绕着老人的财产问题争论不休。

联想 辩论（46）、争辩、争吵

Z

1202. 争取 zhēngqǔ 动. strive for; fight for

例 老师，我争取在明年五月按时参加论文答辩（defend one's thesis）。

例 你去向领导争取一下，看能不能同意咱俩一起去出差。

搭配 争取 + 机会 / 胜利（837）/ 自由

题 **请选出正确答案：** 女：我们十点之前可以到家吗？

男：按照这个速度，应该没问题，只要你带着进门的钥匙。

女：高速公路上，你还是开慢点儿吧，注意安全。

男：好的，我们争取十点前到家。

问：男的正在做什么？ （H51001-27）

A 登机　　B 开车　　C 修汽车　　D 打扫房间

从关键信息“高速公路”“开慢点儿”“争取十点前到家”可以判断男的正在开车，所以正确答案是B。

1203. 征求 zhēngqiú 动. ask for; solicit

例 新方案通过之前需要广泛征求大家的意见。

例 你确定论文题目之前最好先征求一下导师的意见。

1204. 睁 zhēng 动. open (the eyes)

例 这个孩子每天一睁开眼就找妈妈。

例 她一推开门，一屋子的烟让她睁不开眼睛。

联想 睁一只眼闭一只眼（turn a blind eye to sth）

1205. 整个 zhěnggè 形. entire; whole

例 整个屋子里都是她的香水味。

例 她的整个心都被对他的爱意填满了。

搭配 整个 + 人 / 教室 / 公司 / 社会 / 国家

联想 全部

1206. 整齐 zhěngqí 形. neat; tidy; in good order

例 孩子们整齐地站在操场上，准备开始训练。

例 图书管理员把书整整齐齐地摆放在书架上。

1207. 整体 zhěngtǐ 名. whole

例 舞台的整体效果看起来非常好。

例 我们可以把这个语言结构看作一个整体。

反义 个体、局部（part）、部分

1208. 正 zhèng 形. straight; upright
副. (of an action) just happening; (of a state) just continuing

形 例 墙上的画没有挂正。

副 例 我正要出门的时候，王老师打来了电话。

反义 歪（960）、斜（1053）

1209. 证件 zhèngjiàn 名. credentials; certificate

例 护照是海外出行的重要证件。

例 你有没有带什么证件能证明你的身份？

搭配 办理（13）/ 出示（143）/ 检查 + 证件

1210. 证据 zhèngjù 名. evidence; proof

例 法律上最看重的就是证据。

例 你说这件事是他做的，你有什么证据吗？

搭配 寻找 / 拿出 / 取得 + 证据

关键 / 可靠（552）/ 有效 + 证据

1211. 政府 zhèngfǔ 名. government

例 当地政府正在大力推广新能源汽车。

例 政府呼吁（appeal）民众为灾民捐款捐物。

Z

1212. 政治 zhèngzhì 名. politics

例 他在大学里学的是政治学专业。

例 再三考虑后，她退出了那个政治团体（organization）。

1213. 挣 zhèng 动. ① earn; make ② struggle to get free

例 谁挣钱都不容易，所以大家还是 AA 制吧。

例 女朋友用力挣开我的手，哭着跑了。

1214. 支 zhī 量. ① [used as a classifier for long, thin, inflexible objects] ② [used as a classifier for songs or musical compositions] ③ [used as a classifier for troops, fleets, etc.]

例 这支红笔是王老师的，麻烦你递给他。

例 他弹的两支乐曲我都不熟悉。

例 这是一支十分优秀的队伍（troops）。

搭配 一支 + 笔 / 香烟 / 歌 / 队伍

1215. 支票 zhīpiào 名. check; cheque

例 这张支票金额（amount of money）很大，你要小心收好。

搭配 开 / 写 + 支票

联想 空头支票（dishonored cheque; empty promise）

1216. 执照 zhízhào 名. license

例 没有驾驶执照的人不能开车。

例 商店的营业执照需要挂在墙上显眼的地方。

联想 驾照

1217. 直 zhí 形. ① straight ② frank; straightforward

例 爸爸拍了一下他的背，说："站直了！"

例 她的性格很直，有什么话都会直说。

联想 笔直（perfectly straight）、直肠子（straightforward; straightforward person）

反义 弯

1218. 指导 zhǐdǎo 动. guide; direct

例 万老师是我的毕业论文指导老师。

例 学校现在需要五名教师指导学生的暑期实习。

辨析 指导 vs. 领导（611）

"指导"和"领导"都有带领（lead）、引导（guide）别人的意思。不同的是：①"指导"的意思是指点（give directions）、指教（instruct），侧重于把存在（172）的问题、需要改进（298）的地方指出来，使人明白、改正（300）和提高，如：导师给学生指导论文（623）；老师指导学生实习（853）。"领导"的意思是上级（superior）带领、管理下级，如：在新来的总经理的领导下，公司发展得越来越好了。②"领导"除了做动词以外，还可以做名词，意思是担任（189）领导工作的人，如：他是我们单位（193）的领导。

1219. 指挥 zhǐhuī 动. command; direct 名. conductor

动 例 这次行动由谁来指挥？

名 例 听说张教授是学校合唱团的指挥。

搭配 指挥＋乐队／交通

1220. 至今 zhìjīn 副. up to now

例 日本至今仍保留着中国唐代的许多风俗和传统。

例 我前后给她寄了十多封信，可至今没有收到回信。

Z

1221. 至于 zhìyú
介. as for
动. go so far as to

介 例 我只知道大概方向，至于详细地址我就不清楚了。

介 例 别的人我不敢说，至于他，那是绝对能通过考试的。

动 例 一点儿小事，至于这么生气吗？

联想 不至于、以至于（so that）、甚至于

1222. 志愿者 zhìyuànzhě 名. volunteer

例 每年的 12 月 5 日是国际志愿者日。

例 无数的志愿者在各个领域活跃着，为人们带去温暖与帮助。

1223. 制定 zhìdìng 动. work out; formulate; constitute

例 政府制定并公布了新的交通规则。

例 这个游戏的规则是由谁来制定的？

搭配 制定＋法律 / 规则（372）/ 政策 / 方案（270）

题 **请选出正确答案：**在制定个人健身计划时，一定要包含自己喜欢的、或者觉得有趣的、或者至少不讨厌的运动。如果你不喜欢慢跑，总觉得慢跑过程很无聊，但为了减肥不得不制定慢跑运动计划，那样的话，我敢打赌你肯定坚持不下去。所以，对于健身新手来说，最好以自己喜欢的运动为中心，再逐步增加其他必要的健身项目，这样的健身计划才更容易实行。

根据这段话，制定健身计划时要注意什么？ (H51002-43)

A 饮食　B 运动量　C 费用标准　D 个人爱好

由第一句“在制定个人（320）健身（480）计划时，一定要包含自己喜欢的、或者觉得有趣的、或者至少不讨厌的运动”可判断正确答案是 D。A、B、C 在文中都没提到。

1224. 制度 zhìdù
名. ① regulation; rule
② system; institution

例 领导们正在开会，要改革公司的管理制度。

例 很多国家都在不断改进本国的教育制度。

搭配 遵守（1297）/ 完善（964）/ 取消（762）+ 制度
社会 / 教育 + 制度

1225. 制造 zhìzào 动. ① manufacture; make ② create; fabricate

例 几乎全世界的商店里都有中国制造的商品。

例 我觉得她这样做是故意给我们制造麻烦。

搭配 制造 + 汽车 / 武器（weapon）
制造 + 矛盾（631）/ 麻烦

联想 制造业、制造商、研制、建造

辨析 制造 vs. 制作（1226），见“制作”。

1226. 制作 zhìzuò 动. make; manufacture

例 无论是电影还是歌曲，后期制作都很重要。

例 老人专心于手中的石块，像是在制作一件了不起的作品。

搭配 制作 + 家具 / 玩具（966）/ 手工艺品

辨析 制作 vs. 制造

①“制造”多用于将某一领域（612）的原料（1159）加工（process）生产为较为复杂的机械（machine）产品，如：制造飞机 / 汽车 / 机器（436）。“制作”多搭配具体物品，一般是相对（1031）来说没有那么复杂的产品，如：制作飞机模型（model）/ 新年贺卡 / 蛋糕 / 电影。②“制造”不仅用于具体的实物，也用于抽象的事物，如：制造浪漫 / 惊喜 / 矛盾 / 麻烦。“制作”没有这个用法。

1227. 治疗 zhìliáo 动. cure; treat

例 医生建议在药物治疗的基础上增加心理治疗。

例 住院治疗期间，她受到了医务人员细心的照顾。

搭配 治疗 + 感冒 / 疾病（disease）

1228. 秩序 zhìxù 名. order

例 公共秩序需要大家的共同维护（safeguard）。

例 个别公司的违法行为破坏了市场的正常秩序，造成了恶劣的影响。

搭配 维护 / 维持（maintain）/ 恢复（428）+ 秩序

1229. 智慧 zhìhuì 名. wisdom

例 生活中的小智慧无处不在。

例 她是一个充满智慧的女人，清楚地知道自己想要什么。

Z

1230. 中介 zhōngjiè 名. intermediary

例 我们俩是通过婚姻中介认识的。

例 他通过中介租到了学校附近的一套房子，听说中介费还不少。

1231. 中心 zhōngxīn 名. center

例 这篇文章的中心思想是什么？

例 北京是中国的政治文化中心，而上海是经济中心。

搭配 文化 / 贸易（633）/ 会议 + 中心

辨析 中心 vs. 核心（399）

“核心”和“中心”都可以表示事物的主要部分。不同的是：①“核心”表示事物最关键和最重要的部分，比“中心”的程度更深，如：核心机密（secret）/ 人物（785）/ 理论。②“中心”还可以做方位词，如：公园的中心。“中心”还可以表示在某方面占重要地位的城市或地区（216），如：北京是中国的政治文化中心。“核心”没有这些用法。

1232. 中旬 zhōngxún 名. middle ten days of a month

例 学校准备在本月中旬举行运动会。

联想 上旬、下旬、月初、月底

1233. 种类 zhǒnglèi 名. kind; class; category

例 那个市场里的水果种类非常丰富。

例 你知道玫瑰花（rose）有多少种类吗？

辨析 种类 vs. 类型（583）

“种类”和“类型”很多时候可以互换。不同的是，“种类”主要指在一个大群体内部（673）根据事物不同的性质（1072）和特点分成的一些小群体，一般用于事物，量词一般是“个”，如：鞋可以分为皮鞋、布鞋、运动鞋、凉鞋、拖鞋等很多个种类。“类型”指具有共同特征（925）的个体所形成的群体，量词一般是“种”，如：他们属于（883）两种不同类型的人；四种不同类型的家庭（456）教育方式培养（695）出的孩子性格完全不同。

1234. 重大 zhòngdà 形. great; significant

例 改革开放以后，人们的生活发生了重大的改变。

例 昨天下午京广高速公路上发生了一起重大交通事故。

搭配 重大＋项目（1040）/ 影响 / 损失 / 责任

辨析 重大 vs. 艰巨（470）

“重大”和“艰巨”的程度都很深。不同的是，“重大”指作用、意义（1121）等很大而且很重要，如：这件礼物虽然不贵，但是对我来说意义重大。“艰巨”主要指工作或任务困难而繁重（strenuous），如：建造这座大桥是一项（1038）艰巨的工程。

题 **请选出正确答案：**有家体育场为满足球迷看球的需要，把球场内观众的座位从八万个增加到了十二万个。观看球赛的人多了，体育场的收入也增多了。但是这也带来了一个严重的问题：球场周围的路只能供十万人通行。对于十二万的观众来说远远不够。这样，有重大比赛时，就有可能因为交通堵塞而发生事故。

体育场增加座位带来了什么问题？（样卷-44）

A 比赛减少了　　B 观众更少了

C 球场内不安全　　D 可能导致交通事故

根据“球场周围的路只能供十万人通行……有重大比赛时，就有可能因为交通堵塞（jam）而发生事故”，正确答案是 D。

1235. 重量 zhòngliàng 名. weight

例 冰太薄了，承受不住你的重量。

例 这个笔记本电脑的重量只有那个的二分之一。

自测

一 选词填空。

A 赞美　　B 称赞　　C 赞成　　D 至于　　E 重大

1. 今天就先这样决定吧，（　　）我个人的意见回头再说。
2. 不管你是否（　　），我都要投资这个项目。
3. 朋友们纷纷（　　）老王的好脾气。
4. 这个任务的意义（　　），你们一定要保证完成。
5. 诗人们往往喜欢（　　）日月星辰、春夏秋冬的自然美景。

A 挣　　B 涨　　C 占　　D 窄　　E 摘

6. 我（　　）下一颗葡萄尝了一下，好酸！
7. 这条巷子很（　　），两个人根本挤不进去。
8. 听说最近股市大（　　），你的股票赚了多少？
9. 现在场上红队暂时（　　）上风。
10. 今年辛苦了一年，他总算（　　）了一些钱。

A 掌握　　B 针对　　C 招待　　D 至今　　E 直

11. 我今天亲自下厨来（　　）你这位老朋友。
12. 这个谜（　　）无人能解。
13. 老王是个（　　）肠子，心里想什么就说什么。
14. 我的意见不是（　　）你，你别多想。
15. 明天早上要坐最早一班的飞机，你一定要（　　）好时间，早点儿出发。

A 挣　　B 争取　　C 制造　　D 制作　　E 珍惜

16. 这部影片（　　）得非常精美，值得一看。
17. 我非常（　　）与她的友情。
18. 我（　　）本周之内完成这项工作。
19. 现在的年轻人白天（　　）钱晚上花，一点儿都不存钱。
20. 这是一家专门（　　）飞机的大型工厂。

二 完成句子。

21. 一下 意见 想 的 全班同学 征求 老师 ____________________
22. 照常 餐馆 期间 营业 春节 ____________________
23. 这款 老年人 产品 需求 主要 的 针对 ____________________
24. 她 怀念 大学 至今 时光 仍在 ____________________
25. 政府 社会 来维护 各种政策 制定了 秩序 ____________________

三 请结合下列词语（要全部使用），写一篇 80 字左右的短文。

造成 控制 针对 制度 智慧

第20天

1236—1300

学习重点

1. 65 个词语

2. 重点词语：逐渐　装　自从　总算　总之　阻止　组成

Z

1236. 周到 zhōudào 形. considerate; thoughtful; attentive

例 这家酒店的服务热情周到，顾客都非常满意。

例 妈妈想得真周到，不仅做好了好吃的饭菜，还准备了各种水果。

搭配 照顾 / 服务 / 考虑 + 得 + 很周到

1237. 猪 zhū 名. pig

例 村主任请来专家为村民们介绍养猪经验。

例 我属猪，今年是我的本命年（zodiac year）。

搭配 一头 / 一只 + 猪

1238. 竹子 zhúzi 名. bamboo

例 大熊猫爱吃竹子。

例 这把椅子是用竹子做的，很结实。

搭配 砍（546）/ 吃 + 竹子

一根 / 一棵 + 竹子

1239. 逐步 zhúbù 副. progressively; gradually

例 政府计划逐步提高教师待遇。

例 孩子在父母的指导下逐步养成了爱读书的好习惯。

搭配 逐步 + 增加 / 减少 / 掌握（1187）/ 成长（117）

辨析 逐步 vs. 逐渐（1240），见“逐渐”。

1240. 逐渐 zhújiàn 副. gradually

例 十点以后，街上的游客逐渐多了起来。

例 以前我不懂父母，总是抱怨他们管得太多。等我自己当了母亲以后，我逐渐明白了父母的良苦用心。

搭配 逐渐 + 消失（1046）/ 变成 / 成为 / 扩大（568）

辨析 逐渐 vs. 逐步

“逐渐”和“逐步”都是副词，可放在动词或形容词前面，表示主体慢慢地出现变化。不同的是：①用“逐步”时，主体的变化有明显（654）的阶段性，是一步一步形成（1064）的，通常（940）是人有计划地努力的结果，如：在教练（493）

的指导（1218）下，这个孩子逐步成长为一名优秀的运动员；随着科学的发展，人们对自身的了解也在逐步增加。②用“逐渐”时，主体的变化是一点儿一点儿地发生的，不容易被人感觉到，经常用于表示事物（864）的变化，如：秋天到了，天气逐渐变凉了；母亲的白头发逐渐多了起来。

1241. 主持 zhǔchí 动. ① host (a TV program, party, etc.) ② take charge of

例 你知道今年的春节联欢晚会由谁来主持吗？

例 今年我们部门由谁来主持工作？

搭配 主持＋节目 / 会议 / 婚礼（430）

主持＋工作 / 日常（788）事务（affairs）

1242. 主动 zhǔdòng 形. on one's own initiative

例 追求女孩子一定要主动一点儿。

例 孩子主动帮妈妈做家务，妈妈非常高兴。

搭配 主动＋放弃 / 要求 / 承担（119）/ 承认（120）/ 争取（1202）

联想 主动性

反义 被动

1243. 主观 zhǔguān 形. subjective

例 人们在交际时往往受到主观印象的影响。

例 我认为你的看法太主观了，缺乏客观的认识。

反义 客观（557）

1244. 主人 zhǔrén 名. ① owner; possessor ② host

例 这条狗的主人是谁？快把狗拉住，别咬伤了人！

例 女主人不在家，咱们等她回来后再来吧。

联想 主人公（hero or heroine）、主人翁（master）

1245. 主任 zhǔrèn 名. director; chief; head

例 这位是我们学校英语系的系主任徐老师。

例 本月的销售业绩相当好，新来的王主任很有能力啊！

联想 班主任

1246. 主题 zhǔtí 名. theme; subject; motif

例 今天活动的主题是反对浪费、提倡节约。

例 这篇文章的主题思想不是很明确，需要再修改一下。

联想 主题歌、主题曲、主题公园

1247. 主席 zhǔxí 名. ① (of a meeting) chairperson ② chairman; president (of an organization or a state)

例 这次研讨会的主席由张教授担任。

例 主席亲自来到灾区，慰问（express sympathy and solicitude for）受灾群众。

联想 总理（1285）、总统（1287）、主席台（rostrum）

1248. 主张 zhǔzhāng 动. advocate; stand for 名. proposition; view; position

动 例 孔子主张和平、友好地解决矛盾。

名 例 你们俩的主张都有道理，不过我们只能选择其中一个。

联想 自作主张、意见、看法、见解（view; opinion）、观点（356）、主意

题 **请选出与试题内容一致的一项：** 很多父母在教育孩子时往往都有自己的许多主张，而且都非常有道理。但是在实际生活中，他们又往往不能按照那些主张去做，他们的理由很简单：工作太忙，实在没有时间。 （H51002-61）

A 小孩子有很多想法　　B 教育孩子其实很简单

C 许多家长没时间教育孩子　　D 许多父母不知道该怎么教育孩子

根据“很多父母在教育孩子时往往都有自己的许多主张，而且都非常有道理（207）”，A 和 D 不对。B 在文中没有提到。根据“他们又往往不能按照那些主张去做，他们的理由（589）很简单：工作太忙，实在没有时间”，可以知道正确答案是 C。

1249. 煮 zhǔ 动. cook; boil

例 今晚咱们煮饭还是蒸（steam）馒头？

例 古代人煮酒、煮茶，现代人已经不懂怎么煮酒、煮茶了。

搭配 煮 + 汤 / 肉 / 饺子 / 面条儿 / 鸡蛋

联想 炒（101）、蒸、煎（fry）、炖（stew）、炸

1250. 注册 zhùcè 动（离合）. register; enroll

例 这个软件必须先注册，才能继续使用。

例 下学期的开学注册时间是 2 月 26 日，请大家按时注册。

例 他刚到学校注完册，第一件事便是出去租房。

搭配 注册 + 账号 / 邮箱 / 商标（trademark）

正式 / 实名 + 注册

联想 登录（enter; log in）

1251. 祝福 zhùfú 动. wish; bless

例 人们纷纷祝福这对新人白头到老。

例 祝福您和家人春节愉快、万事如意！

搭配 新年 / 新婚 / 生日 + 祝福

1252. 抓 zhuā 动.
① grab; clutch
② scratch
③ master; take hold (of)
④ catch; capture

例 抓住我的手，我把你拉上来。

例 猫抓破了孩子的手，孩子疼得直哭。

例 做生意时一定要认清形势，及时抓住机会。

例 突然，一个女人惊慌地大喊：“抓小偷啦！”

联想 抓药（make up or fill a prescription of Chinese herbal medicine）、抓阄儿（draw lots）

1253. 抓紧 zhuājǐn 动（离合）. firmly grasp; pay close attention to; clutch

例 大家抓紧时间，赶快收拾行李。

例 马上就要期末考试了，同学们一定要抓紧复习，不要放松。

例 如果安全工作抓不紧、抓不实，就可能会发生生产事故（accident）。

1254. 专家 zhuānjiā 名. specialist; expert

Z

例 他是研究中国经济问题的专家。

例 你这个病还挺复杂的，最好去医院找专家看看。

联想 内行（professional）、大师（great master）、行家（connoisseur）

1255. 专心 zhuānxīn 形. attentive; absorbed

例 你专心听老师讲课，别老看手机。

例 这个孩子上课不专心，总往窗外看。

搭配 专心 + 工作 / 学习 / 驾驶（465）/ 研究

1256. 转变 zhuǎnbiàn 动. transform; change

例 小王通过自己的努力转变了大家对他的看法。

例 老人生病后性格有了很大转变，不再乱发脾气了。

搭配 转变 + 身份（826）/ 形式（1066）/ 观念（357）/ 态度

联想 变化、改变

1257. 转告 zhuǎngào 动. convey; pass on (a message)

例 请你转告王老师明天下午三点在办公室开会。

例 你最好亲自告诉他，让别人转告不一定准确。

1258. 装 zhuāng 动. ① pack; fill ② install ③ pretend

例 我的包装不了那么多书，你能帮我拿几本吗？

例 这台果汁机我们装了半天也没装好。

例 他装作不在乎的样子，其实心里痛苦得很。

联想 安装（7）、假装（463）、装模作样（behave in an affected way）、装腔作势（put on airs）

题 **请选出正确答案：** 老师把一个大玻璃瓶子带到学校，瓶子里装着满满的石头、玻璃碎片和沙子。之后，老师请学生把瓶子里的东西都倒出来，然后再装进去，先从沙子开始。每个学生都试了试，最后都发现没有足够的空间装所有的石头。……

那个任务，学生刚开始完成得怎么样？ (H51001-71)

A 都没完成　　B 都装进去了　　C 完成得很好　　D 有一组没做完

根据“每个学生都试了试，最后都发现没有足够的空间（559）装所有的石头（844）”，可知正确答案是A。

1259. 装饰 zhuāngshì

动. decorate; ornament
名. ornament

动 例 新年快到了，家家户户都装饰得漂漂亮亮的，准备迎接春节。

名 例 这家店里的装饰十分独特，看来店主是下了不少功夫的。

搭配 装饰 + 房间 / 墙面

联想 装饰品、装饰画

1260. 装修 zhuāngxiū 动. fit up (a house, etc.); renovate

例 我们村里很多年轻人都去城里搞装修了。

例 我们买的是二手房，准备重新装修一下再搬进去。

搭配 装修 + 新房 / 房屋
装修 + 公司 / 材料

题 **请选出正确答案：**
女：房子装修好了吗？
男：快好了，这几天准备去买家具。
女：窗帘选好了吗？我知道有一家店的窗帘做得很不错，你去看看？
男：谢谢您，一会儿您把地址给我，我周末去看看。
问：男的最近在忙什么？ (H51002-27)

A 结婚　　B 搬家　　C 买汽车　　D 装修房子

女的问"房子装修好了吗？"，男的回答"快好了……"，所以正确答案是D。

1261. 状况 zhuàngkuàng 名. condition; state of affairs

例 这个软件可以查看道路交通状况，很方便。

例 李老师因为身体出了点儿状况不能上班，需要休息几天。

搭配 婚姻（431）/ 经济 / 健康 / 身体 / 住房 + 状况

紧急（512）/ 实际 / 真实（1197）+ 状况

辨析 状况 vs. 状态（1262），见"状态"。

1262. 状态 zhuàngtài 名. state; condition

例 我最近总不在状态，没心思学习。

例 五号选手（contestant）的比赛状态非常好，有望夺冠。

搭配 学习 / 精神（522）/ 心理（1056）+ 状态

状态 + 很好 / 不好 / 不佳

辨析 状态 vs. 状况

"状态"指人或事物表现（53）出来的形态（form; shape; pattern），如：老王这几天精神状态不太好；水可以是液体（liquid）状态，也可以在零度以下变成固体（solid）状态。"状况"指在生产（831）、生活、政治（1212）、经济、文化等各方面表现出来的具体（531）情况，如：请在这里填写您的婚姻状况；我对我家目前（668）的经济状况非常满意。

1263. 撞 zhuàng 动. ① bump against; run into ② meet by chance; encounter

例 他一边走路一边低头看手机，不小心撞到了别人。

例 我把钥匙忘在屋里了，所以使劲儿撞门，想试试能不能撞开。

例 今天他逃课出去玩，在路上撞上了老师，觉得很不好意思。

搭配 撞 + 车 / 墙（740）/ 树

撞 + 开 / 倒

撞 + 上 / 见 + 某（664）人

联想 碰（700）

题 **请选出正确答案：** 古时候，有个农民正在田里劳动。突然，他看见一只兔子从旁边的草丛里慌慌张张地跑出来，一头撞在田边的大树上，便倒在那儿一动也不动了。农民走过去一看：兔子死了。因为它奔跑的速度太快，把脖子都撞断了。

兔子是怎么死的？（H51002-31）

A 饿死的　B 撞死的　C 摔死的　D 被农民打死的

根据“兔子（952）死了。因为它奔跑（run quickly）的速度太快，把脖子（58）都撞断了”，可知正确答案是B。

1264. 追 zhuī 动. chase; run after

例 师傅，麻烦您开快点儿，追上前面那辆红色的车。

例 为了拿到比赛的奖金，大家都你追我赶地往前跑。

1265. 追求 zhuīqiú 动. ① seek; pursue ② court; go after

例 不仅是年轻人，老年人也有权利追求自己想要的生活。

例 王阿姨的女儿长得很漂亮，追求她的人特别多。

搭配 追求 + 名利 / 幸福 / 进步（515）/ 理想

追求 + 某人 / 姑娘（342）

联想 追求者

1266. 咨询 zīxún 动. consult; seek advice from

例 法律方面的问题可以找张律师咨询一下。

例 她大学毕业以后一直从事心理咨询工作。

搭配 咨询 + 电话 / 公司 / 服务

联想 查询

1267. 姿势 zīshì 名. posture; poise

例 很多外国人拿筷子的姿势不正确。

例 等会儿拍照的时候，大家都摆好姿势啊。

搭配 奇怪的 / 优美（1142）的 / 正确的 + 姿势

1268. 资格 zīgé 名. qualifications

例 他因为作弊（cheat）被取消了考试资格。

例 要通过考试才能获得教师资格证。

1269. 资金 zījīn 名. fund; capital

例 由于缺乏资金，这家公司面临破产的危险。

例 这项投资需要投入大量资金，你们一定要谨慎啊。

搭配 流动 / 固定（349）/ 教育 + 资金

资金 + 缺乏（770）/ 充足（adequate）

一笔 + 资金

1270. 资料 zīliào 名. ① means ② material; data

例 钢铁是重要的生产资料。

例 为了获得第一手资料，她采访了数十位行业内的专家。

1271. 资源 zīyuán 名. resources

例 这里的水资源受到了严重污染，必须尽快治理（harness）。

例 由于缺乏自然资源，日本人非常重视节约资源。

搭配 旅游 / 海洋 / 劳动力 + 资源

资源 + 缺乏 / 丰富

联想 水源（source of water）、电源（electric source）

1272. 紫 zǐ 形. purple

例 紫色的裙子很适合你，显得你很白。

例 这名歌手曾经红得发紫，现在却没有什么存在感了。

1273. 自从 zìcóng 介. since; from

例 自从离开中国，我时常回忆起在那里的大学生活。

例 自从在图书馆遇到了那个女孩儿，他就得了相思病（lovesickness）。

题 **请选出与试题内容一致的一项：**与以农业为主的乡村比起来，城市是后来兴起的。但自从城市出现后，它就成为人类生活的中心。它们大小不等，历史或长或短，功能各异，有工业城市，也有旅游城市，风貌与特色各不相同。

(H51003-61)

A 旅游城市的人口多　　B 城市的风格都很相似

C 城市是人类生活的中心　　D 农村开始重视旅游业的发展

从“自从城市出现后，它就成为人类（781）生活的中心（1231）”这句话可以知道，城市是人类生活的中心，所以答案是 C。文中说“有工业（329）城市，也有旅游城市，风貌与特色（923）各不相同”，所以 B 不正确。A 和 D 文中都没有提到。

1274. 自动 zìdòng 形. automatic; automated 副. autogenously

形 例 带孩子坐自动扶梯时一定要小心。

副 例 一有人走过来，这扇门就自动打开了。

题 **请选出正确答案：**

男：这照相机怎么坏了？打开就自动关机。

女：不会。是快没电了，一会儿回房间充上电就好了。

男：充电器带了吗？

女：当然带了，不然这几天我们怎么拍照？

问：照相机怎么了？　(H51002-22)

A 坏了　　B 丢了　　C 掉水里了　　D 快没电了

男的说相机打开就自动关机，女的说“是快没电了”，所以正确答案是 D。

1275. 自豪 zìháo 形. proud of; taking pride in

例 看到儿子的成功，母亲自豪地笑了。

例 通过自己的努力考上了名牌大学，他感到很自豪。

搭配 某人 + 为 + 某人 / 某事物 +（感到）自豪

1276. 自觉 zìjué 动. be aware of; realize
形. on one's initiative; conscious

动 例 这种病在初期时一般都不太明显，所以病人常常不自觉。

形 例 请大家自觉排队，不要都挤在前面。

搭配 某人（+ 做某事）+ 很自觉
自觉 + 遵守（1297）/ 学习 / 承担

联想 自愿（1279）

1277. 自私 zìsī 形. selfish; self-centered

例 他这种自私的人根本交不到朋友。

例 我们都觉得她这种自私的行为应该受到批评。

反义 无私

1278. 自由 zìyóu 形. free
名. freedom; liberty

形 例 他觉得单身比结婚自由多了。

名 例 我认为任何人都没有绝对的自由。

搭配 婚姻 / 贸易（633）/ 行动（1061）+ 自由
自由 + 发挥（255）/ 来去 / 选择

1279. 自愿 zìyuàn 动. volunteer

例 市民们自愿捐钱捐物，来帮助这个不幸的家庭。

例 明天的活动大家自愿报名，不强制（force）参加啊。

搭配 自愿 + 购买 / 参加 / 退出 / 放弃

反义 强制

1280. 字母 zìmǔ 名. letters of an alphabet; letter

例 英文中句子的第一个字母要大写。

例 有的拼音字母和英文字母的发音很像，他觉得还挺简单的。

1281. 字幕 zìmù 名. subtitles

例 手机上的字幕太小，奶奶看不清楚。

例 这部电影是英语的，但是有中文字幕。

1282. 综合 zōnghé 动. integrate; synthesize

例 判断学生是否优秀，关键看综合能力。

例 她查了很多资料，准备把所有的资料综合起来整理成一篇论文。

搭配 综合 + 意见 / 观点 / 材料

联想 综合征（syndrome）

1283. 总裁 zǒngcái 名. company president; managing director

例 这份文件需要总裁签字。

例 这位是我们公司的总裁马先生。

1284. 总共 zǒnggòng 副. altogether; in all

例 你算一算，这些东西总共多少钱？

例 公司最初成立的时候总共只有十八名员工。

1285. 总理 zǒnglǐ 名. premier; prime minister

例 中国人民都非常敬爱周总理。

例 她是我们国家的第一位女总理。

1286. 总算 zǒngsuàn 副. finally; at last

例 你总算来了，我们已经等了半天了。

例 阿里解释了半天，总算让服务员明白了他想说什么。

题 **请选出正确答案：** 世界上有三种丈夫。第一种是不闻不问的丈夫。在你把一件衣服穿了两年之后，他总算注意到了："亲爱的，这是件新衣服吧？"讨论这种丈夫没有什么意义，我们就随便他吧。至少他有一个优点：能够让你自由地打扮。……

第一种丈夫： （样卷-74）

A 常给妻子买新衣服 B 很少注意到妻子的衣服

C 不太喜欢妻子穿新衣服 D 对妻子的衣服有很多要求

根据“在你把一件衣服穿了两年之后，他总算注意到了：‘亲爱的，这是件新衣服吧？’”，可知正确答案是B。

Z

1287. 总统 zǒngtǒng 名. president (of a republic)

例 法国总统将于下个月访问（visit）中国。

例 美国明天将要宣布总统选举（elect）的结果。

1288. 总之 zǒngzhī 连. in a word; in brief

例 总之这是一场误会，解释清楚就好了。

例 总之，我希望你不要轻易放弃自己的理想，坚持下去。

1289. 阻止 zǔzhǐ 动. prevent; hold back

例 这次，谁也别想阻止我的计划。

例 既然孩子已经决定了，咱们就别阻止他了，让他试试吧。

辨析 阻止 vs. 禁止

“阻止”和“禁止”都有不让别人做某事的意思。不同的是，“阻止”一般是用语言或行为（1063）不让某人做某事，如：警察阻止了行人（1062）闯（154）红灯的行为。“禁止”一般是法律或规则（372）不让所有人做某事，如：飞机上禁止吸烟；禁止在此倒垃圾。

联想 制止（prevent）、反对、阻拦（stop）、阻挠（obstruct）

1290. 组 zǔ 量. set
动. organize; form
名. group

量 例 你好，我要买一组电池。

动 例 我们学校打算临时组一个球队，参加这次比赛。

名 例 这是市场组的办公室，这是生产组的办公室。

联想 组成（1291）、组合（1292）、组织（1293）、组建

1291. 组成 zǔchéng 动. form; make up

例 中国由五十六个民族组成。

例 他们四个年轻人组成了一支乐队。

辨析 组成 vs. 构成（340）vs. 形成

“构成”强调（738）所（909）构成的事物是一个整体（1207），几个部分之间有联系，能表现内部（673）结构（501），如：水由两种化学（416）元素（element）构成。“组成”强调较大事物的几个部分，相互比较独立（231），如：世界由七大洲、四大洋组成；他们三人组成一个小组。“形成”强调通过发展变化而成为新事物或出现新情况，宾语通常是抽象（137）的，如：绘画发展到二十世纪形成了一种新的风格（283）。

1292. 组合 zǔhé 动. make up; compose
名. association; combination

动 例 你看看，用这两个三角形可以组合成什么图形？

名 例 我很喜欢这对双胞胎（twins）组合，不仅长相甜美，而且唱歌也好听。

搭配 自由 / 男女 + 组合

默契（well coordinated）的 / 完美（963）的 + 组合

1293. 组织 zǔzhī 名. organization
动. organize

名 例 我没有兴趣加入任何组织。

动 例 这场活动是由当地政府组织和举办的。

1294. 最初 zuìchū 名. the earliest period; beginning

例 他给我的最初印象非常糟糕。

例 最初我没有结婚的打算，但是后来家里催得紧，我们就结了。

联想 开始、起初（beginning）、首先

Z

1295. 醉 zuì 动. ① be drunk
② be crazy about; be obsessed by

例 必须坚决禁止醉酒开车的行为。

例 他满脸通红，一身酒气，肯定是喝醉了。

例 收到恋人的礼物，她高兴得心都醉了。

联想 醉汉、醉鬼、烂醉、沉醉（become intoxicated）、迷醉、陶醉（be enchanted）、醉翁之意不在酒（the Old Tippler's delight does not reside in wine—have other things in mind）、醉生梦死（live as if drunk or dreaming）

1296. 尊敬 zūnjìng 动. respect; venerate
形. honorable; respectable; respected

动 例 在中国人的传统观念里，年轻人应该尊敬老人、关爱老人。

形 例 她收到一封信，上面写着："尊敬的王老师，祝您教师节快乐！"

搭配 尊敬 + 父母 / 老师 / 长辈（1185）

联想 尊重、敬仰（revere）、敬爱、敬重、爱戴（love and esteem）

辨析 尊敬 vs. 尊重

"尊敬"和"尊重"都可做动词，有向对象（240）表示敬意的意思。不同的是，"尊敬"的宾语是年龄较长、辈分或地位（218）较高的人，如：尊敬长辈 / 师长。"尊敬"也可做形容词，如：尊敬的老师。"尊重"只能做动词，宾语是人或事物，有时有重视并严肃（1091）对待（237）的意思，如：尊重老师 / 人才（779）/ 别人的意见 / 孩子的选择 / 不同的风俗（285）习惯 / 客观规律（370）/ 事实（863）。

1297. 遵守 zūnshǒu 动. observe; abide by

例 遵守法律是每个公民（citizen）的义务。

例 如果人人都遵守交通规则，路上的交通状况就不会这么差了。

搭配 遵守 + 纪律（451）/ 规定 / 规矩（369）/ 时间

1298. 作品 zuòpǐn 名. works (of literature and art)

例 这部电影是王导演最满意的作品。

例 这次展出的作品全部是我们学院优秀毕业生的画作。

搭配 一部 / 一幅（293）/ 一件 + 作品

联想 艺术品、精品

1299. 作为 zuòwéi 介. as
动. regard as; look on as
名. accomplishment

介 例 作为一名国际中文教师，普通话必须要标准。

动 例 玛丽把自己画的画作为教师节礼物送给了王老师。

名 例 这孩子从小就这么优秀，将来一定大有作为。

1300. 作文 zuòwén 名. composition; writing

例 没想到现在的小学生作文这么难。

例 她参加全国中学生作文大赛获得了一等奖。

搭配 一篇 + 作文

辨析 作文 vs. 写作（1054）

“作文”和“写作”都跟书面表达（49）有关系。不同的是，“作文”一般用作名词，是学生进行书面表达的结果，如：今天的作文题目（930）有点儿不好写；他今天写的那篇作文很有意思。“写作”一般用作动词，是作者进行书面表达的行为，指写书、写文章和从事（166）各种文学（993）创作（create），如：爸爸晚上专心写作，常常工作到深夜。

自 测

一 选词填空。

A 主动	B 主观	C 主持	D 主张	E 主题

1. 迪士尼（　　）公园非常受小朋友的欢迎。
2. 我非常支持你的（　　）。
3. 现在的女生真勇敢，遇到喜欢的男孩儿都敢于（　　）示爱。
4. 不要光凭第一印象来断定一个人的好坏，那样太（　　）了。
5. 天气预报的（　　）人是我大学同学。

A 抓　B 装　C 撞　D 追　E 组

6. 小狗一路狂奔，终于（　　）上了主人。
7. 最后，他们两（　　）的成绩相同，比赛打成了平局。
8. 孩子紧紧（　　）住妈妈的手，不肯松开。
9. 高速公路上两辆汽车（　　）在了一起。
10. 他明明知道，却（　　）作不知道的样子。

A 转变　B 转告　C 状态　D 状况　E 阻止

11. 你记得（　　）老王明天九点准时出发。
12. 如果有什么紧急（　　），你就打这个电话找我。
13. 孩子发烧了，精神（　　）不太好。
14. 爸爸（　　）了孩子的危险行为，避免了悲剧的发生。
15. 当你走上讲台时，你的身份就（　　）成了老师，不再是学生了。

A 装饰　B 装修　C 资格　D 资源　E 咨询

16. 他们两口子最近忙着（　　）新房，根本没时间出来玩。
17. 他这种没有责任心的人根本没有（　　）做孩子的爸爸。
18. 这个号码是外国语学校的招生热线电话，你可以（　　）一下。
19. 吴老师家里的（　　）品很有中国特色。
20. 使用可再生（　　）是保护环境的有效措施。

二 完成句子。

21. 不到　会议　两百人　总共　的　参加　学生　________________
22. 没　自从　离开　我　十年前　就　家乡　回去过　________________
23. 三点　自由　旅游团　活动　下午　以后　________________
24. 这个　解决　问题　了　总算　县政府　________________
25. 主任　损失　来　主张　海外市场　放弃　更大的　避免　________________

三 请结合下列词语（要全部使用），写一篇 80 字左右的短文。

最初　　总算　　自豪　　追求　　主动

第21天

总测试题

一 第1—20题：请选出正确答案。

1—4. 有一天，一位顾客到一家食品店去买蛋糕，店员说："对不起，蛋糕卖完了。"顾客 1. ________ 地离开了。老板知道了以后，就对店员说："以后如果顾客要买的东西我们店没有，你 2. ________ 向他们介绍其他同类的商品。例如，你可以说我们没有蛋糕，但是有面包。"过了一会儿，3. ________ 来了一位客人，问："您这里有糖吗？"这个店员 4. ________ 回答道："对不起，我们这里没有糖，但我们有盐！"

1. A 痛苦	B 惭愧	C 悲观	D 失望
2. A 一定	B 不然	C 应该	D 肯定
3. A 又	B 再	C 就	D 还
4. A 于是	B 然后	C 赶紧	D 从而

5—8. 一位司机开车经过一个十字路口，前面的黄灯刚好变成了红灯。按照交通规则，他应该停下来，等绿灯亮了再开过去。可是他有急事，不愿意等。他心想："5. ________ 这个路口没有其他车，我完全可以开过去。"6. ________ 他加快速度冲了过去。不巧被警察看见了，把他的车 7. ________ 了下来。警察问他："你没看见红灯吗？""我当然看见了呀！"他回答道。"那你怎么还要 8. ________ 红灯

呢？”警察又问。司机说：“因为我没有看见你呀！”

5. A 反正　B 因为　C 因而　D 只有

6. A 所以　B 而且　C 接着　D 于是

7. A 打　B 抓　C 拦　D 停

8. A 开　B 闯　C 过　D 跑

9—12. 有一只狼饿极了，跑出去找食物，找了半天却毫无 9. ________。它偶然经过一户人家，听见里面有孩子在哭闹，一个老太婆对孩子说：“别哭了，再不听话，就把你扔出去喂狼吃。”狼听了以后高兴极了，10. ________ 蹲在屋子后面等着。不料，等到天黑也没见老太婆把孩子扔出来。狼等得不耐烦了，转到屋子前面想趁机进去，又听见老太婆对孩子说：“快睡吧，别害怕。要是狼来了，咱就把它杀死煮了吃。”狼听了以后吓得急忙跑回了家。别的狼问它今天的收获怎么样，它说：“11. ________，老太婆说话不算数，害得我饿了一天，最后 12. ________ 我跑得快才没被他们杀死。”

9. A 得到　B 收获　C 东西　D 找到

10. A 而且　B 便　C 但是　D 要是

11. A 不见得　B 怪不得　C 你怎么搞的　D 别提了

12. A 幸亏　B 正好　C 赶快　D 幸运

13—16. 爱孩子是大多数父母的天性，不爱自己孩子的人是没有 13. ________ 做父母的。可是爱孩子不能没有原则，不能 14. ________ 都听孩子的，不能他想要什么就给他什么、想做什么就做什么，不然的话，有的孩子会因为这种过度的爱而变坏。因为爱 15. ________ 是一种感情，也是一种教育，更是一门艺术。会不会爱孩子，16. ________ 在于父母能不能准确地把握爱的方式和方法。

13. A 条件　B 资格　C 责任　D 知识

14. A 什么　B 怎么　C 哪里　D 谁

15. A 即使　B 不仅　C 不过　D 不管

16. A 关键　B 重要　C 事实　D 原因

17—20. 人人都在 17. ________ 幸福，可并不是人人都知道什么是幸福。我认为幸福是人内心的一种感觉。它不是别人给予的，也不需要得到别人的 18. ________，更不需要跟别人比较，只要你自己觉得幸福，你就是个幸福的人。因此，在别人眼里你可能只是个普通人，没有太多的钱，生活也很平淡，但是只要你有健康的身体、平和的内心，有一份 19. ________ 的工作，有亲人和朋友的爱，你就可以 20. ________ 到幸福。

17. A 要求　　B 请求　　C 追求　　D 抓紧
18. A 决定　　B 安排　　C 确认　　D 承认
19. A 确定　　B 稳定　　C 一定　　D 肯定
20. A 知道　　B 理解　　C 感想　　D 感受

二 第 21—40 题：请选出与试题内容一致的一项。

21. 本届国际饮食贸易展览会在新加坡举行。这次展览会为期 3 天，共有来自 22 个国家和地区的 700 家参展商参与展出。到展览结束时，许多参展商都成功销售了自己的产品。

A 新加坡举行了饮食贸易展览会
B 展览会一共举办 5 天
C 有 22 家参展商参与展出
D 展览会上有来自新加坡的产品

22. 根据《中国留学发展报告（2022)》，2022 年中国出国留学人员总数为 66.21 万人，各类留学回国人员总数为 51.94 万人。2022 年度与 2017 年度的统计数据相比较，出国留学人数增加了 5.37 万人，增长了 8.83%；留学回国人数增加了 3.85 万人，增长了 8.00%。以上数据均显示，随着出国留学人员的增多，回国发展人员也在增多。

A 2022 年的出国留学人数比 2017 年增长了 8.00%
B 2022 年的留学回国人员比 2017 年多
C 2022 年的出国留学人员没有 2017 年多
D 2022 年以后，出国留学人员会越来越多

23. 人类社会最初本来没有官，后来有许多公共事务需要专人去管理，于是慢慢地就有了官。一个人从一般社会人员变成官，就表示多了一份责任，不仅要管理好自己，

还要管理好别人，管理好一个部门，甚至管理好一个地区。官由小变大，实际上也就表示责任的范围由小变大，责任也由轻变重。

A 当官主要是要管理好自己

B 官越大责任也就越轻

C 人类自古就有官

D 官就是专门管理一些公共事务的人

24. 4 月 18 日，为进一步深入开展全民阅读，保障公民基本文化权利，不断满足人民的精神文化需求，国家图书馆面向社会公布《国家图书馆数字版权捐赠公告》，诚邀社会各界人士和社会组织向国家图书馆广泛捐赠优质资源数字版权，共同促进公共数字文化服务的发展。

A 国家图书馆无法满足人们的精神文化需求

B 国家图书馆邀请大家广泛捐赠优质资源数字版权

C 国家图书馆以前没有数字资源

D 国家图书馆以前的数字资源都不能用了

25. 中秋节是中国的传统节日，时间在每年的农历八月十五。中秋节起源于上古时代，普及于汉代，定型于唐代，盛行于宋代以后，是与春节一样有名的中国的重要节日之一。受中华文化的影响，中秋节也是东亚和东南亚一些国家尤其是当地华人的传统节日。

A 只有中国人过中秋节

B 中秋节始于宋代

C 中秋节是中国的重要节日之一

D 每年阳历八月十五是中秋节

26. 川菜作为中国八大菜系之一，选取的食材很广泛，调味多变，菜的样式很多，口味以麻辣为主，代表菜品有鱼香肉丝、宫保鸡丁、麻婆豆腐等。如今川菜馆早已遍布世界各地，受到了人们的广泛欢迎。

A 广东菜的特点是麻辣

B 鱼香肉丝是上海菜

C 川菜选材很广

D 全世界的川菜馆不多

27. 在中国，造酒已经有四千多年的历史了，酒的历史比茶的历史还长。中国历史上有关酒的故事很多：晋代诗人陶渊明不能一日无酒；唐代大诗人李白“斗酒诗百篇”，喝得越多诗写得越好。

A 在中国，造酒有将近四千年的历史

B 陶渊明一点儿酒也不能喝

C 李白喝一杯酒就可以写一百首诗

D 在中国，酒的历史比茶的历史长

28. 中国茶文化是中国制茶、饮茶的文化。作为“开门七件事——柴米油盐酱醋茶”之一，饮茶在古代中国是非常普遍的。唐代一批文人非常重视茶的精神内涵，讲究饮茶用具、饮茶用水和煮茶艺术，并将茶与中国传统哲学思想联系在一起。从此，茶的精神深入到中国的诗词、绘画、书法、医学等领域。

A 中国古代人普遍饮茶

B 中国茶文化主要是饮茶文化

C 茶文化只讲究喝茶的器具与水

D 中国菜中有茶的精神

29. 中国画历史悠久，远在两千多年前就出现了画在丝绸上的绘画。中国画主要画人物、山水、花鸟，体现了古人对自然、社会以及与之有关的政治、哲学、道德、文艺等方面的认识。

A 中国人两千多年前是在纸上作画

B 中国画主要画风景

C 中国古人通过画来表达他们对自然和社会的认识

D 中国的文艺与道德只能通过中国画来表现

30. 旗袍是中国的传统服装，被称为中国女性的“国服”。二十世纪三四十年代，旗袍非常盛行。五十年代后，旗袍逐渐淡出了中国女性的生活。现在，随着中国人对自己的文化越来越自信，不少女性又开始喜欢上了旗袍，会将其作为日常穿搭。尤其在一些重要的节日和场合，比如春节、宴会、婚礼，女士们会选择穿上旗袍，显得既高贵又典雅。

A 现在，中国女性只在结婚时穿旗袍

B 三四十年代，人们逐渐不穿旗袍了

C 现在，不少中国女性会在日常生活中穿旗袍

D 五十年代，中国女性非常流行穿旗袍

31. 绿色食品是指无公害、无污染的安全营养型食品。据调查，现在人们的食品安全意识越来越强，许多消费者都希望能买到绿色食品。即使绿色食品的价格普遍高于普通食品，人们还是愿意花钱购买。

A 人们不在乎食品是否安全

B 人们都不愿意买绿色食品

C 绿色食品的价格比普通食品贵

D 绿色食品就是污染少、有营养的食品

32. 书法是文字的书写艺术，是一种富有美感的艺术表现形式。中国书法是书写汉字的中国传统艺术，被认为是“无言的诗，无形的舞，无图的画，无声的乐”。

A 中国书法是一种艺术

B 中国书法是一种音乐

C 中国书法是书写拼音文字的传统艺术

D 绘画也是一种书法

33. 我们去购物的时候，总是说去“买东西”，可是没有人说“买南北”。那么“买东西”这个短语是怎么形成的呢？说法有很多，其中有一种说法是，在唐朝的首都长安有两大商业中心——东市和西市。久而久之，人们就把去这两个市场购物称为“买东西”。最后，“买东西”逐渐变成了“购物”的意思。

A “买东西”这个短语是如何形成的，说法只有一个

B “买东西”这个短语是清朝形成的

C “买东西”现在指去首都长安购物

D 东市和西市是唐朝时期长安的两个商业中心

34. 莫高窟是世界上规模最大的佛教艺术宝库，1987 年被联合国教科文组织列入“世界文化遗产”名录。莫高窟艺术的特点表现在建筑、塑像和壁画三者的完美结

合上。

A 莫高窟是一个库房

B 莫高窟是世界文化遗产

C 莫高窟是一座建筑

D 莫高窟是一个佛教活动场所

35. 2021 年 10 月，中国通过了家庭教育促进法。法律明确提出，未成年人的父母或者其他监护人负责家庭教育，国家和社会为家庭教育提供指导、支持和服务。同时法律规定，政府应当加强管理，减轻义务教育阶段学生作业负担和校外培训负担，推进学校教育和家庭教育相互配合。未成年人的父母或者其他监护人应当合理安排未成年人学习、休息、娱乐和体育锻炼的时间。

A 家庭教育促进法主要规定了政府的教育责任

B 政府应增加义务教育阶段学生作业和校外培训

C 未成年人的父母或其他监护人需要为国家和社会提供支持和服务

D 未成年人的父母或其他监护人需要合理安排孩子的时间

36. 美国研究人员通过对 700 多名百岁老人进行的为期 3 年的调查发现：心理健康、乐观积极是他们的共同点。他们的长寿秘诀是：没有“隔夜愁”，一辈子保持心平气和的生活态度。

A 研究发现，乐观的性格有助于长寿

B 研究人员对 70 多岁的老人进行了调查

C 老人们长寿的秘诀是只愁一个晚上

D 研究发现，一辈子心平气和不容易

37. 吴导演在接受采访时表示，他在好莱坞拍了很多年的电影，学到了很多优秀的经验，但外国人对中国文化并不了解。所以只有回到中国，他才能成为一座桥梁，把中国人的精神带到好莱坞。

A 吴导演是好莱坞的电影演员

B 吴导演在中国积累了很多经验

C 吴导演想把中国文化介绍到好莱坞

D 吴导演近期不打算回国拍片

38.《舌尖上的中国》是一部独特的美食纪录片。在那些吸引人的美食画面之外，这部纪录片还表现了中国人日常饮食的变化、中国人在饮食中积累的丰富经验、千差万别的饮食习惯等等。中国人常说“一方水土养一方人”，不同地区的人吃的东西也不同，这里面包含着许多历史和文化因素。

A《舌尖上的中国》是一部与美食有关的电视大赛

B 一个地区的饮食习惯与这个地区的历史文化有关

C《舌尖上的中国》主要讲中国人饮食的变化

D 这部纪录片的独特之处在于有很多美食画面

39. 中国古代神话中有一个仓颉造字的故事。相传仓颉是中华民族的始祖黄帝的史官，他通过观察日月星辰的变化、万物的形态等，创造出了最初的象形文字。河南南乐县的仓颉文化博物馆就是为了纪念仓颉而建造的。

A 仓颉是中华民族的始祖

B 传说中，仓颉是黄帝的史官

C 传说中，黄帝与仓颉一起创造了汉字

D 仓颉受到其他象形文字的启发而创造了汉字

40. 现在，由于城市生活越来越忙碌和紧张，体育运动已经不仅仅是为了锻炼身体，也变成了人与人之间促进感情交流的一种方式。目前体育消费已经变成了一种高档的、有益于身心健康的娱乐消费，很多体育场所也已经成为娱乐交际场所。

A 忙碌的城市生活让人没有时间参加体育运动

B 现在体育运动已经不是为了锻炼身体了

C 体育消费已经变成了对身心健康有好处的娱乐消费

D 所有的体育场所都变成了娱乐交际场所

三 第41—60题：请选出正确答案。

41—44. 有一个人经常出差，但因为中途上车，所以经常买不到坐票。可是，无论长途短途，无论车上多挤，他总能找到座位。

他的办法其实很简单，就是耐心地一节车厢一节车厢地找过去。这个办法听上去似乎并不高明，但是很管用。每次，他都做好了从第一节车厢走到最后一节车厢的准备，可是每次他都用不着走到最后就会发现空位。他说，这是因为像他这样锲而不舍地找座位的乘客实在不多。经常是在他落座的车厢里还有许多空位，而在其他车厢的过道和车厢连接处，居然人满为患。

他说，大多数乘客轻易就被一两节车厢拥挤的表面现象迷惑了，不大细想在数十次停靠之中，在火车十几个车门上上下下的人员流动中蕴藏着不少提供座位的机遇；即使想到了，他们也没有那一份寻找的耐心。眼前一方小小的立足之地很容易让大多数人满足，为了一个座位背负着行囊挤来挤去有些人也觉得不值。他们还担心万一找不到座位，回头连个好好站着的地方也没有了。所以，这些不愿主动找座位的乘客大多只能在上车时最初的落脚之处一直站到下车。生活中有一些安于现状、不思进取、害怕失败的人，他们永远只能滞留在远离成功的起点上。这些人难道不是和那些乘客一样吗？

41. 为什么这个人总能找到座位？

A 一节车厢一节车厢地找过去　　B 运气很好

C 让朋友帮忙占座　　D 车里人总是很少

42. 他落座的车厢经常怎么样？

A 人满为患　　B 还有许多空位

C 没有人　　D 人都在车厢过道和车厢连接处

43. 为什么大多数乘客不去寻找座位？

A 喜欢站着　　B 觉得找座位很没有面子

C 路程很近，觉得没有必要　　D 被车厢拥挤的表面现象迷惑了

44. 本文最合适的标题是什么？

A 永远的站票　　B 如何找到座位

C 知足者常乐　　D 火车上的哲理

45—48. 北京的街道上，国槐、白杨之类的落叶树很多。冬天到来时，树叶就纷纷飘落，只剩下光秃秃的树身，任凭寒风侵袭、冰雪堆积，始终傲然屹立街头。

落叶树之所以能够抵御冰雪严寒，是因为它们能够很好地保护自己。冬天时，土地变得干燥，树根吸收的水分减少。为了减少水分蒸发，它们把自身的一部分——树叶，毫不吝惜地撒落在地面上。树叶慢慢化作肥料，被根部吸收，成为滋养树根的养料。

落叶树深深懂得：藏在土里的树根比露在地面的枝叶更重要。

春天到来时，光秃秃的树枝上吐出的新芽美极了。枝干渐渐长大，向天空挥舞手臂，努力显示自己的存在。这种力量来源于根。到了夏天，繁茂的枝叶感受烈日暴晒的痛苦，可它们依然不动声色。这种忍耐是由于枝叶挡住了炽热的阳光，使根部的水分能够得以保存。尽管骄阳似火，袒露的枝叶总要保护正在地下努力工作的树根——这使它们得以生存并生机勃勃。

总之，就是这样：时而落叶纷纷，时而郁郁葱葱；经受酷暑之苦也毫不介意，只要能保住根——生命的源泉。

落叶树的这种精神激励着我。我想，如果舍不得牺牲、分不清主次，而疏于保护根，那便不会有落叶树的生机蓬勃。有时候，舍去是为了更好地取得，忍耐是为了更好地生活。

45. 落叶树一到冬天就会怎么样？

A 屹立街头　　B 掉落树叶

C 长出新叶　　D 慢慢死去

46. 落叶树能够抵御冰雪严寒的原因是什么？

A 本身不怕冷　　B 预存了很多养料

C 能够很好地保护自己　　D 根部吸收养料的能力很强

47. 最后一段中画横线的“疏于”大概是什么意思？

A 不仔细、不用心　　B 尽心尽力

C 特意地　　D 及时地

48. 通过这篇文章，作者想要告诉我们什么道理？

A 对于不重要的部分，完全不必留意

B 不重要的部分可能会变得很重要

C 遇到困境要学会放弃

D 为了保护重要部分，要学会放弃不重要的部分

49—52. 巴甫洛夫（1849—1936 年）是俄国生理学家、心理学家、医师、高级神经活动学说的创始人、高级神经活动生理学的奠基人。他提出了条件反射的概念，并以此闻名。他也是对心理学发展影响最大的人物之一，还因在消化系统生理学方面的巨大成就而获得了 1904 年诺贝尔生理学或医学奖。

巴甫洛夫进行了一系列的实验，这些实验很快引起了全世界生物学家的关注。

巴甫洛夫的主要工作是研究神经系统是如何操控行为系统的。他通过研究狗产生口水的种种方式来揭示了一些学习行为的本质。

巴甫洛夫注意到狗在吃食物时会流口水，这是一种本能的反射。巴甫洛夫还观察到，较老的狗一看到食物就流口水，而不必亲自尝到食物、感受到食物的刺激。也就是说，仅仅是视觉就可以使狗产生分泌口水的反应。

在实验中，巴甫洛夫每次给狗吃肉前总是发出铃声。于是，这声音就如同让狗看到肉一样，也会使它们流下口水，即使铃声响过后没有食物也是一样。

不过，巴甫洛夫发现，他不能无休止地连续欺骗这些狗。如果铃声响过后不给食物，狗对该声音的反应就会越来越弱，分泌的口水就会一次比一次少。但是，假如不是连续数天的实验，它们还是会对铃声做出流口水的反应，然而已经不像先前的那么多了。

巴甫洛夫在实验中还发现，几种不同的刺激都能跟铃声一样引起狗的这种反应。例如，不论是铃声还是灯光，只要与食物结合起来，就会使狗流口水。巴甫洛夫把这种非本能的反应称作“条件反射”。

49. 以下哪项不是巴甫洛夫的身份？

A 医师　　B 生理学家　　C 心理学家　　D 动物学家

50. 巴甫洛夫观察到了狗在进食时的什么表现？

A 狗喜欢吃肉　　B 狗进食前会流口水

C 老狗不流口水　　D 狗喜欢听铃声

51. 巴甫洛夫的狗实验是为了说明：

A 人们应当善待动物　　B 狗为什么喜欢吃肉

C 神经系统如何支配行为系统　　D 狗的神经系统和行为方式

52. 巴甫洛夫发现，铃声也能使狗流口水的原因是：

A 铃声使肉的味道很鲜美

B 铃声也能代替食物起到刺激的作用

C 铃声之后没有食物

D 铃声可以连续地欺骗那些狗

53—56. 一次，我去拜访一位事业上颇有成就的朋友，闲聊中谈起了命运。我问：“这个世界上到底有没有命运？”他说：“当然有啊。”我再问：“命运究竟是怎么回事？既然命中注定，那奋斗又有什么用？”

他没有直接回答我的问题，而是笑着抓起我的左手，说不妨先看看我的手相，帮我算算命。在给我讲了一些生命线、爱情线、事业线等诸如此类的话之后，突然，他对我说："把手伸好，照我的样子做一个动作。"他的动作就是：举起左手，慢慢地而且越来越紧地握起拳头。末了，他问："握紧了没有？"我有些迷惑，答道："握紧啦。"他又问："那些命运线在哪里？"我机械地回答："在我的手里呀。"他再追问："请问，命运在哪里？"我如当头棒喝，恍然大悟：命运在自己的手里！他很平静地继续说道："不管别人怎么跟你说，不管'算命先生'们如何给你算，记住，命运在自己的手里，而不是在别人的嘴里！这就是命运。当然，你再看看你自己的拳头，还会发现你的命运线有一部分还留在外面，没有被握住。这又能给我们什么启示？——命运绝大部分掌握在自己手里，但还有一部分掌握在'上天'手里。古往今来，凡成大业者，'奋斗'的意义就在于用其一生的努力，去争取。"

53. "我"和什么样的人谈论命运问题？

A 有名的算命先生　　B 事业成功的人

C 比自己有钱的对手　　D 一个陌生人

54. 朋友对"我"的疑问"这个世界上到底有没有命运？"的回答是什么？

A 没有　　B 不能确定　　C 有　　D 你信就有

55. "命运在自己的手里"是什么意思？

A 手相代表命运

B 命运是从别人嘴里说出来的

C 命运是算命先生算出来的

D 自己的命运要自己掌握

56. 这个故事告诉我们什么道理？

A 别人不能为我们准确算命

B 命运是注定的，不用奋斗

C 要努力争取，去尽量多地掌握自己的命运

D 对于被"上天"掌握的那一部分命运，我们不必去争取

57—60. 地震前兆指地震发生前出现的异常现象。

最常见的是生物异常。伴随地震而产生的物理、化学变化，往往能使一些动物由于某种感觉器官受到刺激而发生异常反应，它们能比人类提前知道灾害事件

的发生。比如，地震前可能会发生冬蛇出洞、鱼跃水面、猪牛跳圈、狗哭狼叽等异常现象。

另外，地下水异常也可以作为参考。地下水包括井水、泉水等。主要异常有发浑、冒泡、翻花、升温、变色、变味、突升、突降、井孔变形、泉源突然枯竭或涌出等。人们总结了震前井水变化的谚语：井水是个宝，地震有前兆。无雨泉水浑，天干井水冒。水位升降大，翻花冒气泡。有的变颜色，有的变味道。

再有，地震之前，气象也常常出现反常。主要有震前闷热，人焦灼烦躁，久旱不雨或淫雨绵绵，黄雾四塞，日光晦暗，怪风狂起，六月冰雹，等等。

地声异常也具有一定的参考价值。地声是指地震前来自地下的声音。其声有如炮响雷鸣，也有如重车行驶、大风鼓荡等多种多样的声音。当地震发生时，人们先是只闻其声而不觉地动，然后才有动的感觉。所以，震中区往往有“每震之先，地内声响，似地气鼓荡，如鼎内沸水膨涨”的记载。

掌握这些知识就有可能较为准确地预报地震。

57. 本文主要谈的是什么？

A 地震是如何形成的　　B 地震发生前的异常现象

C 地震中的逃生方法　　D 地震后的灾后救护

58. 文中没有介绍什么异常现象？

A 生物异常　　B 地下水异常

C 电磁波异常　　D 地声异常

59. 为什么说“井水是个宝”？

A 可以反映出一些地震前的异常现象

B 在地震后能给人们提供干净的饮用水

C 里面可能有一些宝藏

D 地震时可以躲在井里

60. 根据本文，以下哪项不对？

A 许多动物的感觉器官比人类灵敏，所以能提前知道地震

B 井水、泉水等容易在地震前产生反常现象

C 地声是指地震前来自地下的声音

D 掌握地震前兆知识可以避免地震的发生

四 第61—80题：完成句子。

61. 困难　难免　工作中　会　遇到
62. 领导　把　给　报告　这件事　得
63. 也　不抱怨　妈妈　怎么　再　辛苦
64. 手机　刚　的　就　摔坏了　买
65. 材料　什么　玩具　用　是　这个　做的
66. 理论　与　结合　实践　应该将　起来　我们
67. 享受　会员卡　只要　可以　优惠　出示　就　半价
68. 旧电脑　得　这台　不得了　慢
69. 买的酒　出不了　超过　的话　规定数量　海关
70. 餐厅　贵　去　消费　的　高档　挺
71. 你　意见　保留　自己的　可以
72. 通过　失眠　来　运动　治疗　适度　可以
73. 确认　王教授　再　你　打个电话　给　一遍　吧
74. 保险　的　受欢迎　之一　方式　最　是　投资
75. 话题　这　热门　网络上的　是
76. 起身　让座　他　给客人　连忙
77. 需要有　面对挑战　稳定　能力　的　情绪
78. 合理　建议　这个　比较　他的
79. 垃圾　也　宁可　我　不吃　饿死　食品　这种
80. 得　答应　了　既然　你　就　做到

第 81 题：请结合下列词语（要全部使用），写一篇 80 字左右的短文。

措施　遵守　传染　病毒　珍惜

第 82 题：请结合这张图片写一篇 80 字左右的短文。

参考答案

第1天

一

1. E	2. A	3. D	4. C	5. B
6. C	7. B	8. E	9. A	10. D
11. E	12. C	13. D	14. A	15. B
16. A	17. D	18. C	19. B	20. E

二

21. 她要去上海做一个学术报告。
22. 这条马路上一个标志也没有。
23. 他曾经去那儿办理过这种手续。
24. 不管做什么工作都应该有真本领。
25. 这些年轻人再熬夜也不觉得累。

三 （答案不唯一，仅供参考）

为了**保持**身体健康，我们要**避免**不**必要**的压力和疲劳。**毕竟**，健康才是最重要的。我们应该**爱惜**自己的身体，经常锻炼，保持良好的生活习惯。只有这样，我们才能享受健康、快乐的人生。

第2天

一

1. D	2. E	3. B	4. A	5. C
6. B	7. D	8. A	9. E	10. C
11. A	12. E	13. B	14. D	15. C
16. E	17. B	18. A	19. C	20. D

二

21. 教授希望这个研究能取得不错的成果。
22. 老王还不太习惯别人用“先生”称呼他。
23. 同事们都愿意让她参与进来。
24. 刚编好的程序被我不小心删掉了。
25. 电视台派新来的记者参与这次采访。

三 （答案不唯一，仅供参考）

弟弟妹妹做了一件错事，爸爸妈妈批评了他们。妹妹很**惭愧**，向大家**承认**了错误，可是弟弟却一直保持**沉默**，不愿意认错。我觉得应该告诉弟弟他错在了哪里，**不然**他**迟早**还会犯同样的错误。

第3天

一

1. A	2. B	3. D	4. E	5. C
6. C	7. B	8. A	9. E	10. D
11. E	12. A	13. D	14. B	15. C
16. C	17. A	18. E	19. B	20. D

二

21. 他要单独完成这次任务。/ 这次任务他要单独完成。
22. 他打算到了年底就向公司辞职。
23. 那些来打工的都得到了很好的待遇。
24. 她负责处理部门的日常工作。
25. 他对中国的传统文化很感兴趣。

三 （答案不唯一，仅供参考）

宠物是很多人生活中非常重要的一部分，它们的**存在**给人们原本**单调**的生活带来了无限快乐。但是，养宠物也造成了一些社会问题。比如，有的人在城市里养**大型**狗，出门时却不牵绳子；到处乱跑的流浪猫、流浪狗可能会**传播**疾病。

第4天

一

1. E	2. A	3. C	4. D	5. B
6. C	7. B	8. E	9. D	10. A
11. C	12. B	13. A	14. D	15. E
16. B	17. A	18. E	19. C	20. D

二

21. 不管条件多么恶劣，他都一直坚持着。/ 他不管条件多么恶劣，都一直坚持着。
22. 要是没有对手就不会有进步。
23. 爸爸发现孩子们在生活上越来越独立了。
24. 最近三年他连一篇文章也没有发表过。/ 他最近三年连一篇文章也没有发表过。
25. 他曾经发邮件问过飞机到达的时间。

三 （答案不唯一，仅供参考）

他是一位有名的发明家，不仅**发明**了很多东西，还**发表**了很多文章，在社会上有很高的**地位**。他出生在中国西部的一个小城市，在那里**度过**了整个童年和青少年时期。现在，在他的家乡，**当地**的人们都因为他而感到骄傲和自豪。

第5天

一

1. C	2. B	3. A	4. E	5. D

6. B	7. A	8. D	9. C	10. E
11. E	12. C	13. D	14. A	15. B
16. E	17. B	18. D	19. C	20. A

二 21. 不管有多大的困难，你们都应该坚持改革。

22. 这些资料他反复检查了三遍。/ 他反复检查了三遍这些资料。

23. 他非参加明天的活动不可。/ 明天的活动他非参加不可。

24. 干脆把开会的时间改到明天上午 10 点吧。

25. 他俩已经分别十年了。

三 （答案不唯一，仅供参考）

这家**工厂**建立三十年了，工厂的技术和产品已经落后了，产品的销售**范围**也越来越小。为了改变这样的情况，工厂领导决定实行**改革**，工人们也**纷纷**表示支持，大家很快就制定好了改革**方案**。

第6天

一

1. E	2. C	3. D	4. A	5. B
6. C	7. A	8. E	9. D	10. B
11. A	12. C	13. B	14. E	15. D
16. A	17. C	18. D	19. E	20. B

二 21. 酒厂老板愿意向媒体公开这种酒的制作过程。

22. 老师的话真是令人鼓舞。

23. 怪不得他没来上课，原来是病了。

24. 父母们需要接受新的教育观念。

25. 按照我们家的老规矩，应该晚辈给长辈敬酒。

三 （答案不唯一，仅供参考）

一个年轻人吃了**海鲜**以后皮肤又红又痒，急忙去医院**挂号**看病。医生问：“你最近有没有吃过海鲜？”年轻人点点头。医生笑着说：“**怪不得**，你可能对海鲜**过敏**。”**果然**，年轻人被查出对海鲜过敏，从此他就再也不吃海鲜了。

第7天

一

1. A	2. E	3. B, C	4. D	5. D
6. B	7. C	8. E	9. A	10. D
11. A	12. C	13. E	14. D	15. B
16. A	17. E	18. C	19. D	20. B

二 21. 这是我们全班的合影。
22. 大家对这个话题不感兴趣。
23. 请小朋友们参观博物馆的时候遵守纪律。/ 参观博物馆的时候，请小朋友们遵守纪律。
24. 你把李教授的发言记录下来了吗？
25. 请别忽视与家人的交流。

三 （答案不唯一，仅供参考）

很多人成年后，**挥**手告别亲友，离开家乡，忙着在外面的世界追求自己的梦想。他们在**寂寞**的时候会**怀念**远方的家乡与曾经的岁月，偶尔会想起儿时的**伙伴**。每到节日，就会**极其**想念家中的亲人和母亲做的饭菜。

第8天

一

1. A	2. D	3. C	4. B	5. E
6. D	7. E	8. C	9. B	10. A
11. A	12. D	13. E	14. B	15. C
16. D	17. E	18. B	19. C	20. A

二 21. 我们坚决反对这种违法行为。
22. 假如我有什么做得不对，请你原谅。
23. 如果会议时间有变化，要尽快通知大家。
24. 请大家尽量不要迟到。
25. 当时情况十分紧急，来不及告诉你。

三 （答案不唯一，仅供参考）

他们第一次**经商**，在学校附近开了一家小吃店。虽然他们在各方面都**尽量节省**开支，但小吃店还是**经营**得不太好。不过他们还是很乐观，准备吸取失败的**教训**，努力把小吃店做得更有特色，吸引更多的顾客。

第9天

一

1. D	2. E	3. C	4. A	5. B
6. E	7. B	8. D	9. C	10. A
11. A	12. B	13. E	14. C	15. D
16. D	17. E	18. A	19. C	20. B

二 21. 乐观的孩子在任何时候都会充满自信。
22. 他做事很老实，不会骗人的。
23. 这家公司的产品质量很可靠。

24. 飞机飞过去时发出了巨大的声音。
25. 这部电影很对我的口味。

三 （答案不唯一，仅供参考）

据说电影院正在放映一部好电影，里面的几个**角色**都特别令人感动。看过的朋友都**夸**这部电影不错，说它应该符合我的**口味**，所以我准备这周末找个**空闲**的时间，跟女朋友一起去看。

第10天

一

1. B	2. A	3. D	4. C	5. E
6. E	7. D	8. B	9. C	10. A
11. B	12. A	13. D	14. C	15. E
16. E	17. B	18. A	19. C	20. D

二

21. 饭立刻就好，请各位稍等一下。/ 请各位稍等一下，饭立刻就好。
22. 街上的小商店陆续开门了。
23. 国际贸易与国际形势密切相关。
24. 我的手机出毛病了，需要修理一下。
25. 他利用环球旅行的机会了解了各种各样的文化。

三 （答案不唯一，仅供参考）

每个人的**梦想**可能不同，但追求梦想的心都是相似的。梦想可以带给人**面对**困难的**力量**，也让人不**满足**于眼前暂时的名利。我认为，努力追求梦想的人都是有**魅力**的人，都是勇敢的人，都是天下最美的人。

第11天

一

1. C	2. A	3. E	4. B	5. D
6. E	7. C	8. A	9. B	10. D
11. E	12. C	13. A	14. D	15. B
16. B	17. A	18. C	19. D	20. E

二

21. 警察命令小偷不许动。
22. 他对自己目前的工作很不满意。
23. 保险公司将赔偿暴雨造成的损失。
24. 天然气是一种清洁能源。
25. 体育频道正在直播足球比赛。

三 （答案不唯一，仅供参考）

我朋友做事总有**明确**的**目标**。凡是她下决心要做的事，**哪怕**再艰难，她都要尽力做好。但如果遇到实在无法克服的困难，她也会提醒自己要有一颗**平常**心，无论成功与失败，都要学会面对**命运**。

第12天

一

1. B	2. D	3. E	4. A	5. C
6. B	7. E	8. D	9. A	10. C
11. C	12. A	13. B	14. E	15. D
16. C	17. E	18. B	19. A	20. D

二

21. 我想利用假期去企业实习。
22. 妈妈不忍心拒绝孩子的请求。
23. 这个班的学生平均年龄不到二十岁。
24. 他是一个热爱生活的年轻人。
25. 每个人都有追求幸福的权利。

三 （答案不唯一，仅供参考）

由于环境保护意识不强，**缺乏全面**而长远的规划，不少**企业**在生产过程中都会对环境造成一定的**破坏**。因此，企业应该采取各种措施解决环境污染问题，努力在企业发展和环境保护之间取得**平衡**。

第13天

一

1. B	2. C	3. E	4. A	5. D
6. C	7. E	8. A	9. B	10. D
11. B	12. E	13. A	14. C	15. D
16. B	17. A	18. C	19. E	20. D

二

21. 他们公司正在生产一种新型手机。
22. 地震以后他们失去了美丽的家园。
23. 酸雨不利于植物生长。
24. 大家并不知道她的真实身份。
25. 服务员把茶水洒到客人身上了。

三 （答案不唯一，仅供参考）

善良的东郭先生遇到了一只善于伪装的狼，**忍不住**救了它，但狼不但不感激东郭先生，反而还想吃掉他。这个故事告诉我们，**日常**生活中要懂得**如何**保护自己，没有原则的善良可能会害了自己。

第14天

一

1. B	2. C	3. D	4. A	5. E
6. C	7. A	8. E	9. B	10. D
11. C	12. E	13. A	14. B	15. D
16. A	17. E	18. B	19. C	20. D

二

21. 请不要把私人物品交给陌生人看管。
22. 他打算创办一个网上蔬菜超市。
23. 成功往往属于那些有准备的人。
24. 世界上的任何事物都有它的两面性。
25. 我们应该珍惜现在所拥有的一切。

三 （答案不唯一，仅供参考）

朋友问我最喜欢一天中的哪个**时刻**。说**实话**，我最喜欢的时刻是阳光照进屋子里的时候。此时，时间**似乎**过得很慢。每当这时，我会靠在**舒适**的沙发上，**随手**拿一本自己喜欢的书，慢慢地看，随便思考一些有趣的问题。

第15天

一

1. D	2. B	3. E	4. A	5. C
6. D	7. C	8. A	9. E	10. B
11. D	12. C	13. A	14. E	15. B
16. B	17. C	18. A	19. E	20. D

二

21. 工业废水严重危害着人们的健康。
22. 我们公司的制度越来越完善了。
23. 弟弟经常歪着头看东西。
24. 我有一份特殊的礼物要送给你。
25. 这个城市的建筑非常有特色。

三 （答案不唯一，仅供参考）

很多人都非常爱吃火锅。可是，对于**通常**不吃辣椒的人来说，到四川**体验**正宗的火锅，实在是一个巨大的**挑战**，因为火锅最能**体现**川菜的**特色**——麻和辣。一口下去，舌头又麻又辣，但又忍不住想吃第二口。

第16天

一

1. D	2. A	3. E	4. C	5. B

6. E	7. B	8. C	9. A	10. D
11. A	12. E	13. C	14. D	15. B
16. D	17. E	18. C	19. B	20. A

二 21. 这些书他未必都看过。
22. 他能得到这份工作相当不容易。
23. 你把相关情况再说一遍。
24. 这么做我也很无奈。
25. 这是唯一的正确答案。

三 （答案不唯一，仅供参考）

你**想象**过**未来**的世界是什么样的吗？人类的**文明**将发展到什么程度呢？电灯、飞机、计算机、网络……人类从来没有停止过探索的脚步。**相对**于过去而言，未来**显然**充满了更多未知和希望。

第17天

一

1. E	2. C	3. D	4. A	5. B
6. C	7. A	8. D	9. E	10. B
11. D	12. B	13. C	14. E	15. A
16. B	17. E	18. D	19. C	20. A

二 21. 父母一辈子都没去过北京。
22. 他谁也不信任。/ 谁也不信任他。
23. 水污染的问题迅速得到了解决。/ 水污染问题得到了迅速的解决。
24. 他一旦做了决定，就不会轻易更改。
25. 骄傲就会退步，虚心才能进步。/ 虚心才能进步，骄傲就会退步。

三 （答案不唯一，仅供参考）

老王的**业余**爱好是**欣赏**文学作品，并且进行文学创作。他一有时间就会练习**写作**，今年还特意参加了一个写作培训班。经过**训练**，老王的写作水平**迅速**得到了提升，现在他写出来的文章更加出色了。

第18天

一

1. B	2. C	3. E	4. D/E	5. A
6. C	7. E	8. A	9. D	10. B
11. A	12. D	13. C	14. B	15. E
16. B	17. A	18. C	19. E	20. D

二 21. 老师一再要求同学们要认真写字。
22. 他对这件事的看法和我的一致。
23. 知错就改你依然是一个好学生。
24. 与其生病后花大钱治疗，不如积极预防疾病。
25. 如果能优惠一点儿，买的人会更多。

三 （答案不唯一，仅供参考）

有的人不太**在乎**排队这件事，觉得无所谓。尽管地铁站、公交车站的工作人员**一再**强调要排队上车、注意安全，但是在上下班高峰时，很多人**依然**不排队，由于**拥挤**而造成的**意外**事故也不在少数。

第19天

一 1. D	2. C	3. B	4. E	5. A
6. E	7. D	8. B	9. C	10. A
11. C	12. D	13. E	14. B	15. A
16. D	17. E	18. B	19. A	20. C

二 21. 老师想征求一下全班同学的意见。
22. 餐馆春节期间照常营业。/ 春节期间餐馆照常营业。
23. 这款产品主要针对老年人的需求。
24. 她至今仍在怀念大学时光。/ 至今她仍在怀念大学时光。
25. 政府制定了各种政策来维护社会秩序。

三 （答案不唯一，仅供参考）

现在，趁假期外出旅行的人越来越多。人们在享受旅行乐趣的同时，也经常为行李超重**造成**的额外费用而发愁。怎样才能**控制**好行李的重量呢？**针对**这一问题，一家航空公司制定了新的行李托运**制度**以吸引更多顾客乘坐其航班。这一新制度体现了这家航空公司的**智慧**和远见。

第20天

一 1. E	2. D	3. A	4. B	5. C
6. D	7. E	8. A	9. C	10. B
11. B	12. D	13. C	14. E	15. A
16. B	17. C	18. E	19. A	20. D

二 21. 参加会议的学生总共不到两百人。
22. 我自从十年前离开家乡就没回去过。/ 自从十年前离开家乡，我就没回去过。

23. 下午三点以后，旅游团自由活动。/ 旅游团下午三点以后自由活动。
24. 县政府总算解决了这个问题。
25. 主任主张放弃海外市场来避免更大的损失。

三 （答案不唯一，仅供参考）

最初我不喜欢学书法，可坚持了一年后，就慢慢喜欢上了，每天都会**主动**练习。后来，我越来越不满足于现状，开始**追求**更高的水平，于是我报了一个书法班。经过老师的指导和我的努力练习，我的书法水平**总算**有了比较大的提升，我感到非常**自豪**。

第21天

一

1. D	2. C	3. A	4. C
5. A	6. D	7. C	8. B
9. B	10. B	11. D	12. A
13. B	14. A	15. B	16. A
17. C	18. D	19. B	20. D

二

21. A	22. B	23. D	24. B	25. C
26. C	27. D	28. A	29. C	30. C
31. C	32. A	33. D	34. B	35. D
36. A	37. C	38. B	39. B	40. C

三

41. A	42. B	43. D	44. D
45. B	46. C	47. A	48. D
49. D	50. B	51. C	52. B
53. B	54. C	55. D	56. C
57. B	58. C	59. A	60. D

四

61. 工作中难免会遇到困难。
62. 得把这件事报告给领导。
63. 妈妈再怎么辛苦也不抱怨。/ 再怎么辛苦妈妈也不抱怨。
64. 刚买的手机就摔坏了。
65. 这个玩具是用什么材料做的？
66. 我们应该将理论与实践结合起来。
67. 只要出示会员卡就可以享受半价优惠。
68. 这台旧电脑慢得不得了。
69. 买的酒超过规定数量的话出不了海关。
70. 去高档餐厅消费挺贵的。
71. 你可以保留自己的意见。

72. 可以通过适度运动来治疗失眠。
73. 你再给王教授打个电话确认一遍吧。
74. 保险是最受欢迎的投资方式之一。
75. 这是网络上的热门话题。
76. 他连忙起身给客人让座。
77. 面对挑战需要有稳定情绪的能力。
78. 他的这个建议比较合理。
79. 我宁可饿死也不吃这种垃圾食品。
80. 你既然答应了就得做到。

第 81 题：

（答案不唯一，仅供参考）

我们应**珍惜**自己和他人的健康，采取有效**措施**防止**病毒**的传播和疾病的**传染**。在公共场合，应该**遵守**卫生规范、勤洗手。此外，还要保持社交距离，避免人群拥挤。让我们一起为预防疾病贡献自己的力量。

第 82 题：

（答案不唯一，仅供参考）

随着电子产品的推广与普及，很多人时刻低头玩手机，成为了“低头族”的一员。“低头族”只顾着低头看手机，不仅忽视了与身边亲人、朋友的交流，而且也给交通安全、个人健康等造成了不良影响。

附录

《国际中文教育中文水平等级标准》五级词语与 HSK5 级词语对照表

《标准》中的序号	词语	拼音	本书中的序号	本书中的页码
1	安慰	ānwèi	6	3
2	岸	àn	8	4
3	岸上	àn shang		
4	按摩	ànmó		
5	拔	bá		
6	白酒	báijiǔ		
7	拜访	bàifǎng		
8	版	bǎn		
9	扮演	bànyǎn		
10	棒	bàng		
11	包围	bāowéi		
12	包装	bāozhuāng		
13	保卫	bǎowèi		
14	保养	bǎoyǎng		
15	报答	bàodá		
16	报警	bào//jǐng		
17	抱怨	bào · yuàn	29	9
18	背包	bēibāo		
19	悲剧	bēijù		
20	悲伤	bēishāng		
21	北极	běijí		
22	被动	bèidòng		

续表

《标准》中的序号	词语	拼音	本书中的序号	本书中的页码
23	辈	bèi		
24	本人	běnrén		
25	鼻子	bízi		
26	比方	bǐfang		
27	比重	bǐzhòng		
28	彼此	bǐcǐ	38	10
29	必	bì		
30	必需	bìxū		
31	毕竟	bìjìng	41	11
32	闭幕	bì//mù		
33	闭幕式	bìmùshì		
34	边境	biānjìng		
35	编辑	biānjí	43	12
36	编辑	biānji	43	12
37	变动	biàndòng		
38	便利	biànlì		
39	便条	biàntiáo		
40	便于	biànyú		
41	宾馆	bīnguǎn		
42	饼	bǐng		
43	饼干	bǐnggān		
44	病毒	bìngdú	55	14
45	玻璃	bōli	56	14
46	博客	bókè		
47	博览会	bólǎnhuì		

续表

《标准》中的序号	词语	拼音	本书中的序号	本书中的页码
48	博士	bóshì		
49	博物馆	bówùguǎn	59	15
50	薄弱	bóruò		
51	不顾	búgù		
52	不利	búlì		
53	不耐烦	bú nàifán	65	16
54	不幸	búxìng		
55	不易	búyì		
56	补偿	bǔcháng		
57	补贴	bǔtiē		
58	不曾	bùcéng		
59	不得了	bùdéliǎo	62	15
60	不敢当	bùgǎndāng		
61	不良	bùliáng		
62	不免	bùmiǎn		
63	不能不	bù néng bù		
64	不时	bùshí		
65	不停	bù tíng		
66	不许	bùxǔ		
67	不止	bùzhǐ		
68	不足	bùzú	69	21
69	部位	bùwèi		
70	猜	cāi		
71	猜测	cāicè		
72	裁判	cáipàn		

续表

《标准》中的序号	词语	拼音	本书中的序号	本书中的页码
73	采购	cǎigòu		
74	彩票	cǎipiào		
75	餐馆	cānguǎn		
76	餐厅	cāntīng		
77	餐饮	cānyǐn		
78	草原	cǎoyuán		
79	册	cè	83	23
80	层次	céngcì		
81	叉	chā		
82	叉子	chāzi	86	24
83	差别	chābié		
84	差距	chājù	88	24
85	插	chā	89	24
86	查询	cháxún		
87	差（一）点儿	chà(yì)diǎnr		
88	拆	chāi	90	24
89	拆除	chāichú		
90	产业	chǎnyè		
91	长度	chángdù		
92	长寿	chángshòu		
93	肠	cháng		
94	尝	cháng		
95	尝试	chángshì		
96	厂长	chǎngzhǎng		
97	场面	chǎngmiàn		

续表

《标准》中的序号	词语	拼音	本书中的序号	本书中的页码
98	倡导	chàngdǎo		
99	超越	chāoyuè		
100	车主	chēzhǔ		
101	称^2（动）	chēng	107	28
102	称号	chēnghào		
103	成本	chéngběn		
104	成交	chéng//jiāo		
105	成效	chéngxiào		
106	成语	chéngyǔ	116	30
107	承办	chéngbàn		
108	城里	chénglǐ		
109	乘	chéng		
110	乘车	chéng chē		
111	乘客	chéngkè		
112	乘坐	chéngzuò		
113	吃力	chīlì		
114	池子	chízi		
115	迟	chí		
116	冲动	chōngdòng		
117	冲突	chōngtū		
118	充足	chōngzú		
119	愁	chóu		
120	丑	chǒu	138	39
121	臭	chòu	139	39
122	出版	chūbǎn	140	39

续表

《标准》中的序号	词语	拼音	本书中的序号	本书中的页码
123	出差	chū//chāi		
124	出汗	chū//hàn		
125	出于	chūyú		
126	初期	chūqī		
127	除非	chúfēi	146	41
128	除夕	chúxī	147	41
129	厨房	chúfáng		
130	处罚	chǔfá		
131	处分	chǔfèn		
132	处在	chǔzài		
133	传达	chuándá		
134	传递	chuándì		
135	传真	chuánzhēn		
136	窗帘	chuānglián	153	43
137	闯	chuǎng	154	43
138	创立	chuànglì		
139	辞典	cídiǎn		
140	辞职	cí//zhí	158	44
141	此后	cǐhòu		
142	此刻	cǐkè		
143	此时	cǐshí		
144	聪明	cōng · míng		
145	从而	cóng'ér	164	45
146	从中	cóngzhōng		
147	脆	cuì		

续表

《标准》中的序号	词语	拼音	本书中的序号	本书中的页码
148	存款	cúnkuǎn		
149	寸	cùn		
150	达成	dáchéng		
151	答	dá		
152	答复	dá · fù		
153	打（介）	dǎ		
154	打扮	dǎban		
155	打包	dǎ//bāo		
156	打击	dǎjī		
157	打架	dǎ//jià		
158	打扰	dǎrǎo		
159	大胆	dàdǎn		
160	大都	dàdū		
161	大纲	dàgāng		
162	大伙儿	dàhuǒr		
163	大奖赛	dàjiǎngsài		
164	大脑	dànǎo		
165	大事	dàshì		
166	大厅	dàtīng		
167	大象	dàxiàng	182	49
168	大熊猫	dàxióngmāo		
169	大于	dàyú		
170	大致	dàzhì		
171	呆	dāi	184	49
172	待	dāi		

续表

《标准》中的序号	词语	拼音	本书中的序号	本书中的页码
173	代价	dàijià		
174	代理	dàilǐ		
175	带有	dàiyǒu		
176	贷款	dàikuǎn	187	50
177	单一	dānyī		
178	胆	dǎn		
179	胆小	dǎnxiǎo		
180	蛋糕	dàngāo		
181	当场	dāngchǎng		
182	当代	dāngdài		
183	当年	dāngnián		
184	当前	dāngqián		
185	当选	dāngxuǎn		
186	挡	dǎng	200	56
187	到来	dàolái		
188	倒是	dàoshì		
189	道德	dàodé	206	58
190	得了	déle		
191	得以	déyǐ		
192	等候	děnghòu		
193	等级	děngjí		
194	低于	dīyú		
195	地带	dìdài		
196	地形	dìxíng		
197	地震	dìzhèn	219	61

续表

《标准》中的序号	词语	拼音	本书中的序号	本书中的页码
198	递	dì	220	61
199	递给	dì gěi		
200	典礼	diǎnlǐ		
201	点燃	diǎnrán		
202	电池	diànchí	222	61
203	电饭锅	diànfànguō		
204	电子版	diànzǐbǎn		
205	调动	diàodòng		
206	丢	diū		
207	动机	dòngjī		
208	动手	dòng//shǒu		
209	动态	dòngtài		
210	动员	dòngyuán		
211	冻	dòng	227	62
212	洞	dòng	228	62
213	豆制品	dòuzhìpǐn		
214	毒	dú		
215	堆	duī	235	64
216	对立	duìlì		
217	对应	duìyìng		
218	吨	dūn	242	66
219	朵	duǒ	247	66
220	躲	duǒ		
221	儿女	érnǚ		
222	耳朵	ěrduo		

续表

《标准》中的序号	词语	拼音	本书中的序号	本书中的页码
223	二维码	èrwéimǎ		
224	发布	fābù		
225	发觉	fājué		
226	发射	fāshè		
227	发行	fāxíng		
228	罚	fá		
229	罚款	fákuǎn	259	69
230	法规	fǎguī		
231	法制	fǎzhì		
232	繁荣	fánróng	262	72
233	返回	fǎnhuí		
234	防治	fángzhì		
235	放大	fàngdà		
236	放弃	fàngqì		
237	分成	fēnchéng		
238	分解	fēnjiě		
239	分类	fēn//lèi		
240	分离	fēnlí		
241	分析	fēnxī	280	76
242	分享	fēnxiǎng		
243	丰收	fēngshōu		
244	风度	fēngdù		
245	风光	fēngguāng		
246	封（动）	fēng		
247	疯	fēng		

续表

《标准》中的序号	词语	拼音	本书中的序号	本书中的页码
248	疯狂	fēngkuáng	287	78
249	扶	fú	291	78
250	服从	fúcóng		
251	幅	fú	293	78
252	幅度	fúdù		
253	福利	fúlì		
254	辅助	fǔzhù		
255	负责人	fùzérén		
256	附件	fùjiàn		
257	改革	gǎigé	297	79
258	干脆	gāncuì	304	81
259	干扰	gānrǎo		
260	干预	gānyù		
261	感想	gǎnxiǎng	310	82
262	钢笔	gāngbǐ		
263	钢琴	gāngqín		
264	高大	gāodà		
265	高度	gāodù		
266	高跟鞋	gāogēnxié		
267	高温	gāowēn		
268	高于	gāoyú		
269	高原	gāoyuán		
270	搞	gǎo	315	83
271	搞好	gǎohǎo		
272	歌曲	gēqǔ		

续表

《标准》中的序号	词语	拼音	本书中的序号	本书中的页码
273	隔壁	gébì	318	84
274	个儿	gèr		
275	跟前	gēnqián		
276	跟随	gēnsuí		
277	更换	gēnghuàn		
278	更新	gēngxīn		
279	工艺	gōngyì		
280	工作日	gōngzuòrì		
281	公告	gōnggào		
282	公认	gōngrèn		
283	公式	gōngshì		
284	公正	gōngzhèng		
285	共计	gòngjì		
286	共享	gòngxiǎng		
287	沟	gōu		
288	沟通	gōutōng	339	93
289	估计	gūjì		
290	古老	gǔlǎo		
291	鼓	gǔ		
292	鼓励	gǔlì		
293	鼓掌	gǔ//zhǎng	348	95
294	顾问	gùwèn		
295	怪（动）	guài		
296	关怀	guānhuái		
297	关键	guānjiàn		

续表

《标准》中的序号	词语	拼音	本书中的序号	本书中的页码
298	冠军	guànjūn	360	99
299	光荣	guāngróng		
300	光线	guāngxiàn		
301	广	guǎng		
302	广泛	guǎngfàn	367	100
303	规划	guīhuà		
304	鬼	guǐ		
305	柜子	guìzi		
306	滚	gǔn	374	102
307	锅	guō	375	102
308	国籍	guójí		
309	国民	guómín		
310	过度	guòdù		
311	过敏	guòmǐn	381	104
312	过于	guòyú		
313	害	hài		
314	汗	hàn		
315	好运	hǎoyùn		
316	号召	hàozhào		
317	合并	hébìng		
318	合成	héchéng		
319	盒	hé		
320	盒饭	héfàn		
321	盒子	hézi		
322	贺卡	hèkǎ		

续表

《标准》中的序号	词语	拼音	本书中的序号	本书中的页码
323	恨	hèn	400	112
324	猴	hóu		
325	后悔	hòuhuǐ		
326	胡同儿	hútòngr	408	113
327	胡子	húzi		
328	虎	hǔ		
329	华语	Huáyǔ		
330	滑	huá	415	114
331	化石	huàshí		
332	划分	huàfēn		
333	画面	huàmiàn		
334	环节	huánjié		
335	慌	huāng		
336	慌忙	huāngmáng		
337	灰色	huīsè		
338	恢复	huīfù	428	117
339	回报	huíbào		
340	回避	huíbì		
341	回顾	huígù		
342	回收	huíshōu		
343	回头	huítóu		
344	回信	huíxìn		
345	回忆	huíyì		
346	汇款	huì//kuǎn		
347	会谈	huìtán		

续表

《标准》中的序号	词语	拼音	本书中的序号	本书中的页码
348	活力	huólì		
349	活泼	huó · pō		
350	火柴	huǒchái	433	118
351	火腿	huǒtuǐ		
352	火灾	huǒzāi		
353	或是	huòshì		
354	机器人	jī · qìrén		
355	机制	jīzhì		
356	肌肉	jīròu	437	119
357	基地	jīdì		
358	基金	jījīn		
359	即使	jíshǐ		
360	集团	jítuán		
361	挤	jǐ		
362	记忆	jìyì	449	123
363	技能	jìnéng		
364	继承	jìchéng		
365	加热	jiā//rè		
366	加上	jiāshàng		
367	加速	jiāsù		
368	加以	jiāyǐ		
369	夹	jiā		
370	甲	jiǎ	460	129
371	价	jià		
372	驾驶	jiàshǐ	465	131

续表

《标准》中的序号	词语	拼音	本书中的序号	本书中的页码
373	驾照	jiàzhào		
374	坚定	jiāndìng		
375	肩	jiān		
376	艰苦	jiānkǔ	471	132
377	艰难	jiānnán		
378	检验	jiǎnyàn		
379	减轻	jiǎnqīng		
380	剪	jiǎn		
381	剪刀	jiǎndāo	474	133
382	剪子	jiǎnzi		
383	间接	jiànjiē		
384	建造	jiànzào		
385	建筑	jiànzhù	479	135
386	健全	jiànquán		
387	键	jiàn		
388	键盘	jiànpán	481	135
389	将	jiāng		
390	将要	jiāngyào		
391	奖励	jiǎnglì		
392	交代	jiāodài		
393	郊区	jiāoqū		
394	胶带	jiāodài		
395	胶水	jiāoshuǐ	489	138
396	脚步	jiǎobù		
397	接触	jiēchù	497	140

续表

《标准》中的序号	词语	拼音	本书中的序号	本书中的页码
398	接连	jiēlián		
399	解除	jiěchú		
400	解放	jiěfàng		
401	戒	jiè	505	142
402	届	jiè	507	142
403	今日	jīnrì		
404	尽管	jǐnguǎn		
405	紧紧	jǐnjǐn		
406	尽可能	jìn kěnéng		
407	进化	jìnhuà		
408	近来	jìnlái		
409	经费	jīngfèi		
410	景象	jǐngxiàng		
411	警告	jǐnggào		
412	竞赛	jìngsài		
413	竞争	jìngzhēng		
414	酒鬼	jiǔguǐ		
415	救灾	jiù//zāi		
416	居然	jūrán	527	151
417	局面	júmiàn		
418	局长	júzhǎng		
419	举动	jǔdòng		
420	拒绝	jùjué		
421	俱乐部	jùlèbù	532	153
422	剧本	jùběn		

续表

《标准》中的序号	词语	拼音	本书中的序号	本书中的页码
423	决不	jué bù		
424	绝望	jué//wàng		
425	军人	jūnrén		
426	开幕	kāi//mù		
427	开幕式	kāimùshì	544	156
428	看成	kànchéng		
429	看出	kànchū		
430	看待	kàndài		
431	考核	kǎohé		
432	烤肉	kǎoròu		
433	烤鸭	kǎoyā		
434	靠近	kàojìn		
435	颗	kē	550	157
436	咳	ké		
437	可	kě		
438	可怜	kělián		
439	可惜	kěxī		
440	渴望	kěwàng		
441	刻（动）	kè		
442	客户	kèhù		
443	客气	kèqi		
444	客厅	kètīng		
445	课题	kètí		
446	肯定	kěndìng		
447	空中	kōngzhōng		

续表

《标准》中的序号	词语	拼音	本书中的序号	本书中的页码
448	控制	kòngzhì	561	160
449	口号	kǒuhào		
450	库	kù		
451	快活	kuàihuo		
452	宽度	kuāndù		
453	狂	kuáng		
454	亏	kuī		
455	困扰	kùnrǎo		
456	落	là		
457	来信	láixìn		
458	烂	làn	571	162
459	朗读	lǎngdú	572	162
460	浪漫	làngmàn		
461	劳动	láodòng	573	163
462	梨	lí	587	168
463	礼	lǐ		
464	礼拜	lǐbài		
465	礼貌	lǐmào		
466	厉害	lìhai		
467	立	lì		
468	立场	lìchǎng		
469	利润	lìrùn	593	170
470	例外	lìwài		
471	连接	liánjiē		
472	联络	liánluò		

续表

《标准》中的序号	词语	拼音	本书中的序号	本书中的页码
473	联想	liánxiǎng		
474	脸盆	liǎnpén		
475	脸色	liǎnsè		
476	恋爱	liàn'ài	600	172
477	两岸	liǎng'àn		
478	邻居	línjū		
479	铃	líng	608	175
480	铃声	língshēng		
481	领带	lǐngdài		
482	令	lìng		
483	流动	liúdòng		
484	流通	liútōng		
485	漏	lòu	617	177
486	漏洞	lòudòng		
487	逻辑	luó · jí	624	178
488	落实	luòshí		
489	码头	mǎ · tóu		
490	骂	mà	626	179
491	买卖	mǎimai		
492	漫长	màncháng		
493	漫画	mànhuà		
494	毛笔	máobǐ		
495	矛盾	máodùn	631	181
496	冒	mào		
497	贸易	màoyì	633	181

续表

《标准》中的序号	词语	拼音	本书中的序号	本书中的页码
498	煤	méi		
499	煤气	méiqì		
500	门诊	ménzhěn		
501	迷人	mírén		
502	迷信	míxìn		
503	面貌	miànmào		
504	面子	miànzi		
505	秒	miǎo		
506	敏感	mǐngǎn	649	185
507	明亮	míngliàng		
508	明明	míngmíng		
509	命令	mìnglìng	656	191
510	模范	mófàn		
511	模仿	mófǎng	659	192
512	模糊	móhu	660	192
513	模式	móshì		
514	摩擦	mócā		
515	摩托	mótuō		
516	模样	múyàng		
517	目光	mùguāng		
518	耐心	nàixīn		
519	男性	nánxìng		
520	南北	nánběi		
521	南极	nánjí		
522	难得	nándé		

续表

《标准》中的序号	词语	拼音	本书中的序号	本书中的页码
523	难以	nányǐ		
524	脑子	nǎozi		
525	内在	nèizài		
526	能量	néngliàng		
527	年度	niándù		
528	年龄	niánlíng		
529	年前	niánqián		
530	牛（形）	niú		
531	牛仔裤	niúzǎikù	683	199
532	农产品	nóngchǎnpǐn		
533	女性	nǚxìng		
534	暖	nuǎn		
535	偶尔	ǒu'ěr		
536	偶然	ǒurán	690	200
537	偶像	ǒuxiàng		
538	拍摄	pāishè		
539	排除	páichú		
540	旁	páng		
541	陪	péi		
542	赔	péi		
543	赔偿	péicháng	696	203
544	配备	pèibèi		
545	配套	pèi//tào		
546	喷	pēn		
547	盆	pén	699	203

续表

《标准》中的序号	词语	拼音	本书中的序号	本书中的页码
548	披	pī	703	205
549	皮肤	pífū		
550	皮鞋	píxié		
551	脾气	píqi		
552	匹	pǐ	705	205
553	骗	piàn		
554	骗子	piànzi		
555	拼	pīn		
556	频道	píndào	710	206
557	频繁	pínfán		
558	品	pǐn		
559	品（工艺品）	pǐn (gōngyìpǐn)		
560	品种	pǐnzhǒng		
561	平坦	píngtǎn		
562	平原	píngyuán		
563	评估	pínggū		
564	评论	pínglùn		
565	凭	píng	720	213
566	泼	pō		
567	葡萄	pútao		
568	葡萄酒	pútaojiǔ		
569	期望	qīwàng		
570	齐全	qíquán		
571	其	qí		
572	启动	qǐdòng		

续表

《标准》中的序号	词语	拼音	本书中的序号	本书中的页码
573	启发	qǐfā	729	216
574	启事	qǐshì		
575	起到	qǐdào		
576	起码	qǐmǎ		
577	气体	qìtǐ		
578	气象	qìxiàng		
579	签（动）	qiān	733	217
580	签订	qiāndìng		
581	签名	qiān//míng		
582	签约	qiān//yuē		
583	签证	qiānzhèng		
584	签字	qiān//zì		
585	前景	qiánjǐng		
586	前提	qiántí		
587	欠	qiàn	736	218
588	枪	qiāng	737	218
589	强度	qiángdù		
590	墙壁	qiángbì		
591	抢	qiǎng	741	219
592	抢救	qiǎngjiù		
593	强迫	qiǎngpò		
594	悄悄	qiāoqiāo	742	219
595	敲	qiāo		
596	敲门	qiāo mén		
597	瞧	qiáo	743	220

续表

《标准》中的序号	词语	拼音	本书中的序号	本书中的页码
598	琴	qín		
599	勤奋	qínfèn	749	222
600	青	qīng	750	222
601	清晨	qīngchén		
602	清理	qīnglǐ		
603	情节	qíngjié		
604	情形	qíngxíng		
605	晴朗	qínglǎng		
606	区域	qūyù		
607	全都	quándōu		
608	全世界	quán shìjiè		
609	泉	quán		
610	劝	quàn	769	227
611	缺乏	quēfá	770	227
612	确立	quèlì		
613	群体	qúntǐ		
614	群众	qúnzhòng		
615	染	rǎn		
616	绕	rào	775	230
617	热量	rèliàng		
618	热门	rèmén		
619	人间	rénjiān		
620	人力	rénlì		
621	人士	rénshì		
622	人物	rénwù	785	237

续表

《标准》中的序号	词语	拼音	本书中的序号	本书中的页码
623	忍	rěn		
624	忍不住	rěn bu zhù	787	238
625	忍受	rěnshòu		
626	认	rèn		
627	认定	rèndìng		
628	扔	rēng		
629	仍旧	réngjiù		
630	如此	rúcǐ		
631	如同	rútóng		
632	如下	rúxià		
633	入门	rù//mén		
634	软	ruǎn	796	241
635	软件	ruǎnjiàn	797	241
636	洒	sǎ	799	242
637	散	sǎn		
638	散文	sǎnwén		
639	杀	shā	802	243
640	杀毒	shā//dú		
641	沙漠	shāmò	803	243
642	傻	shǎ	805	243
643	山区	shānqū		
644	扇	shān		
645	扇	shàn		
646	扇子	shànzi	809	244
647	商标	shāngbiāo		

续表

《标准》中的序号	词语	拼音	本书中的序号	本书中的页码
648	上级	shàngjí		
649	上下	shàngxià		
650	上涨	shàngzhǎng		
651	稍	shāo		
652	稍微	shāowēi		
653	蛇	shé	817	246
654	舍不得	shěbude	818	246
655	舍得	shěde		
656	设想	shèxiǎng		
657	社	shè		
658	社区	shèqū		
659	射	shè		
660	射击	shèjī	822	247
661	摄像	shèxiàng		
662	摄像机	shèxiàngjī		
663	摄影	shèyǐng	823	247
664	摄影师	shèyǐngshī		
665	伸	shēn	824	247
666	深处	shēnchù		
667	深度	shēndù		
668	神	shén		
669	神经	shénjīng		
670	神奇	shénqí		
671	神情	shénqíng		
672	升高	shēnggāo		

续表

《标准》中的序号	词语	拼音	本书中的序号	本书中的页码
673	生成	shēngchéng		
674	声	shēng		
675	胜负	shèngfù		
676	剩	shèng		
677	剩下	shèngxia		
678	失误	shīwù		
679	师傅	shīfu		
680	诗歌	shīgē		
681	十足	shízú		
682	时常	shícháng		
683	时光	shíguāng		
684	时机	shíjī		
685	时事	shíshì		
686	实惠	shíhuì		
687	拾	shí		
688	使得	shǐde		
689	示范	shìfàn		
690	式	shì		
691	势力	shìlì		
692	试图	shìtú		
693	视频	shìpín		
694	视为	shìwéi		
695	收购	shōugòu		
696	收集	shōují		
697	收拾	shōushi		

续表

《标准》中的序号	词语	拼音	本书中的序号	本书中的页码
698	手段	shǒuduàn		
699	手法	shǒufǎ		
700	寿司	shòusī		
701	受灾	shòu//zāi		
702	瘦	shòu		
703	书法	shūfǎ		
704	书柜	shūguì		
705	书桌	shūzhuō		
706	输出	shūchū		
707	蔬菜	shūcài	881	267
708	熟悉	shúxi		
709	鼠	shǔ		
710	鼠标	shǔbiāo	884	268
711	数目	shùmù		
712	摔	shuāi		
713	摔倒	shuāidǎo	888	268
714	率领	shuàilǐng		
715	双手	shuāng shǒu		
716	水产品	shuǐchǎnpǐn		
717	水分	shuǐfèn		
718	水库	shuǐkù		
719	水灾	shuǐzāi		
720	睡眠	shuìmián		
721	说法	shuō · fǎ		
722	硕士	shuòshì		

续表

《标准》中的序号	词语	拼音	本书中的序号	本书中的页码
723	私人	sīrén	896	270
724	思维	sīwéi		
725	四周	sìzhōu		
726	搜	sōu		
727	搜索	sōusuǒ	901	271
728	宿舍	sùshè	902	271
729	酸甜苦辣	suān-tián-kǔ-là		
730	随后	suíhòu		
731	随意	suí//yì		
732	随着	suízhe		
733	岁月	suìyuè		
734	碎	suì	906	272
735	损害	sǔnhài		
736	损失	sǔnshī	907	272
737	所在	suǒzài		
738	锁	suǒ	910	273
739	台风	táifēng		
740	抬	tái		
741	抬头	tái//tóu		
742	太空	tàikōng		
743	弹	tán		
744	逃	táo	917	279
745	逃跑	táopǎo		
746	逃走	táozǒu		
747	桃	táo	919	280

续表

《标准》中的序号	词语	拼音	本书中的序号	本书中的页码
748	桃花	táohuā		
749	桃树	táoshù		
750	讨厌	tǎo//yàn		
751	特定	tèdìng		
752	特性	tèxìng		
753	特有	tèyǒu		
754	提倡	tíchàng	927	282
755	提起	tíqǐ		
756	提示	tíshì		
757	题材	tícái		
758	体积	tǐjī		
759	体力	tǐlì		
760	天才	tiāncái		
761	天然气	tiānránqì		
762	天文	tiānwén		
763	调节	tiáojié		
764	调解	tiáojiě		
765	厅	tīng		
766	停留	tíngliú		
767	通用	tōngyòng		
768	偷	tōu	944	287
769	偷偷	tōutōu		
770	突破	tūpò		
771	土豆	tǔdòu	950	288
772	吐	tǔ	951	289

续表

《标准》中的序号	词语	拼音	本书中的序号	本书中的页码
773	吐	tù		
774	兔	tù		
775	团长	tuánzhǎng		
776	推行	tuīxíng		
777	脱离	tuōlí		
778	外界	wàijiè		
779	完了	wánle		
780	微博	wēibó		
781	为难	wéinán		
782	为期	wéiqī		
783	为止	wéizhǐ		
784	为主	wéizhǔ		
785	违法	wéi//fǎ		
786	违反	wéifǎn	974	294
787	违规	wéi//guī		
788	围绕	wéirào	976	298
789	唯一	wéiyī	977	298
790	委托	wěituō		
791	卫星	wèixīng		
792	胃	wèi	986	300
793	慰问	wèiwèn		
794	温和	wēnhé		
795	文艺	wényì		
796	卧室	wòshì	999	303
797	握	wò		

续表

《标准》中的序号	词语	拼音	本书中的序号	本书中的页码
798	污染	wūrǎn		
799	污水	wūshuǐ		
800	屋	wū		
801	无奈	wúnài	1002	304
802	无疑	wúyí		
803	舞	wǔ		
804	物价	wùjià		
805	物业	wùyè		
806	物质	wùzhì	1008	305
807	误解	wùjiě		
808	西红柿	xīhóngshì		
809	西装	xīzhuāng		
810	喜剧	xǐjù		
811	戏	xì		
812	戏剧	xìjù	1012	306
813	吓	xià	1018	307
814	先后	xiānhòu		
815	先前	xiānqián		
816	鲜艳	xiānyàn	1020	307
817	闲	xián		
818	显	xiǎn		
819	现有	xiànyǒu		
820	现状	xiànzhuàng		
821	线索	xiànsuǒ		
822	献	xiàn		

续表

《标准》中的序号	词语	拼音	本书中的序号	本书中的页码
823	乡	xiāng		
824	乡村	xiāngcūn		
825	相等	xiāngděng		
826	相应	xiāngyìng		
827	香肠	xiāngcháng	1034	312
828	详细	xiángxì		
829	享受	xiǎngshòu	1035	312
830	向导	xiàngdǎo		
831	向前	xiàng qián		
832	向上	xiàngshàng		
833	相声	xiàngsheng		
834	象征	xiàngzhēng	1042	318
835	消除	xiāochú		
836	消毒	xiāo//dú		
837	消防	xiāofáng		
838	消费者	xiāofèizhě		
839	消极	xiāojí	1045	319
840	小偷儿	xiǎotōur		
841	歇	xiē	1052	321
842	协议	xiéyì		
843	协议书	xiéyìshū		
844	斜	xié	1053	321
845	心态	xīntài		
846	心疼	xīnténg		
847	辛苦	xīnkǔ		

续表

《标准》中的序号	词语	拼音	本书中的序号	本书中的页码
848	欣赏	xīnshǎng	1058	322
849	信念	xìnniàn		
850	信箱	xìnxiāng		
851	行驶	xíngshǐ		
852	形态	xíngtài		
853	性能	xìngnéng		
854	雄伟	xióngwěi		
855	熊	xióng		
856	休闲	xiūxián	1075	326
857	修复	xiūfù		
858	修建	xiūjiàn		
859	修养	xiūyǎng		
860	虚心	xūxīn	1077	327
861	许可	xǔkě		
862	选修	xuǎnxiū		
863	学科	xuékē		
864	学位	xuéwèi		
865	学者	xuézhě		
866	寻求	xúnqiú		
867	询问	xúnwèn	1089	329
868	押金	yājīn	1088	330
869	鸭子	yāzi		
870	亚军	yàjūn		
871	延伸	yánshēn		
872	严厉	yánlì		

续表

《标准》中的序号	词语	拼音	本书中的序号	本书中的页码
873	严肃	yánsù	1091	330
874	言语	yányǔ		
875	研究所	yánjiūsuǒ		
876	眼光	yǎnguāng		
877	邀请	yāoqǐng		
878	摇头	yáo//tóu		
879	咬	yǎo	1099	332
880	也好	yěhǎo		
881	业务	yèwù	1101	332
882	夜间	yèjiān		
883	一流	yīliú		
884	依法	yīfǎ		
885	依旧	yījiù		
886	依据	yījù		
887	依照	yīzhào		
888	一辈子	yíbèizi	1104	333
889	一带	yídài		
890	一旦	yídàn	1105	334
891	一句话	yí jù huà		
892	一路	yílù		
893	一下儿（副）	yíxiàr		
894	一下子	yíxiàzi		
895	一向	yíxiàng		
896	乙	yǐ	1114	339
897	以便	yǐbiàn		

续表

《标准》中的序号	词语	拼音	本书中的序号	本书中的页码
898	以往	yǐwǎng		
899	一口气	yìkǒuqì		
900	一身	yìshēn		
901	意识	yì · shí		
902	意味着	yìwèizhe		
903	意志	yìzhì		
904	因而	yīn'ér	1122	341
905	饮料	yǐnliào		
906	饮食	yǐnshí		
907	印刷	yìnshuā	1125	342
908	应	yīng		
909	硬	yìng	1134	345
910	硬件	yìngjiàn	1135	345
911	拥抱	yōngbào	1136	345
912	拥有	yōngyǒu		
913	用不着	yòngbuzháo		
914	用户	yònghù		
915	用来	yònglái		
916	用于	yòngyú		
917	优惠	yōuhuì	1141	346
918	优先	yōuxiān		
919	幽默	yōumò		
920	尤其	yóuqí		
921	由此	yóu cǐ		
922	犹豫	yóuyù	1145	347

续表

《标准》中的序号	词语	拼音	本书中的序号	本书中的页码
923	游泳池	yóuyǒngchí		
924	友谊	yǒuyì		
925	有毒	yǒu dú		
926	有害	yǒu hài		
927	有力	yǒulì		
928	有利于	yǒulì yú		
929	有着	yǒuzhe		
930	羽毛球	yǔmáoqiú		
931	羽绒服	yǔróngfú		
932	雨水	yǔshuǐ		
933	预备	yùbèi		
934	预期	yùqī		
935	元旦	Yuándàn	1157	349
936	园林	yuánlín		
937	原理	yuánlǐ		
938	原始	yuánshǐ		
939	原先	yuánxiān		
940	原有	yuányǒu		
941	远处	yuǎnchù		
942	怨	yuàn		
943	愿	yuàn		
944	约束	yuēshù		
945	月饼	yuèbing		
946	月球	yuèqiú		
947	阅览室	yuèlǎnshì		

续表

《标准》中的序号	词语	拼音	本书中的序号	本书中的页码
948	运	yùn		
949	运行	yùnxíng		
950	灾	zāi		
951	灾害	zāihài	1168	352
952	灾难	zāinàn		
953	灾区	zāiqū		
954	再次	zàicì		
955	再也	zài yě		
956	在场	zàichǎng		
957	在内	zàinèi		
958	暂时	zànshí		
959	暂停	zàntíng		
960	糟	zāo		
961	糟糕	zāogāo	1174	356
962	早期	zǎoqī		
963	增	zēng		
964	增产	zēng//chǎn		
965	增大	zēngdà		
966	增多	zēngduō		
967	增强	zēngqiáng		
968	赠	zèng		
969	赠送	zèngsòng		
970	摘	zhāi	1178	358
971	展览	zhǎnlǎn	1182	359
972	展示	zhǎnshì		

续表

《标准》中的序号	词语	拼音	本书中的序号	本书中的页码
973	展现	zhǎnxiàn		
974	占领	zhànlǐng		
975	占有	zhànyǒu		
976	涨	zhǎng	1186	360
977	涨价	zhǎng//jià		
978	掌握	zhǎngwò	1187	360
979	招生	zhāo//shēng		
980	招手	zhāo//shǒu		
981	珍贵	zhēnguì		
982	珍惜	zhēnxī	1196	362
983	珍珠	zhēnzhū		
984	真诚	zhēnchéng		
985	真理	zhēnlǐ		
986	真相	zhēnxiàng		
987	诊断	zhěnduàn	1198	363
988	振动	zhèndòng	1200	364
989	震惊	zhènjīng		
990	争议	zhēngyì		
991	正版	zhèngbǎn		
992	正规	zhèngguī		
993	正如	zhèngrú		
994	正义	zhèngyì		
995	证实	zhèngshí		
996	证书	zhèngshū		
997	挣	zhèng	1213	366

续表

《标准》中的序号	词语	拼音	本书中的序号	本书中的页码
998	挣钱	zhèng//qián		
999	之内	zhīnèi		
1000	之外	zhīwài		
1001	之下	zhīxià		
1002	之中	zhīzhōng		
1003	支出	zhīchū		
1004	支配	zhīpèi		
1005	执行	zhíxíng		
1006	直线	zhíxiàn		
1007	值班	zhí//bān		
1008	职能	zhínéng		
1009	职位	zhíwèi		
1010	职务	zhíwù		
1011	只不过	zhǐbúguò		
1012	只见	zhǐ jiàn		
1013	指标	zhǐbiāo		
1014	指甲	zhǐjia		
1015	指示	zhǐshì		
1016	指责	zhǐzé		
1017	至	zhì		
1018	制成	zhìchéng		
1019	制约	zhìyuē		
1020	治安	zhì'ān		
1021	治理	zhìlǐ		
1022	中断	zhōngduàn		

续表

《标准》中的序号	词语	拼音	本书中的序号	本书中的页码
1023	中秋节	Zhōngqiū Jié		
1024	中央	zhōngyāng		
1025	中药	zhōngyào		
1026	终点	zhōngdiǎn		
1027	终身	zhōngshēn		
1028	终止	zhōngzhǐ		
1029	中毒	zhòng//dú		
1030	众多	zhòngduō		
1031	周期	zhōuqī		
1032	竹子	zhúzi	1238	376
1033	主办	zhǔbàn		
1034	主导	zhǔdǎo		
1035	主观	zhǔguān	1243	377
1036	主管	zhǔguǎn		
1037	主体	zhǔtǐ		
1038	助理	zhùlǐ		
1039	助手	zhùshǒu		
1040	注册	zhù//cè	1250	379
1041	注射	zhùshè		
1042	注视	zhùshì		
1043	注重	zhùzhòng		
1044	祝贺	zhùhè		
1045	专辑	zhuānjí		
1046	专利	zhuānlì		
1047	转化	zhuǎnhuà		

续表

《标准》中的序号	词语	拼音	本书中的序号	本书中的页码
1048	转换	zhuǎnhuàn		
1049	转让	zhuǎnràng		
1050	转向	zhuǎnxiàng		
1051	装饰	zhuāngshì	1259	381
1052	撞	zhuàng	1263	382
1053	资本	zīběn		
1054	资产	zīchǎn		
1055	资助	zīzhù		
1056	子弹	zǐdàn		
1057	仔细	zǐxì		
1058	紫	zǐ	1272	384
1059	自豪	zìháo	1275	385
1060	自杀	zìshā		
1061	自愿	zìyuàn	1279	386
1062	总裁	zǒngcái	1283	387
1063	总数	zǒngshù		
1064	总算	zǒngsuàn	1286	387
1065	总体	zǒngtǐ		
1066	阻碍	zǔ'ài		
1067	组织	zǔzhī	1293	389
1068	醉	zuì	1295	390
1069	尊敬	zūnjìng	1296	390
1070	尊重	zūnzhòng		
1071	遵守	zūnshǒu	1297	390